KB128925

집단상담과 심리극을 위한 웜업 북

자발성 극장

박희석 저

Theater of Spontaneity

학지사

태풍 '마이삭'이 지나가던 밤, 병풍산 아래 아주 작은 농막에서 마음을 졸이며 날을 새던 때가 떠오른다. 마치 전투기가 아주 가까운 곳에서 날아가는 것처럼 굉음을 내며 불어 대는 폭풍우는 금방이라도 농막을 집어삼킬 것 같았다. 불안과 두려움으로 온몸이 조여 드는 긴박한 상황이었다. 끔찍한 재해가 닥쳐 생명에 위협을 받는 상황에서 불안과 두려움을 느끼는 것은 누구에게나 자연스러운 현상이다.

사람들은 끔찍한 재해상황이 아님에도 익숙하지 않은 상황 혹은 낯선 사람 앞에서 자신을 노출하는 상황에서 매우 불안해하고 두려워할 수 있다. 잘 알지 못하는 사람과 관계를 맺고 자신의 내밀한 생각과 감정, 심지어 자신과 가족이 겪어 온 삶의 역사를 노출하는 일은 매우 위협적으로 느껴질 것이다. 이런 위협적인 상황에서 불안과 두려움이 강해지면 뭔가를 시도하고자 하는 용기와 동기는 당연히 약화될 수밖에 없다. 다시 말해, 기존의 상황에 새롭게 반응하고 새로운 상황에 적절히 반응하는 자발성(spontaneity)이 저하된다.

낯선 사람들과 함께 삶의 주제를 다루는 집단상담과 심리극에서 집단성원은 자기를 노출할 수밖에 없다. 따라서 '자신의 이야기가 타인들에게 어떻게 보일까?' '어떤 비난이나 평가를 받지는 않을까?' 하는 생각을 하게 되는데, 그렇기 때문에 자기를 노출해야 하는 상황이 집단성원에게는 매우 불편하고 두려울 수밖에 없다. 이런 과정을 극복하기 위해서는 집단 초반에 혹은 회기를 시작할 때마다 집단에 대한 신뢰와 친밀감 그리고 집단 응집력을 갖게 하는 것이 불가피하다.

『자발성 극장: 집단상담과 심리극을 위한 웜업 북』은 필자가 심리극 공부를 시작한 지 26년 만에 세상의 빛을 보게 되었다. 1984년에 대학에서 심리극 동아리 활동에 처음 참여한 이후, 1994년부터 심리극을 본격적으로 공부하면서 조금씩 모아 둔 내용을 이제야 정리를 하게 된 것이다. 낯선 상황이나 낯선 사람들을 유난히 불편하고 어려워하는 필자가 무대라는 공간과 대중 앞에 서야 하는 심리극의 디렉터가 된다는 것은 쉬운 일이 아니었다. 그럼에도 불구하고 심리극과 상담분야에서 전문가로서 활발한 활동을 하고 있다.

MBTI에서 심리극과 가장 잘 어울리는 특성과 정반대되는 극 내향성을 갖고 있는 필자가 어떻게 이 분야에서 생존할 수 있었을까? 그것은 한마디로 필자 내면에 숨어 있는 '놀이정신'이었다.

어린 시절을 회상해 보면, 필자는 들로 산으로 돌아다니면서 거의 매일 놀러 다녔던 기억이 새록새록하다. 그 당시의 놀이를 보면 규칙놀이도 있었지만 자연과 함께 하는 놀이가 참 많았다. 여름에는 물에서, 겨울에는 눈밭에서, 평소에는 마을 앞 공터에서 동네 아이들과 늘 시끄럽게 뛰어 놀았다. 놀이를 할 때는 평상시와 다르게 재미와 즐거움이 가득했다. 필자는 심리극의 낯선 상황에서 웜업과정에 참여하게 될 때 놀이를 통해 어린 시절의 순수한 즐거움과 자유로움을 만끽할 수 있었다. 이것이 바로 심리극 안에서 자발성을 향상시키는 계기가 되었다. 이러한 놀이의 경험을 통해 필자는 심리극의 낯선 상황이 매우 익숙하고 자유로운 치유적 공간이 되었다.

집단상담과 심리극에서의 웜업은 집단성원들이 새로운 상황에 적절히 반응하고 기존의 상황에서 새롭게 반응하도록 하기 위해 다양한 방법을 통해 상호 신뢰와 친밀감, 집단응집력을 향상시키는 전 과정을 말한다. 따라서 낯선 사람들이 서로 자신을 노출해야 하는 집단상담이나 심리극(혹은 사회극)에서 이러한 웜업은 반드시 필요한 첫 번째 과정이다. 놀이를 통해 사람들에 대한 신뢰와 친밀감, 집단응집력을 갖게 되면 불안과 두려움은 감소되어 기존의 상황에 새롭게 반응하고 새로운 상황에 적절히 반응하는 자발성이 증진된다. 따라서 이 웜업과정은 집단상담과 심리극에서 매우 중요하다.

이 책은 변형을 포함하여 330개의 웜업기법을 안내하고 있다. 주로 심리극에서 집단성원들의 자발성을 증진시키고 주인공을 선정하기 위한 웜업기법으로 구성되어 있지만, 대부분의 내용은 집단상담에서 자발성 개발, 인간관계 훈련, 자기탐색과 자존감 향상 등 구조화된 프로그램으로 활용할 수 있다. 또한 비구조화된 집단상담에서 초기에 집단의 신뢰와 친밀감, 응집력을 향상시키기 위한 웜업기법으로도 매우 유용할 것이다.

심리극의 창시자 모레노(J. L. Moreno)의 가장 훌륭한 통찰 중 하나는, 자발성이 가장 효과적으로 창조성을 이끌어 내는 신체적·정신적·대인관계적 과정이라는 것이다. 즉, 웜업을 이용한 자발성의 증진은 몸, 마음, 관계의 과정을 통해 이루어진다는 것이다. 따라서 여기서 소개하는 웜업 내용들은 대체로 몸, 마음, 관계를 소재로 하여 안내하고 있다.

이 책이 나오기까지 많은 분과 인연이 있었다. 심리극을 처음으로 안내해 주신 최헌진 선생님의 지도가 없었다면 심리극을 만날 수도 없었고, 이런 소중한 책이 나올 수도 없었을 것이다. 그리고 심리극 공부를 하면서 만난 Marcia Karp, Elaine Camerota, Peter Kellermann, Zerka Moreno, Ann Hale, Patricia Sternberg, Zuretti Monica 등 많은 심리극 전문가의 지도가 있었기에 심리극 디렉터로서 성장할 수 있었다.

끝으로 이 책이 나오기를 오랫동안 기다려 준 심리극 제자들과 상담수련생들에게 깊은 감사를 드린다. 특히 이 책의 내용을 잘 전달하기 위해 사진 작업에 기꺼이 참여해 준 조선대학교 상담심리학과 심리극 동아리 '사근사근' 학생들에게 고마움을 전한다. 또한 좋은 책 만드느라 늘 수고해 주시는 학지사 김진환 사장님과 정승철 상무님, 그리고 꼼꼼하게 편집하느라 수고해 주신 박선민 선생님에게도 깊은 감사를 드린다. 코로나19가 끝나 모든 것이 제자리로 돌아가는 풍경을 어서 빨리 볼 수 있기를 간절히 염원한다.

병풍산 아래 수별에서
박희석

제4장 상황극 훈련 91

제 ③ 부 집단놀이 웜업

제 4 부 자기이해 및 주인공 선발 웜업

집단상담과
심리극을
위한
웜업 북

제**1**부

웜업의 이해

자발성과 놀이

 자발성

어떤 운동선수가 경기에 나가기 전에 웜업으로 몸 풀기를 하지 않는다면 몸의 근육이 준비되지 않기 때문에 상해를 입을 가능성이 있다. 또한 우리가 어떤 영화를 보기 위해서 티켓을 인터넷으로 예매하고 차를 타고 극장에 가서 본인의 좌석에 앉기까지 긴 준비과정을 거쳐야 비로소 영화를 볼 수 있다. 본 작업을 하기 전까지 필요한 모든 준비과정이 바로 웜업과정이다.

마음의 문제를 다루는 집단상담에서 집단성원들이 마음의 준비를 하지 않고 불편한 마음을 다룰 때 그 후유증이 있을 수 있다. 즉, 집단성원들이 서로 친밀한 관계를 형성하지 않고, 또 상담자와 협력적인 관계를 설정하지 않은 상태에서 집단상담을 진행한다면 동기가 저하되어 자기노출이 어렵거나 피상적으로 흐를 수 있다. 구조화된 집단상담이든 비구조화된 집단상담이든 잘 모르는 사람들이 만나 자기를 노출해야 하는 상황에서 집단에 대한 신뢰와 응집력, 협력적인 관계를 구축하는 것은 필수적이다. 심리극이나 역할극(사회극)을 시도할 때도 이러한 마음의 준비가 없다면 내담자(혹은 주인공)는 행위를 통한 극적 표현과정에서 신체적 표현이나 심리적 표현이 불편할 수 있다.

인간은 그 자체가 역할 연기자임에도 불구하고 멍석을 깔아 놓으면 그 역할을 하지 못하는 경우가 많다. 집단상담과 심리극에서의 웜업은 집단성원들이 자발적으로 자신의 문제를 탐구하기 이전까지의 초기 분위기 형성단계를 말한다. 즉, 집단성원의 저항과 방어를 감소시키고 자발성을 조절하는 데 매우 중요한 역할을 한다. 따라서 웜업은 집단성원이 집단으로 들어가는 데 충분히 열중하도록 도울 뿐만 아니라, 자발성을 촉진시키기 위하여 꼭 필요한 작업이라 할 수 있다(Karp, Holmes, & Tauvon, 1998).

웜업은 점진적으로 자발성을 갖추는 활동이다. 여기에는 초점을 부각시키고 문제를 직접적으로 명확히 밝히는 것에서부터 신뢰감, 집단응집력, 그리고 실험을 허용하는 안정감 등과 같은 정서적 환경을 조정하는 것에 이르기까지 다양한 요소들이 있다.

심리극의 창시자인 모레노(J. L. Moreno)에게 자발성과 창조성은 심리극과 건강한 삶의 과정에서 핵심적인 요소였다. 그는 자발성을 '기존의 상황에 대한 새로운 반응이거나 새로운 상황에 대한 적절한 반응'이라고 정의하였다. 그의 가장 훌륭한 통찰력 중의 하나는, 자발성이 가장 효과적으로 창조성을 이끌어 내는 신체적, 정신적, 대인관계적 과정이라는 것이다(Blatner & Blatner, 1988). 즉, 그는 웜업을 이용한 자발성의 증진이 몸, 정신, 관계의 과정을 통해 이루어진다고 설명하였다.

자발성을 향상시키기 위하여 이런 웜업과정이 필요한 경우가 많다. 예를 들어, 축구선수가 시합에 출전하기 전에 몸도 풀어야 하지만 승리하겠다는 마음의 다짐과 함께 선수들끼리 파이팅을 외치는 과정이 필요하다. 선수들은 이러한 과정을 통해 시합에서 승리를 향한 최적의 반응을 보이게 된다. 또한 권투선수가 시합을 시작하기 전에 몸을 푸는 것은 매우 중요한 웜업이다. 물론 웜업과정은 점진적으로 진행되어야 한다. 체조와 춤에서도 이런 원칙이 적용된다. 베토벤이 음악을 작곡할 때 행한 웜업과정이 있었다. 그는 피아

노 앞에 앉기 전에 손을 흔들면서, 목소리로 음악을 만들면서 신경질적으로 왔다 갔다 하였다. 몸과 마음의 활동은 전 과정에서 분리될 수 없는 부분이다.

　물론 우리가 살아가는 삶 속에는 자동차를 운전하는 것과 같은 습관적인 행동이 적응적인 경우들도 있다. 그러나 예기치 않은 일이 발생했을 때 이를 처리할 수 있도록 하기 위해서는 작은 자발성으로도 적절할 수 있다. 마찬가지로 예술과 스포츠에서 습관이 될 정도로 기술을 습득하는 것은 자발적인 행동이 나오도록 하는 기본이 된다. 이 점이 자발성이 가지는 역설의 하나다. 주제에 대한 친숙성은 그것과 어울려 놀고 즉흥적으로 해 나갈 수 있는 우리의 역량을 향상시킨다(Blatner & Blatner, 1988).

　자발성은 화려하거나 극적일 필요가 없고, 미묘하며 온화하고 추측하기 어렵다. 이것은 우리가 생각하거나 걸어가는 도중에 나타날 수도 있고, 혹은 자연이나 춤을 바라보거나 샤워를 하면서 흥얼거리다가 떠오를 수도 있다.

　자발성이라는 개념이 실제로 널리 사용되고 있음에도 불구하고 많은 사람들이 그 가치를 인식하지 못하거나 우리 스스로 혹은 타인과 함께 그 자발성을 최대로 발휘하는 방법을 모른다. 심지어 사람들은 적극적으로 그것을 피하기까지 한다. 사람들이 사회적으로나 심리적으로 보수적인 태도에 적극적으로 연연할 때, 이들은 고정관념과 습관에 따라 살게 되고, 마치 기계가 프로그래밍된 것처럼 행동한다. 이런 상태를 '로봇증(robopathy)'이라고 불렀다. 특히 로봇증은 통제 상황이 반복되어 자율성과 주도성이 박탈될 때 심하게 나타난다.

　자동적이고, 습관적이고, 고정적이고, 강박적이고, 완고하고, 고정관념적이고, 아무런 결과 없이 실행되는 무의미한 행동은 자발성과는 반대되는 것이다. 이러한 비자발적인 행동들은 우리가 정신병리라고 부르는 것의 상당부분을 차지한다. 사회적 수준에서 비자발성은 편견, 경직된 정책, 가장 나쁜 의미에서 관료주의, 가장 쓸모없는 전통적인 요소의 형태를 취한다. 우리 생활 속에서 고착화되거나 습관화된 지각 또는 행동의 어떤 형태는 자발성이 상대적으로 결여된 예라고 볼 수 있다(Blatner & Blatner, 1988).

데이튼(Dayton, 1994)은 심리극에 세 가지 유형의 자발성이 있다고 하였다. 첫째는 적절하지 않은 새로운 반응, 즉 병적 자발성이다. 둘째는 새로움과 창조성이 없는 적절한 반응, 즉 진부한 자발성이다. 셋째는 새로움과 창조성이 있는 적절한 반응, 즉 진정한 자발성이다. 자발성은 고통을 바라보기, 음식을 요리하기, 강의를 시작하기, 영화를 감상하기, 새로운 상황에 들어가기, 책을 읽기, 글을 쓰기 등이 될 수 있다. 그것은 어떤 노력의 창조적 토대와 삶의 방식이며, 삶과 자기와의 상호작용이다. 자발성은 창조성을 가로막는 정서적이고 심리적인 문제를 제거하고 해결하며, 그리고 새로운 반응을 요구하는 상황에 참여자를 둠으로써 자발성을 요구하고 가르치고 훈련시키기 때문에 심리극의 중심이 된다. 우리의 자발성과 창조성이 향상될 때 치료가 일어난다.

사람들은 흔히 창조적인 사람에 대해 말할 때 그를 생각하고 계획하고 세심하게 추리하는 사람으로 여기지만, 실제로 창조적인 과정은 흔히 어설프고 제멋대로이며 즉흥적인 경우가 많다. 자발성과 창조성의 발달은 주의, 개방성, 밝은 호기심이라고 하는, 무의식과의 기본적 관계로부터 일어난다. 무의식을 반사회적 충동이나 공격의 원천으로 생각하기보다는 통찰, 실마리, 육감, 이미지 등의 원천으로 생각한다.

창조성의 본질을 결정짓는 것이 자발성이기 때문에 창조성은 단지 자발성의 도움으로 충실한 결실을 이루게 된다. 상황에 대한 반응의 적절성 정도는 자발성에 의해 일어나고 촉진되며 상황에 익숙한 정도에 달려 있다.

심리극이 이룩한 가장 큰 공헌 중의 하나는 천성적인 창조성의 잠재력에 접근하고 이를 사용한 일이다. 심리극은 자발성을 유발하는 조건들을 조장함으로써 이러한 일을 이루었다. 즉, 실패해도 비교적 안전한 상황을 만들어 내는 것, 사태를 잘 풀기 위한 에너지의 증가로 약간의 불안을 일으킬 만큼의 도전과 새로움을 경험시키는 것, 바로 가까이에 있는 문제에 대한 깊은 관심과 존중을 유지하는 것 등이다.

따라서 자발성은 심리극의 중심 요소 중의 하나이며, 심리극에서 늘 현존하는 목표다. 우리가 어린아이였을 때 어느 누구도 우리에게 노는 방법을 가르쳐 줄 필요가 없었지만 불행하게도 우리 대부분은 성인기에 이르는 험난한 길에서 이러한 자기확신, 자기양육의 능력을 상실하였다. 심리극은 우리에게 이를 회복하도록 도울 수 있다(Dayton, 1994).

모레노(Moreno, 1946)는 자발성의 최초의 표현을 웜업이라고 하였다. 예를 들어, 출생 직후부터 첫 숨쉬기라는 자발성의 행위를 하기 이전까지의 준비상태가 바로 웜업과정이다. 즉, 우리의 모든 행동은 웜업될 뿐만 아니라, 일상생활 자체가 바로 그 모델이 될 수 있다. 어떤 행동에 대해 웜업을 한다는 것은 신체적인 움직임의 점진적인 증가를 필요로 하고 자발적인 행동을 포함하며 특정한 생각이나 일을 향한 주의력을 요구하게 된다.

자발성은 창조적 활동의 촉매제다. 연속선으로 표현한다면, 한쪽 끝에는 자발성이 있고 다른 쪽 끝에는 불안이 있는 시소와 같다. 불안 수준이 높은 사람일수록 자발성은 낮고, 불안 수준이 낮은 사람일수록 자발성은 높다. 따라서 자발성은 불안을 낮출 수 있는 즐거운 놀이나 활동, 즉 몸, 마음, 관계를 다루는 다양한 웜업 활동이 필요하다.

웜업의 유형에는 여러 가지 방법들이 있다. 집단을 운영할 때는 친밀감과 신뢰를 형성하기 위해 함께할 수 있는 다양한 게임을 이용할 수 있다. 심리극이나 다른 유형의 집단상담 혹은 개인성장 집단에서는 웜업으로 특별한 기법들을 활용할 수 있다. 예컨대, 상상놀이, 즉흥적인 연극게임, 연극치료, 교육 및 레크리에이션 등이 적용되기도 한다(Blatner & Blatner, 1988).

2 놀이

    놀이는 인간의 모든 신체적, 정신적 활동 가운데 생존과 관련된 활동을 제외한 것으로 보통 '일'과 대립되는 개념으로 쓰인다. 놀이와 일은 자기실현의 기회가 주어지는 인간의 의식적인 활동이라는 점에서는 같으나, 놀이는 '재미' 또는 '즐거움'을 전제로 하지만 일은 그렇지 않다는 차이점이 있다. 일 또한 '즐거움'을 주기도 하지만 그것이 필수적인 것은 아니며, 놀이와는 달리 강제성을 지니고 때때로 고통을 수반하기도 한다. 반면, 놀이는 강제성이 없는 자발적 참여를 특징으로 하고 '보상'을 전제로 하지 않으며 '재미'나 '만족' 그 자체를 목적으로 한다(브리태니커 백과사전).

    원시사회에서 놀이는 주술활동과 관련된 일의 연장이었으며, 실제로 그 근본은 노동에 있다. 놀이의 많은 동작들은 노동의 동작을 본뜬 것들이다. 이렇게 노동 동작을 놀이 동작으로 변환시킴으로써 노동이 주는 정신적·육체적 고통은 덜어진다. 원시농경사회에서 일과 놀이가 일치했던 것과는 달리, 현대 산업사회에서는 놀이를 '노동'이나 '일'과 다른 별개의 유희로 보는 경향이 강하다. 그러나 현대사회에서도 아이들의 놀이에서는 일과 노동이 구분되지 않는데, 아이들에게는 일이 곧 놀이이고 놀이가 곧 일이다. 유년기의 놀이 활동은 아이들의 지능발달과 사회화 훈련에 중요할 뿐만 아니라 놀이의 구체적인 신체활동을 통해 신체발달에도 중요한 역할을 한다.

    호모 루덴스(Homo Ludens)가 언급한 놀이의 특징은 다음과 같다. 놀이는 인간의 근원적인 자유를 누리는 쾌활하고도 해방적인 활동이다. 놀이는 순수한 유희적 행동으로 어떤 보수가 동기가 되거나 이해관계와 관련되어 있지 않다. 놀이는 일정한 규칙과 질서라는 개념이 따르며 그것은 어디까지나 시공간적 범주 안에서 행해지는 행동이다. 놀이는 인류사회에 있어 문화발전의 촉진제로서 형성되어 있다. 놀이는 병들어 가는 현대문화의 재건을 위해 놀이가 가졌던 참된 휴머니즘을 찾아야 한다(김춘경, 정여주, 2001).

한편, 놀이의 특징에 대해 쉐퍼(Schaefer, 1993)는 다음 몇 가지로 설명하고 있다. 놀이는 외적인 것이 아니라, 내적인 것에 의해 동기화된다. 자신을 위한 활동은 그 자체에 쾌감이 있기 때문에 내적으로 동기화된다. 놀이는 활동의 결과나 놀이를 성공적으로 끝마치려고 하기보다는 놀이행동 자체에 더 관심을 갖기 때문에 놀이과정을 중요시한다. 놀이는 긍정적인 느낌, 즉 웃음과 기쁨을 준다. 놀이는 '마치 ~인 것처럼' 혹은 현실세계가 아닌 것처럼 하는 허구적인 특성이 있다. 놀이는 목적과 사건에 신선한 의미를 부여하는 자유를 준다. 이것은 놀이에 항상 어떤 변화와 창조적이고 혁신적인 결과가 있다는 사실에서 확인할 수 있다. 놀이는 목적을 탐색하고, 무엇을 할 수 있는가를 결정하기 위한 탐색활동과 다르다.

놀이는 대체로 자발적이다. 그것은 주요 목표인 몰입을 통해 깊게 변화되는 활동이다. 우리가 사람들과 놀이를 할 때 우리는 그들과 우리 자신을 새로운 방식으로 경험한다. 우리는 각본이 없는 영역으로 기꺼이 들어가 즉흥적인 장면을 공동으로 창조하며, 거기서 각 개인의 공헌은 전체를 창조하는 것이다. 심리극과 같은 놀이는 전체를 창조하는 방향으로 나아가는 부분들의 자발적인 상호작용이다. 그것은 온갖 정서로 가득 채워지는데, 우리는 그저 회고적으로 그것을 이해할 뿐이다. 그것은 우리 중의 관찰자가 모두 사라질 때, '마치 ~처럼'이 '~처럼'으로 변화되고 우리가 그 순간에 충분히 현존하게 될 때 우리는 행위 그 자체가 된다(Dayton, 1994).

놀이는 아동기에만 존재하는 것이 아니라 성인기에도 여전히 유지되고 있다. 아이가 성장해서 어른이 되면 유희적인 요소는 의식화되고 좀 더 구조화되는 것이다. 심리극은 집단성원들에게 삶의 주제를 역할놀이로 유도하기 때문에 일종의 놀이치료라 할 수 있다. '역할맡기'는 모방, 반영, 동일시, 내사 및 동화와 같은 내재화 과정에 필수적이다. 그럼에도 우리가 삶에서 특정한 역할에 고착되어 있을 때(역할맡기), 심리극을 통해 새로운 역할을 시도하는 기회를 갖게 되고(역할놀이), 이런 과정에서 새로운 역할을 창조하게 된다(역할창조). 여기서 역할놀이는 상상과 공상, 자기와 타인을 구분하는 데 효과적이다.

심리극에서 역할놀이는 고착된 역할에서 벗어나 새로운 역할을 창조하는 매우 의미 있는 과정이다. 우리가 다양한 역할을 하게 되고 그러한 역할을 즉흥적으로 수행하게 될 때 우리는 우리의 일상생활이 제공하지 못하는 새로운 방향에서 창조적 에너지를 방출하게 된다. 놀이와 심리극은 생존하는 기술을 가르친다. 우리가 가장 성공적이고 만족스런 경험을 한 역할들은 우리가 가장 살아 있다고 느낀 것들이다.

따라서 심리극에서 놀이는 필수적이다. 놀이는 흔히 마음의 긴장을 풀고 뭔가 새로운 것에 참여할 수 있는 의지나 동기, 즉 자발성을 증가시킨다. 특히 집단을 대상으로 의미 있는 작업을 할 때 집단성원들의 감정적 억제를 감소시켜 자발성을 촉진하는 데 필요하다. 심리극은 가상적인 놀이를 통해 즉흥적으로 상황을 만들어 가는 과정이다. 이 과정을 치료적으로 이끌기 위해서는 주인공(내담자)과 집단성원들의 자발성을 지속적으로 촉진시켜야 한다.

집단상담이나 심리극에서 자발성을 촉진하는 과정이 바로 웜업이다. 웜업과정은 집단 초기의 웜업 단계 이후에도 계속해야 한다. 우리가 취한 모든 행위는 자발성을 촉진하기 위해 웜업을 한다. 개인에 의해 들어가는 모든 장면은 그 자체가 웜업이다. 주변에서 시작하여 중심으로 들어가거나 한 개인의 문제의 핵심으로 들어가는 것은 웜업의 과정을 활용하는 것이다. '웜업은 행위단계가 시작될 때 끝나는 것이 아니고, 회기의 매 시간과 공간에서 집단성원들과 주인공을 준비시키는 데 필요하기에 회기 내내 계속된다.'(Goldman & Morrison, 1984)

제2장

웜업의 원리

집단상담과 심리극에서의 웜업은 집단성원들이 새로운 상황에 적절히 반응하고 기존의 상황에서 새롭게 반응하도록 하기 위해 다양한 방법을 통해 상호신뢰와 친밀감, 집단 응집력을 향상시키는 전 과정을 말한다. 특히 낯선 사람들이 만나 자신을 노출해야 하는 집단상담이나 심리극(혹은 사회극)에서 이러한 웜업은 반드시 필요한 첫 번째 작업이다.

이 웜업은 본 작업이 시작될 때 끝나는 것이 아니라 회기의 매 시간과 공간에서 주인공이나 집단성원들을 준비시키는 데 필요한 작업이다. 따라서 회기 내내 웜업은 계속되어야 한다. 회기가 연속적으로 진행되는 경우에도 매 회기가 시작될 때마다 동일한 웜업을 하는 것이 아니다. 그때의 상황과 분위기, 즉 상황, 시간, 공간, 집단성원, 집단리더의 상태를 모두 고려하면서 집단에 대한 신뢰와 응집력의 향상을 통해 안전한 상황과 분위기를 만들어야 한다. 집단 초반에, 매 회기를 시작할 때 웜업을 통해 집단의 자발성을 촉진하는 일은 필수적이다.

심리극에서 웜업단계는 집단 간 상호신뢰와 친밀감, 집단응집력을 향상시켜 관객들이 기꺼이 무대에 올라와 자기를 노출하는 자발성을 높이는 일이다. 마음의 준비가 되지 않으면 주인공이 무대에 올라가는 일은 쉽지 않다. 설사 무대에 올라간다 해도 자기의 이야기를 노출하는 것은 매우 부담스러운 일이다. 주인공 외에도 디렉터(집단리더), 관객(집단성원), 그리고 보조자가 자발성 수준이 높지 못하면, 그들이 취한 어떤 과업도 충분히 완성되지 못할 것이고 창조성도 최소화될 것이다. 따라서 심리극의 참여자들이 서로 신뢰와 친밀한 관계를 형성하는 웜업과정은 심리극의 세 단계 중에서 첫 번째 단계에 해당된다.

특히 심리극은 회기의 본 작업이 진행되는 과정에서도 매 순간 주인공을 웜업시키는 일이 필요하다. 일반적으로 웜업은 본 작업을 안전하게 진행하도록 준비하는 과정이지만 심리극은 매 순간 주인공의 자발성을 높여 주인공이 자신의 깊은 내면을 만날 수 있도록 마음을 준비시켜야 한다.

웜업의 목적

집단상담과 심리극에서 웜업은 다음과 같은 몇 가지 목적이 있다.

첫째, 웜업은 집단성원들에게 상호신뢰와 친밀한 관계를 향상시켜 집단응집력과 참여의식을 충분히 증진시키기 위한 것이다. 집단성원들이 집단에 대한 참여의식과 응집력이 향상될 때 집단은 안전해지고 자기노출에 대한 위험성을 감수하게 된다.

둘째, 웜업은 집단성원들에게 낯선 사람과 낯선 상황에 대한 불편한 긴장감을 이완시켜 기꺼이 집단과정에 참여하고자 하는 자발성을 향상시키기 위한 것이다. 자발성의 극단에는 긴장과 불안이 있다. 웜업을 통해 긴장과 불안을 줄이는 것이 바로 자발성을 향상시킬 수 있다. 자발성이 향상될 때 성원들은 오래된 역할에서 벗어나 새로운 역할을 시도하는 용기를 갖게 된다.

셋째, 웜업은 다음 작업에 대해 준비를 하도록 준비성을 유발하고 촉진하기 위한 것이다. 즉, 어떤 웜업은 다음 작업을 위한 준비를 하게 한다. 집단성원들이 심리적 노출을 하도록 하기 위해 이전에 신뢰와 친밀감을 위한 관계의 웜업이 선행될 필요가 있다. 또한 관계를 증진시키는 웜업을 하기 위해서는 긴장을 이완하는 몸의 웜업이 필요할 수 있다. 따라서 웜업은 이완과 활동성 증가를 위한 몸의 웜업, 응집력 향상을 위한 관계 웜업, 내면의 탐색을 위한 심리적 웜업, 주인공 선발을 위한 웜업 등으로 구성할 수 있다. 예를 들어, 어떤 회기의 목표가 상황극을 만드는 것이라면 이전에 극적 훈련으로 정지 조각이나 움직이는 조각을 웜업으로 진행하는 것이 필요하다.

넷째, 웜업은 집단성원들에게 타인을 이해하고 자기를 수용하는 능력인 감수성을 향상시키기 위한 것이다. 타인과의 관계를 개선하고 자기이해와 자기표현을 통해 자기수용능력을 향상시키는 일은 자존감과 사회성을 증진시키는 데도 큰 기여를 할 수 있다. 이것이 바로 감수성이다. 감수성이 높을 때 우리는 외부 자극과 내면의 감정에 대해 개방적이고 수용적이게 된다.

2　웜업의 실시 원칙

웜업을 실시할 때는 다음과 같은 몇 가지 원칙을 고려할 필요가 있다.

첫째, 웜업은 주변적인 것에서 중심으로 진행한다. 웜업은 가벼운 것에서 무거운 주제로, 관계에서 사적인 주제로, 구체적인 것에서 추상적인 주제로, 단순한 것에서 복잡한 동작으로, 국소적인 것에서 몸 전체를 이용한 신체적 활동으로 진행할 때 원만하다. 예컨대, 심리극을 진행할 때 집단리더(디렉터)는 내담자의 삶에서 가장 큰 외상적인 사건(trauma)을 가지고 시작해서는 안 된다. 외상의 핵심장면은 내담자가 충분히 마음의 준비가 되었을 때 다루어야 부작용이 없다. 따라서 처음 장면은 중립적이고 피상적인 수준에서 가볍게 진행해야 하며, 점차 내담자의 자기관여가 더 높은 쪽으로 들어가야 한다.

둘째, 집단성원들의 특성, 공간, 분위기, 목적 등을 고려하여 실시한다. 집단성원의 특성은 연령(아동, 청소년, 성인), 주제(학교폭력 가해자 혹은 피해자, 갈등을 겪고 있는 부부 등), 지적 수준(장애 혹은 비장애) 등을 포함한다. 공간은 방이나 교실, 의자가 있거나 의자가 없는 공간, 좁거나 큰 공간 등이다. 분위기는 대집단이나 소집단, 집중력이 높거나 낮은 집단, 위축되거나 활발한 집단 등을 고려해야 한다. 목적은 관계 증진, 자기표현, 자발성 증진, 자존감 향상 등 다양할 수 있다.

예컨대, 청소년의 경우 집단의 자발성이 낮고 저항이 많으며 집단리더에 대한 신뢰가 부족할 수 있다. 이때 집단리더는 집단성원들에게 신뢰감을 주고, 집단의 모델역할을 해 주는 것이 중요하다. 대집단으로 진행할 경우 집단성원들 간의 신뢰감과 친밀감을 충분히 형성하기 어렵다. 이런 경우 집단리더(디렉터)는 집중과 흥미를 유발할 수 있는 간결한 웜업을 사용해야 하며, 집단성원들이 집단에 몰입할 수 있도록 이끄는 카리스마가 필요할 때도 있다.

셋째, 웜업을 진행하는 시간은 적절히 계산해서 실시해야 한다. 웜업시간이 너무 길거나 너무 짧아 본 작업에 영향을 미치면 안 된다. 시간을 고려하지 않아 집단상담에서 본 작업과 심리극의 실연작업이 영향을 받는 경우가 종종 발생한다. 예컨대, 심리극의 본 작업인 실연을 할 수 없을 만큼 웜업이 길었다면, 웜업 그 자체만으로 회기를 운영할 수 있도록 해야 한다.

넷째, 웜업을 진행할 때는 집단성원들이 최대한 자발성을 향상시키는 방향으로 진행해야 한다. 그렇게 하기 위해 흔히 신체활동이 중심이 된 연기훈련, 관계증진을 위한 친밀감 및 관계형성, 자기이해와 자기표현 등의 순서로 진행하는 것이 좋다. 그러나 집단의 특성이나 자발성의 정도를 고려하여 진행순서는 달라질 수 있다.

웜업 시 집단리더가 고려할 사항과 운영요령

웜업을 실시할 때, 집단리더는 다음 몇 가지 고려사항과 운영요령을 알아야 집단을 원만하게 진행할 수 있다.

1) 웜업 시 집단리더가 고려할 사항

웜업 시 집단리더가 고려할 사항은 켈러만(Kellermann, 1992)이 제시한 내용이다.

① 집단리더는 각각의 집단성원들이 행위하도록 충분히 자극하고 웜업시켰는가?
② 집단리더는 집단 내에서 응집력과 건설적인 작업분위기를 만들었는가?
③ 웜업의 유형은 적절하게 선택되었는가?
④ 웜업에 대한 지시는 분명하게 주어졌는가?
⑤ 웜업에 대한 적절한 후속조치가 있었는가?
⑥ 집단리더는 집단이 초점이 될 만한 특별한 주제를 개발하도록 도와줄 수 있었는가?
⑦ 집단리더는 회기의 초반에 집단의 역동을 충분히 살펴보았는가?
⑧ 집단리더는 프로그램을 진행하기 위해 충분히 웜업되었는가?

2) 웜업 시 집단리더의 운영요령

다음 내용은 '심리극의 세계'(Karp et al., 1998)에 언급된 내용을 필자가 보완하여 설명하였다.

① 무엇을 웜업시킬 것인지 분명히 하라. 즉, 집단성원들 간의 신뢰와 친밀감, 관계형성

을 위한 웜업인가? 개인의 이야기를 표현하도록 하는 웜업인가? 주인공을 선정하기 위한 웜업인가?

② 집단성원들 각 개인의 웜업 수준은 다르다. 개인에 따라 자발성 수준이 다르기 때문에 개인을 고려하여 웜업의 유형을 결정해야 한다. 경쟁을 통해 자발성을 증진시키고자 벌칙을 주는 경우라면 처벌이 아닌 놀이로 하는 게 좋다. 이때 잘 못하는 사람에게 안마를 해 주는 것도 한 방법이다. 또 잘 따라 하지 못하거나 자발성이 떨어지는 집단의 경우, 잘 따라 하거나 자발성을 보이는 몇몇 사람들을 무대에 초대하여 시범을 보이게 하는 것도 요령이다.

③ 집단리더는 웜업을 하는 과정에서 누가 자기를 표현하고 싶어 하는지, 누가 심리극의 주인공을 원하는지 알아야 한다. 웜업의 과정을 통해 자발성 수준을 점검할 수 있어야 한다. 따라서 집단리더는 웜업의 과정에서 집단성원들의 반응을 자세히 살펴서 다음 회기를 고려할 수 있다.

④ 집단성원들이 가지고 있는 신체적인 문제들에 주의를 기울여야 한다. 즉, 신체적 웜업을 할 때 집단성원들의 신체적인 어려움을 고려해야 한다. 누군가 걷기가 불편한 성원이 있다면, 걷는 방식의 웜업을 지양하고 앉아서 할 수 있는 웜업을 하는 것이 좋다.

⑤ 웜업은 주인공(혹은 내담자)이 꺼낸 주제를 탐색할 수 있는 충분한 기회가 되어야 한다. 그러나 웜업에 있어서 일반적인 실수는 웜업에 너무 많은 시간을 보내 실연을 위한 시간이 별로 없다는 점이다. 대체로 심리극을 진행할 때 120분 정도 진행한다면, 웜업은 25분, 실연은 80분, 나누기는 15분 정도가 적절하다. 이 시간을 충분히 고려하여 웜업을 해야 한다. 이 시간을 고려하지 않고 웜업을 진행한다면 집단리더(디렉터)는 집단성원들이 자신의 주제를 충분히 탐색할 수 있는 시간을 주는 것으로 한 회기를 운영할 수 있다.

⑥ 집단리더는 무대나 공간에 있는 물건들에 주의를 기울여야 한다. 공간이 좁거나 위험한 물건이 있어서 집단성원들이 활동할 때 위험할 수 있다면 충분히 안전한 환경을 만들거나 넉넉한 공간에서 진행하는 것이 필요하다.

⑦ 웜업을 실시한 후 집단리더는 집단성원들이 좀 더 친밀하게 자신의 경험을 적절히

나누도록 항상 격려하라. 집단성원들이 웜업을 경험하고 난 이후 그 경험을 통해 알게 된 생각이나 느낀 감정을 함께 나누는 과정이 치료적으로 이어질 수 있다. 심리극을 진행한다면 집단성원들이 이러한 경험을 나누는 과정에서 심리극 주인공으로서 웜업이 되기도 한다.

⑧ 집단리더는 웜업에 참여해서는 안 된다. 집단에게 리더의 영역이 있다는 것을 알게 할 필요가 있다. 집단리더는 어떤 집단성원이 너무 힘들어 할 때 조치를 취할 수 있고, 집단에서 무슨 일이 일어나는지를 어느 정도 알아야 전체 집단의 상황을 파악할 수 있다. 또한 집단을 잘 관찰하여 집단에서 나온 자료를 본 작업에 활용할 수 있어야 한다.

⑨ 집단리더는 명백하고 확고한 지시를 내려야 하며, 집단을 두 명 혹은 세 명 등으로 작업하도록 할 때 집단에 몇 명의 성원이 있는지를 알아야 한다. 즉, 집단리더가 집단을 둘로 나누도록 했는데 인원수가 홀수라고 한다면 아주 불편할 수 있다. 이때는 둘 또는 셋이서 모이도록 하는 게 좋다.

⑩ 집단성원들에게 웜업을 실시하기 전에 웜업의 실제에 대해 분명히 설명해야 한다. 이것은 불확실성과 불안을 줄여 주고, 집단성원들이 속아서 뭔가를 했다는 느낌을 갖지 않게 한다.

⑪ 웜업을 하는 '이유'를 항상 설명하라. 집단리더는 집단성원들과 함께 자신의 생각을 공유해야 한다. 친밀감을 위한 웜업인지? 주인공 선정을 위한 웜업인지? 자기개방을 위한 웜업인지? 그 이유를 설명할 때 집단성원들은 상황을 예측할 수 있다.

⑫ 집단리더는 집단성원이나 내담자(주인공)가 비자발적이거나 비표현적일 수 있음을 허용해야 한다. 모든 집단성원이 적극적일 수 없다. 상담에 의뢰된 어떤 집단성원들은 애초에 참여 동기가 없을 수 있다. 반드시 웜업에 참여해야 한다는 압박감을 느끼지 않고 개인의 욕구를 자연스럽게 허용할 때 집단은 좀 더 안전해진다.

⑬ 대집단에서 작업을 할 때, 좀 더 안전하고 친밀한 공간을 제공하기 위해 집단을 소집단으로 나누는 것은 불안을 줄여 준다. 갑자기 많은 사람들과 교류를 하도록 하거나 자기소개를 하도록 할 때 매우 불안하고 긴장된다. 필자가 자주 활용하는 '진돗개 박수'로 예를 들어 보자. 낯선 사람들이 많을 때 우선 옆에 있는 두 사람끼리 만나 서

로 인사하고 '진돗개 박수'를 시작한다. '진돗개 박수'의 몸놀이를 통해 두 사람이 친밀해지면 다른 두 집단이 모여 네 명이 되게 한다. 네 명이 다시 '진돗개 박수'를 치고 서로 간단히 소개를 한다. 이어서 다시 두 집단이 만나 여덟 명이 되도록 한 다음, '인간 실타래 풀기'를 진행한다. 이렇게 하고 나면 자기소개를 하는 것이 불편하지 않게 되고, 낯선 집단은 좀 더 친숙한 집단이 된다.

⑭ 웜업을 진행할 때 집단리더는 집단에게 강요하는 것이 아니라, 집단의 과정을 반영하고 강화해야 한다. 집단리더는 집단의 역동을 잘 읽고 집단의 욕구에 민감하게 반응할 때 집단이 위험하지 않게 된다. 집단상담이나 심리극의 집단리더(디렉터)는 집단의 보이지 않는 역동을 읽을 줄 알아야 한다. 집단리더가 미리 계획한 웜업 내용은 집단의 흐름이나 역동에 의해 얼마든지 수정될 수 있어야 한다. 집단리더가 준비한 웜업이 집단의 역동과 맞지 않을 때 자발성이 저하되고 반발을 초래할 수 있다. 집단을 운영하는 집단리더의 역할은 집단의 특성, 집단성원들의 자발성 수준과 참여 동기, 그리고 집단의 목적을 분명이 인식해야 집단의 역동과 흐름을 읽을 수 있다.

4 심리극에서의 웜업단계

집단상담에서 운영하는 웜업은 이론적 배경이나 집단의 특성에 따라 다를 수 있다. 그러나 심리극에서의 웜업은 독특하다. 최헌진(2003)은 그 특징에 대해 다음과 같이 언급하고 있다. 첫째, 개인이 아닌 집단을 위한 위밍업이다. 따라서 상호신뢰형성이 우선되어야 한다. 둘째, 그것의 목표는 자발성의 고취이다. 그것은 심리극에 대한 이해를 밑바탕으로 한다. 셋째, 다양한 기법을 활용한다. 그러나 기법들은 상황에 적절해야 한다. 넷째, 그것은 일정한 시간 내에 이루어져야 한다. 시간이 짧을수록 그것은 성공적이라고 할 수 있다. 다섯째, 그것은 지금 이 순간에 초점을 맞춘다. 여섯째, 그것은 몸을 통해 이루어진다.

심리극의 웜업과정에서, 디렉터는 집단의 상호신뢰와 관계증진을 통한 집단응집력에서 주인공을 선정하기까지 집단성원들에게 자발성을 향상시키는 것이 매우 중요한 과업이다. 모두가 자발성이 향상되었을 때 심리극을 운영하는 것이 원활해진다. 주인공이 자발적으로 무대에 올라오고, 보조자들은 주인공에게 중요한 인물들의 역할을 기꺼이 해내고, 관객들은 더욱 몰입해서 주인공의 극에 참여하게 된다. 물론 디렉터의 자발성 역시 높게 유지하는 것이 매우 중요하다.

심리극의 웜업은 지금 이 순간에 초점을 두고 상황에 적절하게 진행하면서 보통 다음과 같은 세 단계의 웜업단계로 운영하는 것이 일반적이다.

첫 번째 단계는 신체적 웜업이다. 낯선 심리극의 세계로 들어온 집단성원들에게 긴장과 불편감을 해소하는 것은 우선 몸을 통한 놀이다. 신체적 웜업은 간단한 동작에서 복잡하고 큰 동작으로, 작은 목소리에서 큰 목소리로, 개인적인 활동에서 집단 전체 활동으로 진행한다. 대개는 몸을 통한 연기훈련이나 집단놀이가 여기에 해당된다. 예를 들어, 간단한 몸 놀이로 진행하는 '진돗개 박수'의 경우, 처음에는 2인씩, 다음은 4인씩, 다음은 8인씩 집단을 늘려가는 방법이다.

두 번째 단계는 관계 웜업이다. 관계 웜업은 집단성원들이 서로 친밀감을 갖고 집단응집력을 향상시키는 다양한 집단 놀이가 포함된다. 타인과의 관계에서 신뢰와 친밀감, 집단응집력을 향상시키는 놀이는 궁극적으로 집단에 대해 안정감을 갖게 하고 자발성을 증진시킨다.

세 번째 단계는 주인공 선정 웜업이다. 즉, 마음과 관련된 웜업이다. 이 단계에서는 집단성원들이 자신의 내면을 이해하고, 자기를 표현하는 다양한 활동들이 포함된다. 예컨대, 지금까지 살면서 경험했던 중대한 사건, 특별한 인물, 지속적으로 반복되는 감정이나 가장 강렬했던 감정 등을 떠올리는 것은 주인공을 선정하기 위한 웜업이 될 수 있다. 물론 웜업 자체만으로도 구조화된 집단 프로그램으로 활용할 수 있다. 그러나 심리극은 내면의 탐색과 표현을 활용하여 주인공을 선정하는 것이 비교적 무난하다.

집단상담과
심리극을
위한
웜업 북

극적 놀이 웜업

연기훈련

　다음 방법들은 집단성원들에게 다양한 활동을 통해 연기훈련을 하도록 하여 연기에 대한 두려움을 없애 무대에 자연스럽게 적응하도록 한다. 또한 집단성원들이 공동작업을 통해 서로 친밀감을 갖도록 하여 집단응집력과 자발성을 향상시키고 프로그램의 참여 동기를 강화한다.

　연기훈련은 집단성원들이 신체훈련과 감각훈련, 그리고 극적 훈련을 통해 무대에 친숙해지고, 감정을 자연스럽게 표현하도록 촉진할 뿐만 아니라 대중 앞에 서는 두려움을 감소시켜 주기도 한다. 극적 행위과정에서 집단성원들은 내면의 불편한 감정들을 자연스럽게 해소하고 자기개방을 촉진하며 집단의 참여 동기와 자발성을 증진시킨다. 특히 놀이의 형식으로 진행하는 연기훈련은 소집단으로 나누어 진행할 때 연극게임의 형식으로 진행하기 때문에 흥미와 즐거움을 줄 수 있다.

　물론 연기훈련을 웜업의 기법으로 안내하는 집단리더는 다음 몇 가지 사항에 주의를 기울여 진행해야 한다. 첫째, 집단성원들이 서로 경쟁보다는 협동심을 기를 수 있도록 안내해야 한다. 즉, 연극훈련을 게임형식으로 운영할 때 협동에 비중을 두어 집단성원들에게 칭찬과 격려의 방식으로 진행하는 것이 좋다. 둘째, 집단성원들을 지나치게 통제하거나 억압하지 않고 자연스럽게 참여할 수 있도록 안내해야 한다. 극적 훈련에 어려움을 느끼는 집단성원들이 있을 때 무리하지 않도록 해야 한다. 셋째, 웜업이 서로 적절히 연결되는 것이 좋다. 예컨대, 연기훈련을 하고 난 이후 상황극을 진행하면 적절하다.

다음에 소개하는 연기훈련에서 전반부의 내용은 언어를 사용하지 않고 주로 신체적 활동을 이용하는 방법이며, 후반부의 내용은 언어와 신체를 함께 활용한 방법으로 구성되어 있다.

물건 돌리기

　이 활동은 가벼운 신체활동으로 연극의 유희성을 이해하는 데 도움이 된다. 집단성원의 수는 10~30명 정도가 적절하다. (초 1~6/청소년/성인)

　집단성원들은 하나의 원으로 빙 둘러 서 있을 수 있고, 일렬로 정렬해 있을 수 있다. 이들에게 어떤 물건이든지 옆으로 돌아가면서 점점 커지고, 점점 뜨거워지고, 점점 무거워질 수 있다고 안내한다.

　"여러분, 제가 지금 이 작은 돌을 제 옆 사람에게 줄 텐데, 이 작은 돌이 오른쪽 사람에게 전달되면 점점 더 커지게 될 겁니다. 나중에 맨 끝에 오면 아마 바위보다 더 크게 될 거예요."

물건 돌리기의 다른 예를 보면, '점점 뜨거워지는 호빵' '점점 커지는 보따리' '점점 뜨겁게 타오르는 번개탄' '점점 무거워지는 가방' 등이 있다.

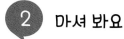

마셔 봐요

이 활동은 간단한 연기로 집단성원들의 연기력 향상과 흥미를 유발시키는 방법이다. 집단성원의 수는 제한이 없다. (초 4~6/청소년/성인)

집단리더는 집단성원들에게 '독약(사약)' '독한 양주' '소주' '뜨거운 차' '얼음같이 차가운 음료수' '뜨거운 커피' '쓴 한약' 등을 마실 때의 행위를 표현해 보도록 한다. 이때 두 사람씩 짝을 지어 서로 마실 것을 정하고 교대로 행위연습을 한다. 물론 이 행위연기는 집단성원들의 수준에 맞게 정하도록 해야 한다. 이렇게 충분히 연습이 이루어지면, 집단성원 전체가 모여 짝과 연습한 행위연기를 돌아가면서 보일 수 있다.

변형

집단을 몇 개의 조(4~5명 내외)로 나누어 연습을 시킨 다음, 가장 연기력이 뛰어난 사람을 선정해 조별 대항을 하는 것도 집단성원들에게 더욱 흥미를 유발시킬 수 있다.

행위 팬터마임

이 활동은 집단성원들에게 다양한 역할을 행위로 표현하게 하여 연기력을 향상시키고 흥미를 유발시킬 수 있다. 집단성원의 수는 제한이 없으나 움직임이 자유로운 공간이나 무대가 필요하다. (초 1~6/청소년/성인)

1) 뭔가에 강제로 끌려가기

집단성원들 각자가 뭔가에 강제로 끌려가고 있는 행위를 표현하게 한다. 예컨대, '하늘에서' '땅에서' '양쪽 옆에서' 뭔가가 끌어당기는 게 있다고 상상하게 하고, 이에 끌려가지 않도록 강하게 저항하는 행위를 하도록 한다. 이렇게 끌려가지 않으려는 필사적인 노력을 보이다가 결국 나중에는 끌려가는 모습을 행위화하게 한다.

2) 로봇(고장 난 인형)이 되어 돌아다니기

집단성원들이 공간(방)에서 자유롭게 돌아다니다 갑자기 고장 난 인형이나 로봇이 되어 그 공간을 계속 돌아다닌다. 이때 집단성원들은 우스꽝스러운 행위를 보임으로써 집단성원들 모두에게 웃음과 흥미를 줄 수 있다.

3) 개구리 되기

집단성원들에게 각자 개구리의 동작을 표현하게 하는데, 바닥에 배를 대고 수영하는 동작, 폴짝 뛰는 동작, 날아가는 파리를 잡아먹는 동작 등을 천천히 보이도록 한다.

4) 연못에서 생긴 일

집단성원들에게 연못에 있는 생물과 무생물(예: 물풀, 개구리, 잠자리, 파리, 떠다니는 소주병, 쓰레기, 갈대, 잉어, 붕어, 연꽃 등)이 되도록 하여, 자신이 선정한 생물과 무생물의 역할을 공간에서 마음대로 표현하게 한다. 말을 하지 않고 자유롭게 연못의 사물을 표현하게 한 다음, 서로 자유롭게 이야기하도록 함으로써 상상력을 높이고, 집단성원들 간의 상호작용을 촉진시킨다.

5) 특별한 장소에서 특별한 경험하기

다음 내용들은 집단놀이에서 벌칙으로 사용할 수 있는 연기놀이다.

① 뜨거운 불판 위에 올라가 있는 산낙지
② 뜨거운 물속에 있는 개구리
③ 개밥 속의 도토리
④ 고춧가루를 뒤집어쓴 사람

⑤ 한여름 더위에 지친 강아지
⑥ 물속의 미꾸라지 한 마리
⑦ 동물원의 돌고래와 물개 쇼
⑧ 어항 속의 금붕어

6) 기타 상황

다음과 같은 다양한 장면을 제시하고 이를 팬터마임으로 행위화하게 한다. 이 방법 역시 놀이에서 가벼운 벌칙으로 사용할 수 있고, 집단으로 나누어 서로 번갈아 가며 행위로 표현하게 할 수 있다.

① 풍선을 불다 갑자기 터질 때
② 마지막 지하철(시내버스)에서 졸다 보니 집에서 아주 먼 종점까지 왔을 때
③ 화장실에서 용무를 보고 있는데 화장지가 없을 때
④ 해수욕장에서 놀고 있는데 갑자기 쓰나미가 몰려오고 있을 때
⑤ 로또복권에 당첨이 되어 10억이 생겼을 때
⑥ 사막의 길을 걷다가 모래 늪에 빠졌을 때
⑦ 길을 가다가 첫사랑의 연인을 만났을 때

해적선 노 젓기

　이 활동은 집단성원들에게 다양한 극적 행위를 통해 연기력을 향상시키고 흥미를 유발시킬 수 있다. 집단성원의 수는 제한이 없으나 움직임이 자유로운 공간이나 무대가 필요하다. (초 1~6/청소년/성인)

　집단성원들에게 해적선을 타고 있고 노를 저어야 하는 상황임을 알려 준다. 그리고 전 집단성원이 하나가 되어 단순한 물리적 행위를 '침묵으로' '소리를 내면서' '부드럽게' '힘차게' 등의 서로 다른 강렬함과 상황, 조건에 따라 행동으로 표현하게 한다.

　"여러분은 지금 해적선에 타고 있습니다. 그리고 노를 저어야 하는 상황입니다. 제가 어떤 상황이나 조건을 이야기하면 여러분은 노를 저을 때 그런 행위를 하면 됩니다. 예컨대, 제가 '침묵으로' 하면 여러분은 아무 말 없이 노를 저으면 되겠죠. 또 '힘차게' 하면 노 젓는 행위를 힘차게 하는 것입니다. '부드럽게' 하면 아주 부드럽게 노를 저으세요……."

　이때 리더가 상황을 '침묵으로' '소리를 내면서' '부드럽게' '힘차게' '열광적으로' 등으로 제시할 때 거기에 맞는 방식으로 조용히, 부드럽게, 강하게 표현한다.

5 호흡훈련

이 활동은 연기력에 기본이 되는 호흡훈련으로 집단성원들이 자신의 감정을 표출하는 효과가 있다. 집단성원의 수는 제한이 없다. (초 1~6/청소년/성인)

집단성원들이 "하-, 하-, 하-……."라고 짧은 소리를 내게 하여 호흡을 훈련시킨다. 이때 소리는 목이 아니라 아랫배에서 나도록 한다. 그다음, 점점 더 길게 "하--, 하--, 하--……."라고 소리 지르며 발성연습을 한다.

"다 같이 원으로 서 보십시오. 제가 '하-' 하면 다 같이 '하-' 하십시오. 아랫배에 힘을 주고 좀 더 크게 하십시오. …… '하-' …… 이제는 좀 더 길게 '하--'라고 하세요. 다 같이 '하-', 한 번 더 길게 '하----' 좋습니다. 이번엔 '하-' 대신에 '어이' '어이' 하고 따라 해 봅니다. 좀 더 크게!!"

이때 '하-' 대신에 '어이, 어이'로 해도 된다. 이 소리를 점점 더 크게, 더 길게 내도록 해도 좋다.

6 발성연습

  이 활동은 연기력에 기본이 되는 발성연습으로 집단성원들에게 소리를 점점 크게 내도록 함으로써 감정을 표출하는 효과가 있다. 집단성원의 수는 제한이 없다. (초 4~6/청소년/성인)

  집단을 두 집단으로 나누어 일렬(횡대)로 서게 한다. 두 집단은 무대 양쪽에 간격을 두고 서서 서로 마주 본다. 우선 한 집단(A)이 먼저 하는데, 한 사람씩, 한 발 앞으로 나가면서 "나는 하나요, 나는 둘이요, 나는 셋이요……." 하는데, 목소리는 점점 더 크게 해야 한다. 이때 목소리가 더 이상 크게 나지 않을 때까지 계속 숫자를 세면서 발성을 높여 간다.

  예컨대, A집단의 집단성원이 열 명일 경우에는, 맨 마지막 열 번째 사람이 "나는 열이요."까지 하면 다시 첫 번째 사람에게로 돌아와 "나는 열하나요."라고 하면서 계속 순서가 돌아간다. 이렇게 해서 더 이상 소리가 크게 나지 않을 때 집단리더는 중지시키고, 그다음 다른 B집단도 이와 동일한 활동을 실시한다. 이렇게 하여 두 집단 중에서 마지막 숫자가 더 큰 집단이 승리하게 된다. 집단성원들에게 흥미를 유도하기 위해서는 진 집단에게 간단한 벌칙(이긴 팀 업어 주기)을 주는 것도 좋다.

  변형

  한 발씩 앞으로 나오지 않고 제자리에서 해도 좋다. 그리고 '도레미…….' 화음에 맞춰 점점 더 높게 할 수도 있다. 또한 화음에 맞춰 점점 더 크게, 점점 더 작게 하도록 하면 흥미롭다.

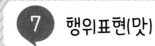

7　행위표현(맛)

　　이 활동은 연기력에 기본이 되는 행위표현의 연습으로 집단성원들에게 소리와 함께 다양한 맛을 표현하게 하여 감정의 다양성을 경험하게 한다. 집단성원의 수는 제한이 없다. (초 4~6/청소년/성인)

　　집단성원들을 원으로 혹은 일렬로 서게 한다. 맨 앞사람부터 차례로 순서를 외치며, "나는 하나요. 나는 둘이요. 나는 셋이요 ……." 이렇게 숫자를 세면서 맛과 함께 행위연기를 하게 한다. 방법은 '점점 많이 먹기' '점점 더 차가운 얼음 먹기' '점점 더 매운 고추 먹기' '점점 더 신 레몬 먹기' 등으로 한다. 이를 통해 집단성원들은 다른 사람들의 표정이나 행위를 보고 즐거움을 느낄 수 있으며, 연기에 대한 거부감을 줄일 수 있다. 이 외에도 짠맛, 단맛, 쓴맛 등을 더욱더 강하게 표현하게 할 수 있다.

8   웃음보 터트리기

이 활동은 감정을 표현하는 연기력을 향상시키는 효과도 있지만 인위적인 웃음을 통해 즐거움을 경험하게 할 수 있다. 집단성원의 수는 제한이 없다. (초 1~6/청소년/성인)

"지금부터 여러분은 제가 '그만'하라고 할 때까지 계속 웃는 겁니다. 무조건 웃어 보는 겁니다. 가장 재미있고 신나게 웃는 사람에게는 특별상을 드리겠어요. 자, 시작!"

이렇게 해서 약 10초 내지 20초 정도 지나면 중지시킨다. 이때 의도적인 감정표현이 어떤 느낌을 주는지 잠시 소감을 나누도록 한다. 웃음 외에도 '울기' '호통 치기' 등으로 바꾸어도 좋다. 특히 울기와 웃기를 했을 때 기분에 어떤 차이가 느껴지는지를 확인하는 것도 필요하다. 왜냐하면 의도적으로 웃을 때 기분이 더 좋아지는 것을 알게 된다면 좋은 경험일 수 있기 때문이다. 특별상은 리더의 재량으로 줄 수 있다.

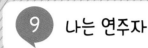

9 나는 연주자

이 활동은 악기의 연주자가 된 듯 행위로 표현하면서 연기력과 표현력을 증진시키는 효과가 있다. 집단성원의 수는 제한이 없다. 준비물은 오케스트라 음악이나 사물놀이 음악이며, 가능하면 다양한 악기가 등장하는 음악을 준비하는 것이 좋다. (초4~6/청소년/성인)

집단성원들에게 클래식(오케스트라)이나 사물놀이 음악을 들려주고 그 음악에 나오는 악기 중에서 좋아하는 악기를 하나 선정하도록 한다. 그리고 눈을 감고 그 음악에 맞추어 팬터마임으로 연주를 하도록 한다. 이때 바로 시작하는 것보다 잠시 음악을 감상하게 하면서 마음의 준비를 시킨다. 이런 팬터마임의 연주는 연기력을 향상시키거나 흥미를 유발할 수 있다.

"이제 음악에 집중하시고…… 음악에서 나오는 여러 악기 중에 여러분이 연주하고 싶은 악기를 하나 골라 보세요. 그리고 다른 악기보다 그 악기 소리에 잠시 집중해 보세요."

약 2~3분 정도 시간이 지나면, 마치 자신이 그 악기를 실제 연주하는 것처럼 행동으로 표현하게 한다. 음악을 선정할 때에는 집단성원들에게 익숙한 음악을 선정하는 게 좋다.

변형

집단성원들의 자발성이 아주 낮을 경우에는 음악을 들려주고 바로 악기를 선택하게 하는 것보다 음악을 어느 정도 들려준 후 악기를 선택하도록 한다. 그런 다음 잠시 음악을 끄고 몇몇 집단성원들에게 어떤 악기를 선택했는가 확인하고 다시 음악을 들려주면서 악기를 연주하게 한다.

악기 되어 보기

이 활동은 음악이 없이 입으로 소리를 내면서 악기를 연주하는 행위를 하여 연기력과 표현력을 증진시키는 효과가 있다. 집단성원들의 수는 10~20명 내외가 좋으며 특별히 준비물은 없다. (초 1~6/청소년/성인)

집단성원들에게 자기가 좋아하는 악기를 하나 마음속으로 선정하게 한다. 그리고 집단 리더는 몇몇 사람에게 어떤 악기를 선정했는지 물어본다.

"지금부터 여러분은 자신이 선정한 그 악기가 되는 거예요. 아까 어떤 사람은 바이올린으로 정했다고 했고, 또 어떤 사람은 캐스터네츠라고 했는데, 그 사람은 지금부터 바이올린이 되고, 캐스터네츠가 되는 겁니다. 다른 사람들도 다 하나씩 골랐죠? 골랐으면…… 우리 어떤 곡을 연주하겠어요?"

이렇게 이야기한 다음, 집단성원들이 원하는 곡을 하나 선정한다. 예컨대, 〈고향의 봄〉을 선정했다면, 각 집단성원은 그 악기가 되어 〈고향의 봄〉을 연주한다. 연주할 때는 행동으로 연주하는 모습을 보이면서 입으로는 악기소리를 내도록 한다.

무대는 우리의 공간

이 활동은 집단성원들이 무대에 익숙해지고 서로 친밀감을 갖도록 하는 데 효과가 있다. 집단성원의 수는 제한이 없으며, 움직임이 자유로운 무대나 공간이 필요하다. (청소년/성인)

집단리더는 집단성원들에게 아무렇게나 무대의 모든 공간을 자유롭게 걸어 다니게 하면서 다음과 같이 진행한다. 다시 말해, 집단리더는 집단성원들이 무대의 공간에서 다양한 움직임을 할 수 있도록 안내한다. 이때 음악을 들려주고 진행할 수 있다.

"여러분은 이 공간에서 자유롭게 돌아다니는데, 공간이 비어 있으면 얼른 가서 그 공간을 채워 주시기 바랍니다. 자유롭게 다녀 봅니다……. 그리고 제가 어느 때든 호루라기를 불면 최단 시간 내에 무대 가운데로 이동해서 가장 작은 공간을 만듭니다. 그리고 다시 호루라기를 불면 다시 퍼져서 무대 전체를 채워 주십시오. 이제 무대는 여러분 겁니다. 제가 자유자재로 요구할 겁니다."

변형 1

앞의 방법처럼 집단리더의 호루라기를 통해 집단성원들은 가장 작은 원을 또는 가장 큰 원을 만든다(서로 손을 잡은 상태). 이때 원을 크게 혹은 작게 만드는 과정에서 집단성원들은 신체적으로 가까워지게 되는데, 이 방법은 흥미와 함께 친밀감을 갖게 한다.

변형 2

집단성원의 수가 많을 경우에는 몇 개의 조(수가 동일하게)로 나누어 가장 작은 원을 혹은 가장 큰 원을 만들도록 경쟁을 시켜 적절한 벌칙이나 상을 줄 수 있다. 이 활동은 풍선놀이와 유사하다.

감정표현 연기

이 활동은 집단성원들에게 무대 주변에 있는 물건들을 이용하거나 소리와 몸짓 등의 동작을 이용하여 자신의 감정을 다양하게 표현해 보도록 하는 효과가 있다. 집단성원의 수는 제한이 없다. (청소년/성인)

처음에 집단성원들은 자신의 감정을 자연스럽게 표현하는 게 어려울 수 있다. 이때 집단리더는 집단성원들에게 '슬픔' '기쁨' '분노' '좌절감' '놀라움' '두려움' 등의 감정을 제시해 주고, 이를 표현하게 한다. 이 감정들을 어느 정도 자연스럽게 표현하게 되면, 그다음 자기 자신에게 느껴지는 감정을 하나 선택해서 이를 동작으로, 혹은 소리를 통해 표현하도록 한다.

변형

집단성원들의 자발성을 높이기 위해서 경쟁을 유도하는 것도 좋다. 예를 들면, 몇 개의 조로 나누어 서로 돌아가면서 다른 조에 특정한 감정을 제시하고 이를 표현하도록 한다. 이때 감정 표현이 어려운 집단에게 가벼운 벌칙을 주는 것은 흥미를 유발할 수 있다.

변형놀이: 상상력 게임

이 활동은 상상력을 통해 집단성원들이 연기력과 표현력을 발휘할 수 있는 기회를 갖게 한다. 집단성원의 수는 제한이 없으며, 움직임이 자유로운 무대나 공간이 필요하다. 집단 리더는 무대 가운데에 의자를 하나 놓고 그 의자 위에 상자가 하나 놓여 있다고 상상하도록 한 후 다음과 같이 진행한다. (청소년/성인)

"이 상자 안에는 어떤 물체가 들어 있습니다. 여러분은 이 상자 안에서 뭔가를 발견할 겁니다. 그런 다음, 그것을 꺼내어 행위화해 주시면 됩니다."

이 상자 안에는 '밧줄' '뱀' '전화기' '음식' '모자' 등과 같은 형상이 있는 물체가 있을 수 있고, 눈으로 볼 수 없는 '우정' '사랑' '따뜻함' '그리움' '분노' 등과 같은 추상적인 것도 있을 수 있다. 이를 행위로 표현하게 한다.

변형 1

이 방법은 주인공을 선정할 때에도 자주 활용된다. 의자 위에 보물상자가 놓여 있다고 상상하게 한다.

"이 보물상자에는 여러분이 가장 소중하게 여기고 있고 가장 갖고 싶어 하는 것들이 모두 들어 있습니다. 누구든지 단 하나만 선택할 수 있습니다. 어떤 사람들은 두 개를 가지려 하다 들킨 적도 있지요. 절대 두 개 이상은 안 됩니다. 알았지요? 그러하기 때문에 여러분에게 가장 절실하고 소중한 것을 선택해야 합니다. 그 대상을 골랐으면 그것을 행위로 표현해 주시면 됩니다."

변형 2

집단성원들이 가장 원하는 대상을 골라 이를 행위로 표현했을 때, 집단성원이 적으면 전체에게 그것이 뭔가를 물어보도록 할 수 있다. 그러나 집단성원이 많을 경우에는 3~4명 정도가 한 조가 되도록 몇 개의 조로 나눈 다음, 조별로 모여 각자가 선택한 대상을 소개하도록 한다. 조별로 소개가 끝나면, 조원들은 서로 협의해서 자신의 조에서 누가 가장 적절한 주인공(조별 대표 1인)이 되었으면 좋을지 결정하게 한다. 그런 다음 조별 대표가 전 집단성원들 앞에서 자신이 선택한 보물을 간단히 소개한다. 집단리더는 집단전체에게 누가 가장 주인공이 되었으면 좋을지를 행위 사회 도해(주인공이 되었으면 하는 사람의 어깨 위에 손을 올리기)를 통해 선발할 수 있다. 또한 분광기법(spectrogram)을 통해 주인공이 되고자 하는 욕구의 정도(1~10)를 눈에 보이지 않는 선으로 측정하여 주인공을 선발한다.

무엇이 되기: 씨앗에서 꽃으로

이 활동은 집단성원들이 자신을 표현하는 자발성이 향상되고, 무대에 대한 감각을 갖는 데 도움이 될 수 있다. 집단성원의 수는 제한이 없으나 활동이 적절한 무대나 공간이 필요하다. (청소년/성인)

우리의 몸이 예술적 표현을 하는 데 도구화될 때 몸을 통한 자발성이 확장될 수 있다. 이는 혼자서도 가능하지만 4~5명이 한 조가 되어 신체를 이용하여 씨앗이 꽃으로 되는 장면을 표현하게 한다. 처음에는 딱딱한 형태의 몸이 하나의 씨앗으로 있다가 천천히 펴지면서 점점 활짝 피어나는 꽃으로 모습을 드러낸다. 조별로 돌아가면서 자유롭게 표현한다. 이때 천을 활용하는 것도 도움이 된다.

변형

집단리더가 집단성원들에게 다음과 같은 지시를 주면, 집단성원들은 신체를 이용하여 이를 표현한다.

"자- 나무가 되어 어둠속에서 천천히 걸어 보십시오. 이제 나무의 씨앗이 되어 봅니다. …… 그리고 그 씨앗이 한 줄기 생명의 빛을 향해서 발아합니다. …… 생명체가 되어 점점 더 커져 드디어 큰 나무가 됩니다. …… 느끼십시오. 내가 얼마나 큰 나무가 되었는지…… 몸을 더욱 확장시켜 보십시오."

15 나는 사진기자

이 활동은 집단성원들이 각각의 사진기자가 되어 집단성원들에게 어떤 장면을 요구하면 집단성원들이 이를 극적으로 표현하는 놀이다. 이는 자기표현과 자발성을 향상시킬 수 있다. 집단성원의 수는 20~30명 정도가 적절하나 인원이 많을 경우에는 몇 개의 조로 나누어 실시할 수 있다. (초 4~6/청소년/성인)

집단성원들이 차례로 돌아가면서 한 사람씩 사진기자가 된다. 그리고 나머지 집단성원들은 사진기자가 주문하는 장면(예: 나이트클럽에서, 결혼식장에서, 시장에서 등)을 그대로 연출하는 대상자들이 된다. 사진기자가 원하는 어떤 장면을 연출하다 갑자기 "정지!"라고 외치면, 전원은 그대로 정지하게 된다. 이때 사진기자는 이 장면을 포착해서 사진을 찍는다.

　이렇게 돌아가면서 전 집단성원이 사진기자의 경험을 한다. 인원이 많을 때(20~30명 이상)는 몇 개의 조로 나누어 실시할 수 있다. 조별로 했을 경우에는 가장 대표적인 작품을 선정해 서로 우수작품을 소개하는 것도 집단성원들에게 흥미를 유발시킬 수 있다. 집단성원이 적을 경우에는(10명 내외) 한 사람이 두 가지 장면을 표현하게 하고 사진을 찍을 수 있다. 사진으로 찍을 수 있는 장면의 예는 다음과 같다. '나이트클럽에서 광란의 현장' '교통사고' '모델워킹' '쇼트트랙 대회' '추석날 제사' '결혼식' '지진현장' '싱크로나이즈 대회' '코로나19 확진자가 탔던 버스 안' 등이다.

16 개인 조각하기: 이미지 표현하기

    이 활동은 집단성원들에게 추상적인 주제를 몸으로 표현하는 조각놀이를 통해 자기표현과 자발성을 향상시키는 데 효과가 있다. 집단성원의 수는 제한이 없으며 정지조각이기 때문에 넓은 공간이 필요한 것은 아니다. (청소년/성인)

    2명이 한 조가 되어 한 사람은 조각가, 한 사람은 조각품이 되는데, 이는 서로 번갈아 가며 하게 된다. 주제는 '심리극/집단상담에서 나의 기대' '지금 나의 고민' '나의 소원' '지금 나의 기분' '나와 우리' '우리는 한 마음' '기다림' '기도' '아이' '해' '불' '지난 한 주일 동안 나의 삶' 등 다양하며, 이 주제에 대한 느낌을 조각으로 표현한다. 조각을 다 만들고 나면 집단성원들은 그 조각품이 어떤 의미가 있고, 어떤 느낌을 표현한 것인지 설명하게 한다. 그런 다음, 조각가는 자신의 조각품에 대한 생각과 느낌을 표현하게 한다. 이 방법은 집단성

원 개개인을 이해하고, 주인공을 선정하는 데 도움이 될 수 있다.

변형 1

방법은 이전과 동일하게 하되, 조각가가 작품을 설명하기 전에 전 집단성원이 그 조각을 보고 어떤 느낌을 주고 있는지, 혹은 어떤 주제인지를 먼저 이야기하게 한다. 어느 정도 이야기가 되면 조각한 조각가가 자신의 조각 작품에 대해 설명해 준다.

변형 2

조각의 주제를 미리 제시해 주지 않고 집단성원 각자가 자신이 표현하고 싶은 것을 마음대로 표현하도록 해도 좋다.

변형 3

개인별로 하지 않고 조별로 하는 경우, 이전과 동일한 방법으로 하되 조를 상징하거나 조를 대표하는 조각을 만들게 해도 좋다. 흔히 집단 프로그램을 진행할 때 조의 응집력과 협동심을 고취하기 위하여 조별 조각이 효과적이다.

집단 조각하기: 거울조각

이 활동은 집단성원들을 두 집단으로 나누어 조각으로 표현하는 기회를 서로 갖게 하여 집단의 친밀감과 자기표현 능력, 자발성을 향상시키는 데 효과가 있다. 집단성원의 수는 20~30명 내외가 좋다. (청소년/성인)

집단을 두 집단으로 나눈다. 먼저 한 집단(A)이 여러 행위를 통해 재미있는 혹은 의미 있는 조각품을 만든다. 다 조각하고 나면 다른 집단(B)의 성원들은 이를 감상하고, A집단의 조각을 그대로 모방해 본다. 그렇게 하고 난 후, 집단을 바꾸어 같은 방식으로(B집단이 행위, A집단이 모방) 실시해 본다. 이 활동을 하고 나면 서로 웃음과 흥미를 갖게 되고, 집단성원 전체가 더욱 친밀해지게 될 것이다. 이를 몇 차례 진행할 수 있다.

변형

집단성원 전체가 하나 되어 자신들의 생각과 느낌을 행위로 표현하게 하기 위하여 집단 조각을 해 본다. 이는 집단성원 전체가 공동체 의식을 가질 수 있기 때문에 프로그램을 시작할 때와 끝날 때 실시하는 게 좋다. 예컨대, 집단성원들이 서로의 의지를 다지기 위해 프로그램 시작 때 원 중앙에 모여 오른손을 모두 모아 위로 올리면서 시작을 의미하는 조각과 함께 '파이팅'을 외칠 수 있다. 프로그램 끝날 때는 집단성원들이 원 중앙에 다시 모여 엄지를 들어 올려(엄지척) 중앙으로 모두 모아 앞사람이 뒷사람의 엄지를 주먹으로 감싸 오른손 주먹이 모아져 둥그런 원이 되는 조각은 모두가 하나가 되는 의미의 조각이 될 수 있다.

행위로 표현하기

이 활동은 집단성원들을 몇 개의 조로 나누어, 조별로 특정한 의미를 행위로 표현하게 하여 서로 알아맞히도록 하기 때문에 자기표현 능력과 흥미, 자발성을 촉진할 수 있다. 집단성원의 수는 20~30명 내외가 좋으며, 자유롭게 활동할 수 있는 무대나 공간이 필요하다. (초 4~6/청소년/성인)

집단리더는 집단성원들을 3명씩 1조가 되도록 한다. 집단리더가 각 조에게 어떤 상황 (예컨대, 분노, 감동, 살기 싫은 마음, 열광, 열정 등)에 대하여 말을 사용하지 않고 동작이나 표정 혹은 몸짓을 활용하여 표현하도록 한다. 그런 후 나머지 조원들은 그 행위가 어떤 의미인지를 알아맞힌다. 이런 과정을 통해 집단성원들은 자신의 생각이나 감정을 적절히 표현하는 능력이 개발될 것이다. 조별 대항으로 진행하여 동작의 의미를 많이 맞춘 팀에게 가벼운 선물을 주는 것도 동기를 강화할 수 있다.

변형 1

2인 1조가 되어 두 사람이 어떤 특정한 상황을 팬터마임으로 한다. 그러면 나머지 집단성원들은 이들이 무엇을 표현하고자 하는지, 어떤 상황인지를 알아맞힌다. 이때 집단성원들이 맞히면 통과하고, 틀리면 다시 시도한다. 이런 식으로 각 조별로 차례로 돌아가면서 한다.

변형 2

집단리더는 집단성원들에게 2명 혹은 3~4명씩 조를 만들어, '마름모꼴' '사각형' 등과 같은 순간적인 판단을 요구하는 주문을 할 수 있다. 이때 리더는 '자유의 여신상' '로댕의 생각하는 사람'과 같은 모방을 요구하는 주문을 할 수 있고, '고양이' '아이' '자전거' 등과 같은 표현력을 요구하는 주문도 할 수 있다.

 "지금부터 2명씩 조를 만들어 '로댕의 생각하는 사람' 만들기를 합니다. 한 사람은 걸터앉는 의자가 되고, 다른 사람은 생각하는 사람 자세를 만듭니다." 혹은 "4명씩 누워서 정사각형 모양 만들기를 합니다."

19 나도 연기자

이 활동은 집단성원들에게 소리와 함께 감정을 점점 강하게 표현하도록 하여 연기력과 표현력을 향상시키고, 놀이를 통해 감정을 분출할 기회를 갖게 한다. 집단성원의 수는 20~30명 내외가 좋다. (초 4~6/청소년/성인)

집단을 두 집단으로 나누어도 좋고, 집단 전체를 하나의 원으로 만들어도 좋다. 하나의 원으로 만들었을 경우에는 빙 둘러서게 한 다음, 한 사람씩 차례로 '나는 하나요. 나는 둘이요…….'라고 말하면서 감정을 점점 더 강하게 표현한다.

"이제 여러분은 분노의 감정을 표현해 보는 겁니다. 제 앞에 있는 이 사람부터 분노의 감정으로 '나는 하나요.'라고 말을 하는데, 그다음 사람은 '나는 둘이요.' 하면서 첫 번째 사람보다 좀 더 강하게 분노의 감정을 표현해 보는 겁니다. 이렇게 숫자를 계속 이어 가면서 분노의 감정을 점점 더 강하게 표현하시기 바랍니다."

두 집단으로 나누어 진행했을 경우에는 두 집단을 경쟁시킬 수 있기 때문에 더 흥미를 유도할 수 있다. 이 외에도 숫자에 맞춰 가면서 '기쁨' '슬픔' '놀라움' '아쉬움' 등의 감정을 표현할 수 있다.

변형

2인 1조가 되도록 하여, 이들에게 '분노' '기쁨' '슬픔' '놀라움' 등의 감정을 연습하게 한다. 그리고 조별로 돌아가면서 자신들이 연습한 감정을 표현하도록 하는데, 가장 절실하게 표현한 조에게 선물(마음의 선물이나 간단한 선물)을 전달한다.

노래로 연기하기

이 활동은 집단성원들에게 노래에 감정을 실어 부르도록 하여 연기력을 향상시키고, 감정을 다양하게 표현하는 기회를 갖게 한다. 집단성원의 수는 20~30명 내외가 좋다. (초4~6/청소년/성인)

먼저 인원에 따라 몇 개의 조로 나눈다. 물론 집단성원이 적을 경우 전체에게 실시해도 된다. 각 조별로 조원들이 좋아하는 노래 한 곡과 표현하고 싶은 감정(예: 분노, 슬픔, 기쁨, 짜증, 환희, 두려움 등) 하나를 선택하게 한다. 한 조에서 시작해서 차례로 전체 조가 노래를 부르는데, 이때 조원들이 선택한 감정에 맞게 불러야 한다. 예컨대, 1조가 〈남행열차〉 노래에 '슬픔'을 선정했다면, 아주 슬퍼하면서 〈남행열차〉 노래를 부르면 된다. 진행을 원활히 하려면 조장을 뽑아 조를 이끌도록 하는 것이 좋다. 이때 가장 잘한 조에게 우승의 박수를 보내는 것이 필요하다. 노래는 집단성원의 수준에 맞게 정한다.

변형 1

조별로 나누어진 상태에서 전체가 하나의 곡을 선정해 부르되, 집단리더는 특정조를 지적하면서 특정한 감정을 제시해 주면 그 조원들은 그 노래에 집단리더가 제시해 준 감정을 섞어 불러야 한다.

"자, 조별로 나누어진 상태에서 여러분이 정한 〈남행열차〉의 노래를 다 같이 부릅니다. 그리고 제가 1조를 지적해서 '기쁨'이라고 하면 다른 조원들은 콧노래로 부르고 1조만 진행되고 있는 노래에 '기쁨'의 감정을 섞어 부르면 됩니다. 제가 또다시 다른 조를 지적해서 '분노'라고 하면 그 조는 1조가 한 것처럼 감정을 섞어 이어서 부르면 됩니다. 다 같이 〈남행열차〉 시작!"

변형 2

참여 숫자에 관계없이 전체 집단성원들에게(조별로 구분하지 않고) 하나의 노래를 선정하도록 한 다음, 다 같이 노래를 부르게 한다. 그리고 집단리더가 순간순간 특정한 감정을 제시해 주면, 집단성원들은 그 감정에 맞추어 노래를 부른다. 이 경우에는 조별로 진행하지 않기 때문에 가장 열정적인 집단성원에게 적절한 보상(선물)을 주는 것도 동기를 강화할 수 있다. 가능하면 빠른 템포의 노래가 더 흥미를 이끌 수 있다.

21 연기 대항전

이 활동은 집단성원들의 생각을 겉으로 표현하게 하여 자기표현 능력을 증진시키고, 조별로 경쟁을 유도하기 때문에 집단성원들 간의 자발성과 집단응집력을 향상시키는 놀이다. 특히 심리극, 역할극(사회극) 프로그램에서는 집단성원들로 하여금 무대에 자연스럽게 적응하도록 하는 방법이기도 하다. 집단성원의 수는 20~30명 내외가 좋으며, 조별로 발표하기에 적절한 무대나 공간이 필요하다. (청소년/성인)

집단성원을 약 4~5명 정도가 되도록 하여 몇 개의 조로 나눈다. 집단리더는 각 조에 '술에 취한 사람' '임금' '신하' '건달' '거지' 등의 여러 역할들 중에서 한 가지 역할을 주고 이를 조원들 전체가 연기하도록 한다.

"여러분은 지금 몇 개의 조로 나누어졌는데, 각 조에 한 가지씩 역할을 주겠습니다. 1조는 임금, 2조는 신하, 3조는 거지, 4조는 건달 역할을 하는데, 조원들 전체가 연기해 보는 겁니다. 이 역할은 잘하고 못하고가 없습니다. 좀 어색하겠지만 조별로 한 번 연습해 보고 어느 정도 연습이 끝나면 조별로 발표하는 시간을 가져 보겠습니다. 약 5분 정도의 시간을 줄 테니까 조별로 연습을 해 보세요."

이 활동을 집단훈련이나 집단상담의 웜업으로 이용할 때는 '왕과 신하' '사장과 사원' 등과 같은 대비되는 역할을 정해 준다. 자신을 표현하는 것이 어렵거나 자존감이 낮은 사람들에게는 의도적으로 '왕'이나 '사장'의 역할을 하도록 하고, 자존감이 높거나 자신을 표현하는 데 어려움이 없는 사람들에게는 '신하'나 '말단 사원'의 역할을 주는 것도 좋다. 이는 자존감이 낮은 사람들이 권력이 있는 역할을 해 봄으로써 자아를 강화시키는 기회를 갖게 된다.

22 단체 운동경기 팬터마임

다음과 같은 운동경기 팬터마임은 집단성원들이 상상력을 통해 흥미를 갖게 하고, 집단 간의 경쟁을 유도함으로써 집단의 응집력을 향상시킬 수 있다. 또한 집단성원들이 놀이를 통한 가상성과 연기의 경험을 간접적으로 체험하게 하는 데 그 목적이 있다. 이러한 신체 활동은 프로그램 초반에 집단성원들로 하여금 몸과 마음의 준비를 하도록 하여 집단에 참여하고자 하는 동기강화와 자발성을 향상시킨다. 이 활동에 참여하는 집단성원의 수는 대체로 10~20명 내외가 좋으며 활동하기에 적절한 무대나 공간이 필요하다. (초 1~6/청소년/성인)

22-1 줄다리기 게임

　집단성원들을 두 팀으로 나누고, 각 팀에서 자발성이 있거나 좀 더 활동적인 사람이 맨 앞쪽에 서도록 한다. 그리고 두 팀이 줄다리기 하듯이 양쪽으로 길게 늘어서도록 한다.

　"지금부터 여러분은 마음의 줄다리기를 할 겁니다. 이 게임은 센스 게임이라 할 수도 있죠. 자, 제가 여러분 발밑에 큰 밧줄을 갖다 놓았습니다. 마음의 눈으로 보시면 잘 보일 겁니다. 알았죠? 이 밧줄은 절대 고무줄이 아닙니다. 간혹 하다 보면 이 튼튼한 밧줄이 갑자기 늘어져 고무줄이 되는 경우가 있는데, 그럴 때 센스가 있는 사람이라면 약간 끌려가는 동작을 보일 거예요. 맨 앞에 있는 사람이 왜 센스가 있어야 하는지 알겠죠?"

　　그런 다음 두 팀이 서로 응원대장을 선정해 응원을 하도록 유도하면 분위기가 훨씬 고조되고 눈으로 보이지 않는 팬터마임 게임을 실제처럼 인식하게 된다. 또한 집단성원들이 서로 응원을 하게 되면서 집단성원들 간의 응집력을 향상시키며 경쟁을 통해 자발성을 유도하게 된다. 집단리더는 호루라기로 시작과 끝을 알려야 하며, 보이지 않는 밧줄이 갑자기 고무줄처럼 될 때 적절히 '무승부' 혹은 센스가 없는 집단에 '경고'를 해 줌으로써 이 게임이 극적인 요소가 있음을 느끼게 해 준다.

앞의 '줄다리기' 게임처럼 두 팀으로 나눈다. 그리고 각 팀에서 선수를 두 사람씩 뽑도록 한다. 이 농구는 두 사람이 집단을 대표해서 할 수 있으나, 시간상 여유가 있다면 몇 팀을 뽑아서 교대로 게임을 진행해도 된다. 따라서 먼저 선수를 뽑을 때는 활발한 사람을 선발하는 것이 좋고, 나중에는 자연스럽게 선발하도록 집단에 맡긴다.

"지금부터는 두 팀이 서로 길거리 농구 게임을 할 겁니다. 이 게임은 마음으로 하는 팬터마임입니다. 그래서 진짜 골대나 공은 없습니다. 바로 여러분의 센스가 절대적으로 필요한 게임입니다. 지금부터 양쪽 골대가 어디 있는지 알려 주겠습니다. 잘 보세요."

그런 다음, 양쪽 팀의 골대가 무대의 적절한 공간에 위치해 있음을 알려 주고, 서로 상대의 골대에 공을 넣도록 한다. 심판은 리더가 하고, 골인의 여부는 각 팀의 응원석에서 얼마나 큰 소리로 '골인' 혹은 '아웃'이라고 하는가에 달려 있다고 설명한다.

"제가 심판이고요, 골인의 여부는 선수들이 제스처로 공을 넣었을 때 각 팀 응원석에서 얼마나 적극적이고 열성적으로 반응하느냐에 따라 결정하게 됩니다. 그리고 점수는 한 골 넣었을 때 1점씩 올라가고요. 제한시간은 5분인데 먼저 많이 넣는 팀이 승리하는 겁니다. 알았죠? 자, 시작!"

이 농구 게임의 제한시간은 5분으로 정해 놓고 할 수도 있지만, 점수를 5점으로 정해 놓고 먼저 도달한 팀이 이기는 것으로 한다. 그러나 앞의 규칙을 적용했다면, 5분이 경과했을 때 1차전을 마치고, 2차전은 다른 선수를 정해 똑같은 방식으로 실시할 수 있다. 시간에 따라서는 3차전까지 할 수 있는데, 그렇게 하는 것이 3전 2승제로 승패를 결정할 수 있기 때문이다. 어떤 식으로든 두 집단 간의 승부가 결정되면, 우승 팀에게는 적절한 보상을 주는 것이 좋다(예: 진 팀이 이긴 팀을 업고 무대 한 바퀴 도는 것).

변형

집단성원들이 가능한 한 많이 참석하도록 하기 위해서는 게임의 제한 시간을 정해 놓고 하되, 공을 넣은 팀은 새로운 선수와 교체해서 선수를 투입하고, 진 팀은 기존의 선수가 계속해서 게임을 하게 된다. 이때 팀 선수가 많이 나온 팀이 승리하는 것으로 규칙을 정하여 실시할 수 있다. 골인, 아웃, 반칙 등은 심판이 결정하되, 심판의 결정은 선수들의 반응과 양 팀 응원석의 재치 있는 행동을 반영한다.

22-3 배드민턴 게임

집단성원들을 두 팀으로 나누어 각 팀에서 2명(복식)의 대표선수를 뽑는다. 이때 경기 규칙은 서브권이 2개씩 차례로 주어지는 것이 아니라 이긴 팀이 서브권을 계속 갖는 것으로 한다. 심판은 집단리더가 하되, '아웃'이나 '인'은 양 팀 선수와 양 팀 응원석의 반응을 보고 리더가 결정한다. 먼저 5점에 도달한 팀이 승리하게 된다. 그리고 집단리더는 돌아가면서 선수를 선발할 수 있다. 이 게임 역시 집단리더가 해야 할 중요한 임무는 양 팀에서 지속적인 응원을 하도록 분위기를 유도하는 것이다.

22-4 볼링 게임

볼링 게임은 소집단(10~15명 내외)으로 실시하는 게 좋다. 먼저, 3~4m 정도의 거리가 있는 공간을 확보한다. 볼링 선수(공을 던지는 사람)와 볼링 핀(볼링 선수를 제외한 나머지 집단성원들)의 역할을 알려 주고, 볼링 선수를 뽑는다.

"여러분 볼링 좋아하나요? 지금부터는 볼링 게임을 하겠어요. 볼링공은 제가 들고 있어요. 잘 보세요. 마음의 눈으로 봐야 보입니다. 어때요? 보이죠? 볼링공은 있는데 그다음 뭐가 있어야겠어요?…… 맞아요. 바로 볼링 핀이 있어야죠? 여러분이 볼링 핀이 되는 거예요. 서로 돌아가면서 볼링공을 던지게 될 겁니다. 그런데 규칙이 있어요. 선수가 공을 던지면서(볼링을 할 때처럼 스텝을 밟고)…… 예를 들어, '셋'이라고 숫자를 세면, 나머지 볼링 핀들은 넘어지거나 그대로 서

있으면 됩니다. 그런데 선수가 말한 숫자와 넘어진 핀(사람)의 숫자가 똑같으면, 넘어진 핀(사람) 중에서 누구든지 재빨리 앞으로 나오면 던진 선수는 재빨리 핀 자리로 돌아가면 됩니다."

볼링 선수가 말한 숫자와 넘어진 볼링 핀(사람)의 숫자가 맞을 때, 넘어진 사람 중에서 선수가 되는데, 넘어진 사람 중에서 먼저 나온 사람이 공을 던질 수 있는 기회를 갖게 된다. 그러나 선수의 기회가 많지 않으면 선수로 참여하지 못한 집단성원들이 돌아가면서 선수가 되어 2번씩 던지도록 규칙을 정할 수 있다.

변형

이 볼링 게임은 두 팀으로 나누어 팀 대항으로 할 수 있다. 예컨대, A팀과 B팀이 각각 7~8명 이상 된다면 팀 대항으로 하는 것도 흥미가 있다. 이때 A팀이 먼저 선수가 되고, B팀은 볼링 핀이 되어 A팀의 모든 선수가 2번씩 볼링공을 던지게 된다. A팀이 끝나면 B팀 역시 같은 방식으로 진행하게 된다.

개인 운동경기 팬터마임

이 외에도 도구를 이용하는 개인별 운동게임을 선정해 본다. 그 예는 '줄넘기' '역도' '해머던지기' '창던지기' '스케이트' '스키' 등과 같다. '줄넘기'와 '스케이트'는 다음과 같은 방법으로 실시할 수 있다. 이 운동경기 팬터마임은 집단성원들에게 신체적인 활동을 하도록 하기 때문에 집단 프로그램을 시작하기 전에 동기강화와 자발성을 향상시키는 데 유용하다. 그러나 이러한 활동들은 가상의 놀이기 때문에 현실적인 활동, 예컨대 서로 신체적으로 접촉할 수 있는 신뢰감 형성 놀이나 집단놀이를 한 다음에 실시하는 것이 더 좋다. 이 활동에 참여하는 집단성원의 수는 대체로 10~20명 내외가 좋으며 활동하기에 적절한 무대나 공간이 필요하다. (초 1~6/청소년/성인)

23-l 줄넘기

"자 여러분, 지금부터 간단한 운동을 해 보겠어요. 혹시 줄넘기 할 줄 아세요? 그러면 한 번에 두 개씩 하는 사람 있나요? 좋아요. 지금부터 줄넘기를 해 봅시다. 각자가 마음의 눈으로 줄넘기를 떠올려 보고, 하나씩 가지세요. …… 저기 몇 사람은 아직 준비가 안 된 것 같군요. 여기 있어요(이때 리더는 집단성원들이 줄넘기라는 가상놀이에 관심을 갖도록 줄넘기를 건네주는 팬터마임을 한다). 자, 시작합니다. 시-작! …… (어느 정도 진행되면) 이제는 2개씩 하는 겁니다. 시-작.

집단성원들이 어느 정도 개인 줄넘기를 하면, 다시 '긴 줄넘기'를 시작한다.

"이제는 긴 줄넘기를 하겠어요. 두 사람이 멀리 떨어져서 줄을 돌릴 겁니다(이때 리더가 다른 집단성원에게 줄을 건네주는 팬터마임을 하면서). 줄을 돌리면 한 사람씩 차례로 들어오세요. 들어올 때는 발이 줄에 닿지 않도록 조심해서 들어오세요. 혹시 〈꼬마야, 꼬마야〉 노래 알아요? 시작할 테니까 이 노래를 다 같이 부르면서 한 사람씩 차례로 들어오세요. '꼬마야 꼬마야 땅을 짚어라. 꼬마야 꼬마야 뒤를 돌아라. 꼬마야 꼬마야 만세를 불러라. 꼬마야 꼬마야 잘 가거라.' 이렇게 합니다."

이렇게 해서 한 사람씩 줄에 들어와 전체가 줄넘기를 하게 되는데, 이때 집단성원들은 하나가 되는 느낌을 가질 수 있다.

23-2 스케이트 경기

집단리더는 무대에 가상의 스케이트 경기장 라인을 그려 준다. 전 집단성원들에게 두 줄씩 서도록 한 다음(집단성원이 적을 때는 한 줄씩 해도 가능), 가상의 스케이트 신발을 신고 커브를 돌 때나 직선을 달릴 때의 행위를 묘사하도록 한다.

"지금 여러분은 스케이트 경기장에 있습니다. 좀 춥죠? 손 좀 비벼 보세요. 지금 여러분 발밑에는 얼음이 얼어 있어요. 제가 여러분에게 스케이트 신발을 하나씩 줄 거니까 잘 받으세요. 다 받았으면 양쪽 발에 신고요. …… 다 신었으면 라인에 서서 준비하세요. 제가 '탕' 하면 모두 슬로우 동작으로 스케이트를 타면서 천천히 라인을 돌면 됩니다. 특히 커브를 돌 때 여러분의 동작이 아주 중요합니다. 허리를 굽히고 천천히 움직이되 손을 뒤로 하거나 양쪽으로 흔들면서 하는 겁니다. 아셨죠? 자~, 탕."

이때 집단리더가 스케이트 타는 동작을 잠깐 시범을 보여 주는 것도 좋다. 그리고 커브를 돌 때는(왼쪽으로 돌 때) 왼손을 뒤로 하고 오른손을 좌우로 흔드는 모습을 보여 준다.

23-3  역도

역도는 역기를 한 동작으로 가슴 위까지 올린 후 반동으로 머리 위까지 들어 올리는 '용상'과 한 번에 머리 위까지 들어 올리는 '인상'이 있다. 따라서 집단성원들에게 이 두 가지를 차례로 실시하는데, 먼저 역기를 준비하도록 한다.

"지금부터 여러분은 역도를 할 것입니다. 각자 자신의 체중에 맞는 역기를 준비하세요. 몇 사람은 자신의 체중에 비해 너무 가벼운 거 같은데…… 몇 kg 더 올리기 바랍니다. …… 준비됐나요? 지금 할 것은 용상입니다. 용상은 먼저 가슴까지 올린 후 일어서서 그 반동으로 머리 위까지 올리는 것을 말합니다. 아시겠어요? 그럼 시작합니다. 시~작."

어느 정도 팬터마임으로 역기를 들어 올리는 '용상'을 하게 되면, 그다음은 '인상'을 실시하도록 시범을 보여 준다. 이때 집단성원들 중에서 가장 성의 있고 열성적으로 하는 사람을 뽑아 모델로 보여 주는 것도 좋은 방법이다.

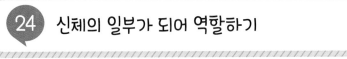

24 신체의 일부가 되어 역할하기

이 활동은 집단성원들에게 자기의 신체 중에서 평소에 불편하다고 느끼는 부분이 어디인지 느껴 보게 하고, 특정 부위의 역할을 하게 한다. 이는 집단성원들에게 연기력을 향상시키고 신체의 중요성을 인식시키며 상호 친밀감을 갖게 한다. 집단성원의 수는 20~30명 내외가 적절하다. (초 4~6/청소년/성인)

리더는 집단성원들에게 불편한 신체 부위를 확인하게 한 다음, 그 부위에 의식을 집중하게 한다. 그리고 그 신체의 일부가 되어 다른 집단성원들에게 자신을 소개하도록 한다. 예컨대, '디스크에 걸린 허리' '아픈 무릎' '손목터널 증후군에 걸린 손목' '무좀에 걸린 발가락' '썩어서 시린 이' 등이 될 수 있다. 만나는 사람들마다 서로 어울려 대화를 하도록 한다. 이렇게 함으로써 집단성원들은 자신이 느끼고 있는 신체의 불편감에 대해 인식할 뿐만 아니라, 자신의 신체적 결함을 자연스럽게 노출시켜 집단성원들 간의 상호친밀감을 증진시킬 수 있다.

변형

이 방법이 신체적 불편감을 다룬 것이라면, 이와 반대로 자신의 신체 중에서 가장 건강한 부위를 떠올리게 하고 그 부위가 되어 보게 한다. 그리고 집단성원들이 돌아다니면서 건강한 신체부위로 자신을 설명하면서 자신의 신체에 대해 고마움을 알게 한다.

나도 한마디!: "사느냐, 죽느냐 그것이 문제로다."

이 활동은 연기력과 자기표현 능력을 향상시키는 놀이로, 햄릿의 대사로 유명한 '사느냐, 죽느냐 그것이 문제로다.'를 가지고 다음 몇 가지 상황을 설정하여 대사를 표현하게 한다. 이 게임은 대사보다 얼마나 연기를 잘하느냐가 문제일 것이다. 집단성원의 수는 제한이 없다. (청소년/성인)

1) 이를 닦으며

이를 닦는 연기를 하면서 "사느냐, 죽느냐 그것이 문제로다."라고 대사를 표현한다. 이때 집단성원들은 흔히 이를 닦는 연기보다 대사를 외는 데 치중하기 때문에 대사가 부적절하

게 표현될 수 있다. 이를 닦는 상황을 연기하면서 대사를 표현하는 사람뿐만 아니라, 이것을 지켜보는 사람들도 흥미를 느낄 수 있다.

2) 껌을 씹으며

껌을 씹으면서 "사느냐, 죽느냐 그것이 문제로다."의 대사를 표현하는 것 역시 상황과 어울리지 않기 때문에 집단성원들에게 흥미를 갖게 한다.

이 외에도 '머리를 빗으며' '목욕탕에서 등을 밀면서' '졸면서' '음식을 맛있게 먹으면서' '말을 더듬으면서' '달리기를 하면서' '웃으면서' '화를 내면서' '화투판에서' 등의 상황을 설정해 주고 "사느냐, 죽느냐 그것이 문제로다."의 대사를 표현하게 한다.

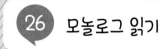

26 모놀로그 읽기

이 활동은 역할 속에서 간단한 대사를 읽어 보게 하여 집단성원들이 역할연기를 할 수 있도록 하는 훈련이다. 집단성원의 수는 10~20명 내외가 적절하다. (청소년/성인)

집단성원들에게 다음의 짧은 모놀로그를 제시해 준다. 그리고 두 가지 역할, 예를 들어, 술을 먹고 주정을 부리는 역할과 점잖은 의사의 역할을 하면서 다음의 대사를 표현하게 한다. 이것은 연극에서 대사를 말할 때 자신의 역할에 적절하게 표현하도록 하기 위한 것이다. 모놀로그 예는 다음과 같다.

"나요? 하, 하, 하, 댁의 부인과 같이 있었던 바로 그 젊은 남자올시다. 선생이 추궁을 하면 아마 여자 친구를 만났다고 하겠죠. 원래 여자는 거짓말을 잘하니까요."

"뻔뻔스러운 놈 같으니…… 패륜의 죄를 범하고 네 어찌 푸른 하늘을 다시 보기 바라랴!"

이는 한 집단성원에게 술을 먹고 주정 부리는 역할을 하면서 모놀로그를 읽도록 하고, 다음은 점잖은 의사 역할을 하면서 읽도록 한다. 이로써 같은 대사일지라도 그 사람이 어떤 역할을 하느냐에 따라 전혀 다른 맛이 난다는 것을 이해할 수 있을 것이다.

또한 집단성원들을 2인 1조가 되게 하여 의사 역과 술주정 부리는 역을 하도록 하고 서로 다른 역할에서 모놀로그를 읽어 보는 것도 흥미를 줄 수 있다.

27 감정표현 연기하기

이 활동은 집단성원들에게 다음 몇 가지 감정들을 자연스럽게 표현하도록 하는 과정에서 감정표현력과 친밀감을 유도할 수 있다. 집단성원의 수는 10~20명이 적절하다. 집단 리더는 집단성원들이 자연스럽게 무대에 돌아다니도록 하고 다음과 같이 안내한다. (초 4~6/청소년/성인)

"이제 여러분은 자연스럽게 무대에 걸어 다닙니다. 제가 지시하는 대로 서로 인사를 하도록 하십시오. …… 걸어 다니면서 서로 하이파이브를 합니다. …… 이제는 서로 악수를 하십시오. …… 이제는 서로 어깨를 부딪치면서 인사를 하십시오. …… 이제는 양손의 팔꿈치로 서로 인사를 합니다. 잘하셨습니다. 지금부터 제가 감정을 지시하면 서로 돌아다니면서 표현을 하고 다니십시오. …… 이제 서로 '기쁜 감정'으로 하이파이브를 하고 다닙니다. …… 이제는 '화난 감정'으로 혼자 다닙니다. …… 이제는 '놀란 감정'으로 서로 아는 체하고 다닙니다. …… 이제는 '두려운 감정'으로 서로 아는 체하고 다닙니다. …… 이제는 '슬픈 감정'으로 혼자 다닙니다. …… 이제는 '수줍은 감정'으로 아는 체하고 다닙니다. 이제는 '불안한 감정'으로 서로 아는 체하고 다닙니다. …… 마지막으로 아주 '신나는 감정'으로 서로 아는 체하고 다닙니다."

28　무언극

이 활동은 집단성원들에게 무언극(예: 동작, 제스처, 얼굴표정 등)으로, 상황을 전달하려고 노력하는 과정에서 연기력과 자발성을 증진시킨다. 이는 앞의 행위 팬터마임과 유사하다. 집단성원의 수는 20~30명 내외가 적절하다. (초 4~6/청소년/성인)

"지금부터 여러분은 모두 둥글게 둘러 앉아 주세요. 이제 한 사람씩 돌아가면서 특정한 상황을 무언극으로 표현하면 이를 다른 집단성원들이 알아맞히는 놀이를 진행할 겁니다. 처음에는 혼자 하고, 나중에는 둘씩 혹은 셋씩 한 조가 되어 진행하겠습니다. 한 사람씩 한 사람씩 무언극을 진행할 때, 다른 사람은 '저요!' 하고 알아맞히는 것입니다. 가장 많이 맞힌 사람에게 제가 선물을 주겠습니다."

이렇게 하여 가장 잘 맞힌 사람에게 가벼운 보상을 준다. 이어서 2~3인씩 조를 만들어 새로운 장면을 무언극으로 표현하고 이를 다른 조원들이 알아맞히게 한다. 가장 많이 맞힌 조에게도 마음의 선물을 줄 수 있다. 다음의 예를 활용한다면 종이에 각각의 상황을 적어 놓고 제비뽑기를 한 다음 이를 극화하여 표현하게 할 수 있다(Nathan & Mirviss, 1998).

예

- 바나나 먹기
- 테니스 치기
- 바이올린 연주하기
- 테니스 게임 구경하기
- 탁구 치기
- 성가신 모기 잡기
- 줄타기
- 양말 신기
- 턱수염 깎기
- 빨래 널기
- 교통정리를 하는 경찰
- 훌라후프 하기
- 넥타이 매기
- 빨래판으로 옷 빨기
- 하프 연주하기
- 하모니카 불기
- 낚싯줄로 물고기 잡기

- 아기 트림시키기
- 트럼펫 불기
- 관현악 지휘하기
- 보트 노 젓기
- 왈츠 추기
- 소풍 가서 수박 먹기
- 야구공 던지기
- 컴퓨터로 게임하기
- 바늘에 실 꿰기
- 딱딱한 나무에 못 두드려 박기
- 휴대폰 문자 쓰기
- 공포영화 관람하기
- 캠프파이어에서 고구마 굽기
- 삽으로 눈 치우기
- 치과 가기
- BTS 콘서트에 참여하기
- 립스틱 만들기

29 걷기

이 활동은 집단성원들에게 몸의 감각을 일깨우고, '직선, 곡선, 직선과 곡선, 변형'의 형태로 걷도록 하여 몸과 마음의 유연성을 확장할 기회를 갖게 한다. 집단성원의 수는 10~20명 내외가 적절하다. 다소 경쾌한 음악을 준비하는 것도 좋다. (초 4~6/청소년/성인)

1) 발바닥 걷기

발바닥과 바닥이 닿는 감각을 느끼며 천천히 걷는다. 그리고 주변에 있는 것들과 익숙해지도록 만져도 보고 쳐 보며 걸어 다닌다. 이는 모든 감각을 집중해야 하는 과정으로 각자 자신에게 몰입을 해야 할 때 좋다.

2) 직선으로 걷기

무대 공간의 벽과 벽을 이용해 당구공이 튕겨 나가는 것과 같이 직선을 걸어 본다. 직선의 이미지로 사람들과 엇갈리게 걸어 다니며 걸음의 조절과 직선의 길이 연결이 어느 정도가 되는지를 느껴 본다.

3) 곡선으로 걷기

무대 공간 안을 곡선을 이용해 걸어 본다. 몸을 자유롭게 이완시켜 자연스럽게 걷는다. 몸짓 장난을 해도 좋다. 새가 되어, 바람이 되어 어디든 자유롭게 곡선으로 날아간다.

4) 직선과 곡선으로 걷기

직선과 곡선을 이용해서 걸어 본다. 규칙을 정해 줄 수도 있다. 직선 3번, 곡선 2번을 이용하여 코스를 돌아오기를 할 수 있고, 다른 동작을 만들어서 보도록 하는 것도 좋다.

5) 변형에서 걷기

집단성원들에게 원으로 걸어 다니게 한다. 리더는 천천히 걷기, 거꾸로 걷기, 가장 높게 걷기, 두 발로 같이 뛰기, 술에 취해 걷기, 졸면서 걷기, 불 위를 걷기, 얼음 위를 걷기, 가시밭 위를 걷기 등으로 안내한다.

제4장

상황극 훈련

즉흥으로 진행하는 상황극은 어떤 주제를 미리 생각하거나 준비하지 않고 즉흥적으로 표현하는 연극을 말한다. 이는 우리 내면의 자발성을 토대로 즉흥적으로 이루어지는 연극의 한 형태다. 즉흥극(improvisation)은 움직임, 춤, 말, 소리 또는 침묵이 될 수도 있고, 시각, 청각, 촉각적인 자극에 자유롭게 반응할 수 있다. 집단성원들이 어떤 자극에 대하여 깊이 생각하지 않고 준비 없이 즉시 다양한 행위를 통해 이루어지는 즉흥극은 자발성을 향상시키는 매우 유익한 방법이다.

연극게임은 즉흥극의 도구이며, 배우의 기술을 예리하게 하고 연극을 만들기 위해 사용된다. 즉흥으로 운영되는 상황극 훈련은 일종의 연극게임이다. 이 상황극 훈련의 의미는 다양하다(Nathan & Mirviss, 1998). 상황극 훈련은 다양한 실험을 허용하고, 자발성을 격려하며, 문제의 해결과 창조적인 도전을 하게 한다. 또한 집중력을 향상시키고, 직관적인 반응을 격려할 뿐만 아니라 사람들에게 경험을 통한 학습을 제공한다.

여기에서 안내하고 있는 상황극 훈련은 어떤 특정 상황에서 즉흥으로 이루어지는 연극을 훈련하고자 하는 것이다. 그러나 궁극적으로는 집단성원들에게 참여 동기를 증진시키기 위한 것이다. 연극은 몸으로 이루어지는 다양한 행위를 말한다. 즉흥훈련은 집중력, 순발력, 신체적 반응의 민감성 등을 향상시켜 주고 우리에게 잠재되어 있는 무한한 기억과 심상을 발견하게 해 준다. 또한 즉흥으로 이루어지는 상황극 훈련은 우리에게 상상력과 자발성을 동원하여 삶을 유연하고 과감하게 대응할 수 있도록 이끌어 준다.

　이 상황극이 어느 정도 진행되면 이어서 사회극(sociodrama)을 운영하는 것은 매우 자연스럽다. 예컨대, 사회극으로 연결하는 상황극은 '헤드라인 뉴스'를 활용하는 것이다. 소집단별로 사회적 이슈가 되는 주제를 하나씩 정해 한 장면으로 상황극을 만든 다음, 정지조각으로 마무리하는 것이다. 이를 기반으로 사회극을 진행할 수 있다.

지진이 일어났어요

이 활동은 집단리더가 마트에서 생긴 어떤 상황을 설명해 주면 집단성원들이 그대로 연기해 보는 과정에서 연기력과 자발성이 향상된다. 집단성원의 수는 10~20명 내외가 적절하다. (초 1~6/청소년/성인)

집단리더는 집단성원들에게 다음과 같은 지시를 준다.

"지금부터 제가 여러분에게 어떤 상황을 설명해 줄 테니까 여러분은 그대로 동작으로 연기를 해 주시면 됩니다. 자, 여러분은 어떤 물건을 사기 위해 마트에 갔습니다. 진열장에서 필요한 물건을 고릅니다. 그런데 갑자기 지진이 일어납니다. 땅이 갈라지고 건물이 무너지고 모두가 아수라장이 됩니다. 모두가 혼란된 상태에 있습니다. 여러분은 필사적으로 건물더미에서 빠져나옵니다. …… 가까스로 안전한 곳을 찾아 몇 가지 흩어진 물건을 찾습니다."

이런 식으로 집단성원들에게 그들이 어떤 특정 상황에 있다고 설명해 줌으로써 이를 극화시켜 자발성을 향상시킨다.

2 침몰하는 배

　　흔히 배가 침몰하는 장면을 떠올리라고 하면 영화 〈타이타닉〉이나 지난 2014년 4월에 우리나라에서 침몰한 '세월호'를 떠올리기 쉽다. 배가 침몰하는 과정에서 배 안에 있는 승객들이 어떤 식으로 행동할 것인가? '난파선'의 상황극은 집단성원들에게 폭풍우로 암초에 부딪친 배가 침몰하고 있다는 것을 상상하게 하여 그들이 할 수 있는 대처행동을 자연스럽게 표현할 기회를 제공한다. 또한 이 상황극은 극도의 공포를 느낄 수 있는 침몰하는 배의 상황을 재연함으로써 희생자들을 온전히 감정이입하는 기회를 갖게 될 것이다. 집단성원의 수는 20~30명 내외가 적절하다. (청소년/성인)

　　"지금부터 여러분은 여객선을 타고 바다를 항해하고 있다고 상상해 보세요. 그런데 갑자기 폭풍우가 몰려오면서 배가 심하게 흔들립니다. 배는 계속 항해합니다만…… 꽝!! 갑자기 배가 암초에 부딪치면서 서서히 한쪽으로 기울어져 갑니다. …… 드디어 배가 바다 밑으로 조금씩 침몰하기 시작합니다. …… 점점 더 기울어지면서 바다로 가라앉고 있습니다. …… 자~ 어떻게 하겠습니까? 여러분이 타고 있는 배가 지금 이곳에서 침몰하고 있습니다."

　　이 상황극을 마치고 나면 서로 소감을 간단히 나누고, '세월호' 희생자들에 대한 추모도 함께 이루어지면 좋을 것이다.

열흘이나 굶었어요

인간의 욕구 중에서 가장 강렬한 욕구가 식욕이다. 우리가 열흘이나 굶은 상태에서 먹을 것을 봤을 때는 어떻게 행동할 것인가? 아마 많은 사람은 먹을 것을 쟁취하기 위하여 필사적인 사투를 벌일 것이다. 이 활동은 극단적인 상황에서 사람들이 어떤 반응을 보일 것인지를 극적으로 표현하게 하기 위한 것이다. 집단성원의 수는 10~20명 내외가 적절하다. (초 4~6/청소년/성인)

집단리더는 집단을 5~6명 정도 되게 하여 몇 개 조로 나눈다. 그런 다음 각 조별로 '열흘 동안 아무것도 먹지 못한 상황에서 먹을 것을 발견했는데, 그 양은 겨우 한 사람의 분량도 안 되는 정도'라고 설명해 준다. 과연 어떤 일이 벌어질 것인가? 조별로 무대에 나와

그 상황을 보여 주도록 한다.

변형 거지왕초 콘테스트

집단성원들이 많을 경우 5~6명을 한 조로 하여 집단을 몇 개의 조로 나눈다. 각 조에서 거지 역할과 분장이 가장 잘된 거지왕초를 한 명 뽑는다. 그런 다음 각 조에서 뽑힌 거지 왕초들을 모아 〈품바타령〉을 하게 한다.

"오늘의 거지왕초는? 지금부터 조별로 거지왕초를 뽑겠습니다. 각 조별로 무대에 올라와 차례로 연기를 하는데 상황은 조별로 알아서 정해 보세요. 그리고 조별로 거지 연기를 가장 잘하는 사람을 왕초로 뽑겠습니다."

이렇게 해서 뽑힌 거지왕초들이 본격적으로 '품바타령'을 하도록 한다. 집단리더는 이들이 분장과 소품을 적절히 이용하도록 미리 준비해 두는 것도 좋다. "얼~ 씨구씨구 들어간다~아 절~씨구씨구 들어간다. 작년에 왔던 각설이는 죽지도 않고 또 왔네."

4 전통시장놀이

　이 활동은 집단성원들에게 전통시장에서 일어나는 다양한 상황을 극화하는 극적 훈련과 감정을 발산하면서 자발성을 향상시키는 기회를 갖게 한다. 집단성원의 수는 20명 내외가 좋으며, 준비물은 시장놀이에 적합한 여러 가지 소품이나 천을 준비하는 것이 필요하다. (초 4~6/청소년/성인)

　전통시장놀이는 약 20여 명 정도 될 때 절반(10명)은 장사를 하고, 나머지 절반(10명)은 손님 역할을 한다. 집단성원들이 많을 때에는 한 조에 10여 명이 되도록 몇 개의 조로 나누어 하되 두 조씩 돌아가면서 할 수 있다. 조별로 돌아가면서 할 때도 두 집단으로 나누어 물건을 사고팔도록 한다. 이때 물건을 파는 사람들은 가능한 한 무대 주변에 있는 소품

들을 적극적으로 활용하는 것이 좋다. 물건을 파는 곳은 근엄한 분위기의 백화점이 아니라 질서가 없고 소란스러운 전통시장이다. 따라서 그런 전통시장의 분위기를 내도록 리더가 품목을 몇 가지 제시해 주는 것도 필요하다. 그러나 어떤 물건을 팔 것인지는 물건을 파는 사람이 자유롭게 정하도록 하는 게 좋다.

"자~ 골라 골라…… 천 원에 두 개, 삼 천 원에 다섯 개, 자~ 빤스가 있어요. 싸요 싸요. (손뼉을 치면서) 지금부터 여러분은 물건을 사는 연기와 물건을 파는 연기를 해 보는 겁니다. 지금 이곳은 전통 시골시장이기 때문에 마음껏 시끄러운 시골시장 분위기를 만드는 겁니다."

그런 후 각자에게 돌아가며 무엇을 사고, 무엇을 팔았는지 물어본다. 그리고 평소에 사고 싶었던 것, 갖고 싶었던 것이 무엇인지 자연스럽게 물어보고 이를 바탕으로 심리극의 주인공을 선정해도 좋다. 그러나 집단 프로그램에서 집단성원들은 왁자지껄한 시장놀이를 통해 억제된 감정을 표출하거나 즐거운 놀이의 기회를 갖게 될 것이다.

5 하얀 겨울날

이 활동은 집단성원들에게 눈 오는 날을 연상시켜 동심으로 돌아가는 기회를 갖게 한다. 눈싸움이라는 천진난만했던 동심의 놀이에 몰입하면서 자발성을 향상시킬 수 있다. 집단성원의 수는 10~20명 내외가 적절하며 팬터마임으로 하기 때문에 준비물은 없다. (청소년/성인)

집단리더는 집단성원들에게 하얀 겨울날을 상상하게 하고, 다음과 같이 안내하여 상황극을 유도한다.

"지금부터 여러분은 제가 이야기한 대로 마음껏 상황극을 진행해 보는 겁니다. 자~ 여러분은 아주 먼 과거로 돌아가 초등학교 3학년생이 되었다고 상상하십시오. …… 아주 추운 겨울날, 소복소복 눈이 내리는 한겨울 날입니다. …… 여러분은 몇몇 친구들과 눈을 뭉칩니다. …… 그리고 편을 나누어 서로 싸우기 시작합니다(이때 리더는 재빨리 두 편으로 나누게 한다). 신나게 눈싸움을 합니다. 서로 눈을 던지고 맞고 눈에 뒹굴고…… 그런데 한 친구가 눈을 잘못 던져 이웃집 유리창이 깨집니다. …… 화가 난 주인이 나오자 모두 재빨리 도망가 숨습니다. …… 집주인은 여러분을 찾지 못하고 씩씩거리며 다시 집으로 들어갑니다. 이를 본 여러분은 어떤 반응을 하고 있나요?"

변형

위에서 눈을 뭉칠 때, 리더가 종이(신문지)를 재빨리 나누어 주고, 종이를 구겨 눈을 만들도록 한다. 그다음 편을 나눈 상태에서 종이 눈으로 서로 눈싸움을 하게 할 수 있다. 이때 적당한 거리를 두고 마음껏 종이 눈을 던지도록 한다.

6 추운 겨울날의 추억

이 상황극은 앞의 눈싸움과 연결해도 좋고 따로 해도 좋다. 겨울의 추억으로 돌아가 즐거운 동심을 마음껏 표현하는 것은 자발성과 집단응집력을 향상시키는 데 효과적이다. 집단성원의 수는 10~20명 내외가 적절하며 준비물은 없다. 앞의 눈싸움과 같은 방식으로 리더가 말한 대로 즉흥극으로 연기하게 한다. (청소년/성인)

"아주 추운 겨울날입니다. 눈싸움을 마친 아이들은 이제 추위를 피하려고 아무도 살지 않은 시골의 외딴집에 들어갑니다. …… 너무 추워 이가 떨리고 살이 떨립니다. …… 손을 비비고 호호 입김을 불어 봅니다. …… 참다못해 아이들은 땔감 나무를 해 옵니다. …… 그리고 드디어 불을 지핍니다. 불꽃이 벌겋게 타오르면서 방 안은 점점 더워지고…… 점점 더워지면서…… 이제 방 안은 온통 열기로 가득 찹니다. 아이들은 몸이 녹자 가까운 곳에 얼어 있는 냇가로 달려갑니다. …… 아이들은 얼음 위로 살금살금 올라가는데…… 갑자기 얼음이 갈라집니다. 몇몇 아이들이 얼음물에 빠져들어 갑니다. …… 어떻게 해야 할까요?"

이 외에도 추운 겨울날 '눈사람을 만드는 상황' '눈썰매를 타는 상황' '아랫목에서 고스톱을 치는 상황' 등의 특정 상황을 주고 조별로 상황극을 하도록 한다.

7 시내버스 안에서 생긴 일

이 활동은 집단성원들이 예상치 못한 상황에서 적절히 대응하도록 하는 자발성 훈련이다. 또한 다 함께 즉흥적인 상황극을 연기하면서 집단의 친밀감과 응집력도 촉진할 수 있다. 집단성원의 수는 10~15명 내외가 적절하다. (청소년/성인)

집단리더는 많을 경우에는 약 10~15명 정도의 집단성원을 선정한다. 이들을 무대에 나오도록 하고 운전기사 1명, 나머지는 승객의 역할을 하도록 정해 준다. 이 중 가장 중요한 역할이 운전기사라는 것을 주지시켜 준다. 이 운전기사는 가속 페달과 브레이크로 차의 속도를 조절하고, 운전대와 운전기사의 몸짓으로 차가 좌우로 움직이고 있다는 것을 승객들에게 알려 줘야 한다.

처음에는 차 안에 3~4명 정도의 승객이 타고 버스가 출발한다. 버스는 몇 개의 승강장에서 기다리던 승객들을 태우는 등 흔히 보는 시내버스의 모습을 보여 준다. 이때 승강장에서 기다리던 손님들은 손을 들어 차를 세운다. 이 과정에서 기사는 급제동을 하거나 급출발을 하고, 그리고 커브를 돌 때 좌우로 급회전하고 있다는 것을 승객들이 알도록 충분히 몸짓으로 알려 줘야 한다. 버스는 신나게 달린다.

"자, 아셨죠? 그런데 버스기사는 한 사람만 하는 게 아니고, 중간에 하고 싶은 사람이 있으면 저한테 사인을 주세요. 적절한 시점에서 바꾸겠습니다. 승객들은 운전기사의 동작을 잘 보시고 버스 안에서 적절한 반응을 보여야 합니다. 자 그러면 출발하세요. …… (어느 정도 분위기가 진행되면) …… 그런데 차 안에 소매치기가 있습니다(집단리더는 미리 한 사람에게 소매치기 역할을 하도록 부탁했고, 집단성원들은 모름). 그 소매치기가 어떤 사람의 지갑을 훔칩니다. 그런데 지갑을 잃어버린 사람(리더가 바로 지정해 줌)은 곧바로 자신의 지갑이 없어졌다는 것을 알게 됩니다만 누가 가져갔는지를 알 길이 없습니다. 버스 안에서 벌어지는 일! 이제 여러분은 어떻게 하겠습니까? …… 지금부터 알아서 해결하십시오."

　버스 안에서 일어난 이 상황을 집단성원들이 어떻게 해결하는지 마지막 해결장면까지 진행하도록 한다.

변형

　버스 안에서 일어나는 상황은 소매치기 외에도 버스 안에서 있을 수 있는 일들, 예컨대 잡상인이 물건을 파는 상황, 임산부가 탔는데 아무도 일어나지 않는 상황, 큰 소리로 휴대폰 통화를 하는 사람, 술 취한 사람 등을 만들어 주는 것도 좋다.

화장실에서 생긴 일

'화장실에서 생긴 일'이라는 상황테스트를 통해 집단성원들에게 어떤 특별한 상황에 처해 있을 때 어떻게 대응하는지를 통해 자발성을 향상시키는 훈련을 할 수 있다. 물론 즉흥으로 상황극을 전개하는 과정에서 집단의 친밀감과 응집력을 향상시키는 효과도 있다. 집단성원의 수는 제한이 없다. (청소년/성인)

상황테스트를 하기 전에 집단리더는 집단성원 중에서 3명을 선정해 잠시 무대 밖에 나가도록 한다. 무대 안에 있는 집단성원들은 특정한 상황을 모두 알지만, 밖에 나간 3명의 참여자들은 전혀 모르게 한다. 잠시 후, 이 참여자들을 한 사람씩 들어오게 하여 다음의 상황이 적힌 쪽지를 보여 준다. 그리고 이를 행위화하도록 한다. 그리고 밖에서 대기하고 있는 나머지 사람들도 같은 방식으로 이 위기 상황을 어떻게 해결하는지를 살펴본다.

"너무 급해 화장실에 갔는데 볼일을 다 보고 나서야 화장지가 없다는 것을 깨닫게 되었다. 과연 어떻게 대처할 것인가?"

변형

또 다른 상황테스트로 다음과 같은 상황을 제시해 줄 수 있다.

"내일 잘 봐야 하는 기말시험을 위해서 지금 공부를 하는 중이다. 그런데 당신 친구가 BTS 콘서트 티켓이 있다면서 당신에게 전화를 건다. 당신은 그 콘서트에 너무 가고 싶지만 티켓을 구할 수 없었다. 거기에 가게 되면 시험을 준비할 수 없게 된다. 당신은 어떻게 하겠는가?"

9 배낭여행에서 생긴 일

이 활동은 상황테스트로 집단성원들에게 모두 즉흥적으로 상황을 대처하게 하여 극적 훈련과 자발성 훈련을 실시할 수 있다. 집단성원의 수는 10~15명 내외로 한다. (청소년/ 성인)

집단성원들을 3인 1조가 되게 하여 몇 개의 조로 나눈다. 집단성원들에게 다음의 상황을 안내해 주고, 주인공 1인, 주변 노점상 2인의 역할을 하게 한다. 그런 다음, 각 조별로 동일한 상황에 어떻게 반응할 것인지를 상황극으로 표현하게 한다.

"한 사람이 외국에 배낭여행을 떠났습니다. 그는 길을 걷고 있는데 지갑과 휴대폰이 들어 있는 가방을 잃어버린 것을 뒤늦게 알게 되었습니다. 주변에 노점상을 하는 두 사람이 있지만 말이 전혀 통하지 않는 상황입니다. 어떻게 해야 할지 정말 난감하기만 합니다. 그는 과연 이 상황을 어떻게 대처할 수 있을까요?"

변형

앞의 상황과 비슷하게 매우 절박한 상황이 생겼을 때 어떻게 대처할 것인가?

"누군가가 고속도로에서 당신 차 앞에서 곧장 가지 않고 제한속도보다 훨씬 느린 속도로 달리고 있습니다. 지금 당신 차는 시속 100km로 가야 약속시간에 겨우 도착할 것 같은데…… 옆 차로에는 차가 막혀 있고, 이 차는 앞차와 거리가 충분한데도 천천히 가고 있습니다."
"당신이 아주 좋아하는 이성친구가 있었는데 그는 이미 다른 사람과 사귀고 있었습니다. 그런데 최근에 그 사람은 그가 사귀던 친구와 헤어졌습니다. 당신은 어떻게 하겠습니까?"

10 생생한 뉴스

다음 상황극은 역할극(사회극)을 진행하기 전에 사회적 이슈를 탐색하고 이를 극화시키는 과정이다. 사회적 이슈를 극적으로 다루어 해결책을 모색하는 사회극은 심리극과 다르게 집단의 주제를 정하고 몇 개의 장면으로 나누어 상황극을 전개하는 것이 매우 중요하다. 사회극을 진행하는 데 있어서 집단성원의 수는 제한이 없다. (청소년/성인)

포털 사이트(예: 다음, 구글, 네이버 등)의 뉴스검색을 통해 상황극을 진행하려면 집단성원들에게 미리 인터넷이 되는 휴대폰을 준비하도록 해야 한다. 그런 다음 몇 개의 조로 나누어 각 조별로 관심이 가는 사회적 이슈를 선정하게 한다.

"지금부터 조별로 모여서 인터넷 검색을 통해 여러분에게 관심이 가는 뉴스거리들을 찾아 적절한 주제를 하나 선정하십시오. (어느 정도 준비 시간을 줌) …… 주제를 정했으면 이 내용이 약 4개 정도의 장면으로 들어가는 상황극을 만들어야 합니다. …… 이제 조별로 모여 장면을 만들어 연습을 합니다. 앞으로 20분 후 조별로 상황극을 연출해 보도록 하겠습니다."

예컨대, 최근 주제는 '코로나바이러스 감염증(COVID-19)' '영화 기생충의 아카데미 작품상' '홍콩 사태' '검찰개혁' '미투운동' '학교폭력' 등이다.

흥부전 놀이마당

이 활동은 우리에게 매우 익숙한 흥부전의 몇 개의 장면을 정해 이를 극화하는 과정에서 연기력과 집단의 응집력을 향상시키는 효과가 있다. 집단성원의 수는 20~30명 내외가 적절하다. (청소년/성인)

집단을 3~4인 1조로 만들어, 흥부전에 나오는 몇 개의 장면 가운데 한 장면씩 조별로 정해 주고 이를 극화하는 것이다. 인물은 흥부, 놀부, 놀부 마누라, 흥부 아이들, 도깨비, 제비 등으로 할 수 있지만 상황에 맞게 적절히 배정한다. 장면은 다음과 같다.

① 어릴 때 흥부와 놀부가 노는데 놀 때부터 놀부와 흥부가 다르구나! (창작)
② 흥부가 놀부네 집에 밥을 얻으러 갔는데 놀부 마누라에게 밥주걱으로 얼굴을 맞고 쫓겨난다.
③ 흥부가 부러진 제비다리를 치료해 주자 이듬해 제비가 박씨를 물어다 주는데, 제비가 물어다 준 박씨가 어느새 박이 되어, 슬금슬금 톱질을 하면서 박을 탄다. 그런데 박에서 도깨비가 나와 금은보화며 집을 준다.
④ 흥부가 부자가 되었다는 소식을 들은 놀부도 제비다리를 부러뜨리는데, 이 제비도 강남에 갔다 돌아와 박씨를 물어다 준다. 무럭무럭 자란 박을 드디어 놀부와 놀부 마누라가 타는데, '슬금슬금 톱질하세. 슬금슬금 톱질하세…….' 마침내 '꽝' 하고 도깨비가 나오는데, 세상에 이게 무슨 날벼락인가?
⑤ 흥부와 놀부의 화해 장면 (창작)

고전극과 멜로드라마

다음의 고전극과 멜로드라마는 우리가 흔히 알고 있는 내용으로, 이 가운데 어떤 특정한 장면을 정해 극화시킴으로써 집단의 응집력과 연기력을 향상시킬 수 있다. 집단성원의 수는 10~20명 내외가 좋다. (청소년/성인)

고전극의 예는 '심청이가 공양미 삼백 석에 팔려 물에 빠지는 장면' '심청이가 다시 살아 왕비가 되어 심봉사와 만나는 장면' '이도령이 어사되어 춘향이와 재회하는 장면' '흥부가 놀부 아내에게 주걱으로 뺨을 맞고 밥풀을 뜯어 먹는 장면' 등이 있다. 장면을 선정할 때 집단리더가 집단성원들에게 정해 줄 수 있지만, 가능하면 집단성원들이 알아서 결정하도록 한다. 조별로 할 경우에도 조원들이 알아서 결정하도록 하는 게 바람직하다. 다음 내용을 극화하도록 해 보면 집단성원들의 재치가 돋보이는데, 결국 집단성원들에게 즐거움을 갖게 한다.

① 토끼와 자라
② 춘향이와 이도령
③ 이수일과 심순애
④ 심청이와 심봉사
⑤ 흥부와 놀부

13 알아맞히기 1: 특정한 인물이 되어

이 활동은 집단성원들이 한 사람씩 돌아가면서 술래가 되는데, 술래는 어떤 특정한 인물이 되어 이를 연기하도록 하여 연기력과 자발성을 향상시킬 수 있다. 집단성원의 수는 10~20명 내외가 적절하다. (초 4~6/청소년/성인)

집단성원들 가운데 한 사람씩 술래가 되어 특정한 인물이 되도록 한다. 이때 술래가 특정 인물의 나이, 직업, 성격 등을 말하지 않고 동작으로만 표현하면, 나머지 집단성원들은 그 인물이 누구인지를 알아맞힌다. 이때 술래가 표현한 인물이 누구인지를 집단성원들이 알아맞히면 통과하고, 알아맞히지 못하면 다시 행위로 보충해야 한다.

"한 사람씩 돌아가면서 술래가 되는데, 술래가 절대 말을 하지 않고 어떤 인물이 되어 직업, 성격, 나이 등을 어떤 행위로 표현하게 되면 나머지 집단성원들은 이 인물이 어떤 인물인지를 알아맞히는 겁니다. 만일 집단성원들이 알아맞히지 못하면 술래는 다시 보충해서 표현해야 합니다."

알아맞히기 2: TV 앞에서

　이 활동은 한 집단성원이 TV에 나오는 어떤 장면을 행위로 표현할 때, 다른 집단성원들이 이를 알아맞히게 하는 게임이다. 이는 집단성원들에게 집중력, 연기력과 자발성을 향상시킬 수 있다. 집단성원의 수는 10~20명 내외가 적절하며, 수가 많을 경우에는 3~5인씩 조별로 진행할 수 있다. (초 4~6/청소년/성인)

　집단리더는 집단성원들이 한 사람씩 무대에 나와 술래가 되어 앞에 놓여 있는 TV를 보고 있다고 상황을 설정해 준다. 이때 술래는 TV를 시청하면서 무언의 동작으로 TV의 내용이 무엇인가를 표현해야 한다. 그러면 나머지 집단성원들은 그 TV의 내용이 무엇인지를 알아맞힌다. 예컨대, 프로그램의 내용은 야구, 축구, 드라마, 개그, 로또복권 추첨, 가

요대회, 농구, 씨름, 1박 2일, 런닝맨 등일 수 있다. 이 게임은 집단성원이 소수일 때 전체가 참여할 수 있으며, 20명 이상일 때는 조별(약 3~5명)로 나누어 실시할 수 있다. 조별로 실시할 경우, 조원 전체가 TV의 내용이 무엇인지 서로 알게 한다. 프로그램의 내용은 조에서 조원들이 결정한다.

변형

집단성원이 많을 경우에는 두 집단으로 나누어 영화를 보고 있는 것으로 한다. 이때 스크린이 집단성원 앞에 놓여 있는데, 어떤 특정한 내용의 장면이 눈앞에 펼쳐지고 있는 것으로 한다. 예컨대, 한 집단의 경우 영화 〈타이타닉〉에서 선상 위에 여자(케이트 윈슬렛 역)가 팔을 들고 있을 때 뒤에 남자(레오나르도 디카프리오 역)가 여자의 허리를 잡고 있는 장면을 결정했다면, 이 집단성원들은 이 장면을 감상하고 있는 것처럼 동작으로 표현해야 한다. 그러면 다른 집단은 이 장면이 어떤 장면을 연출하고 있는지를 알아맞혀야 한다. 다른 집단도 이런 식으로 진행하게 된다.

15   알아맞히기 3: 병원에서

이 활동은 집단성원들이 앞의 알아맞히기의 방법과 비슷한 방식으로 진행되는데, 병원 장면에서 일어나는 다양한 상황을 연기하도록 하여 연기력과 자발성을 향상시킬 수 있다. 집단성원의 수는 10~20명 내외가 적절하며, 수가 많을 경우에는 2~3인씩 조별로 진행할 수 있다. (초 4~6/청소년/성인)

집단성원들은 모두 특정한 부위가 아픈 환자의 역할을 한다. 이때 한 사람씩 특정한 부위가 아픈 것처럼 역할을 했을 때 나머지 집단성원들은 그 사람이 어디가 아픈지를 알아맞히면 된다. 만일 한 집단성원이 역할을 했을 때 집단성원들이 맞히지 못하면 그 사람은 맞힐 때까지 다시 연기를 해야 한다. 다만 리더는 같은 부위가 아픈 환자가 많을 경우 다른 부위가 아픈 역할을 하도록 유도해야 한다.

변형

집단성원들 중에 한 사람이 의사역할을 하고 나머지 집단성원들은 모두 환자의 역할을 하게 한다. 이때 의사 앞에 한 사람씩 진찰을 받게 되는데, 자신이 어떻게 아픈지를 적절한 행위로 표현해야 한다. 아픈 환자의 역할을 제대로 했을 때는 통과하지만, 그렇지 못할 때는 다시 시도하도록 한다.

"여러분은 이제 환자의 역할을 합니다. 한 사람씩 의사를 만날 텐데, 자신이 어디가 어떻게 아픈지 연기를 통해 명확히 표현해야 합니다. 만일 적절히 표현하면 통과하지만, 그렇지 않으면 제대로 연기를 할 때까지 다시 해야 합니다."

16 릴레이 팬터마임

이 활동은 집단성원들이 특정한 장면을 몸으로 표현하는 것을 릴레이식으로 전달하도록 하는 과정에서 자발성과 집단응집력을 향상시킬 수 있다. 집단성원의 수는 제한이 없으나 일렬로 서서 진행할 수 있어 넓은 공간은 아니어도 무방하다. (초 4~6/청소년/성인)

집단성원들의 숫자에 따라 6~7명이 한 조가 되게 하여 몇 조로 나눈다. 집단리더는 어떤 특정한 상황이 적힌 쪽지들을 미리 준비한다. 조별로 무대에 나와서 진행하게 되는데, 조마다 상황은 다르다. 이때 조원들을 무대에 일렬로 앉게 한 다음 모두 뒤를 보게 한다. 그리고 집단리더는 조장에게 상황이 적힌 쪽지를 주고 눈으로 읽게 한 다음, 이를 팬터마임으로 표현하게 한다. 이때 맨 앞의 조장은 두 번째 사람만 뒤로 돌아서 보게 하고 특정 상황을 극으로 표현한다. 그런 다음 두 번째 사람은 조장이 했던 대로 다시 재연하는데, 이것을 세 번째 사람만 돌아앉아 보게 한다. 이런 식으로 하여 맨 끝 사람은 앞사람이 하는 팬터마임을 보고 그 행위가 어떤 내용인지 알아맞히는 것이다. 상황의 예는 다음과 같다.

① 화장실에서 일을 보고 나니 화장지가 없다. 그래서 양말을 벗어 간단히 일을 마친 다음, 물을 내리고 유유히 나온다.
② 어두운 극장에 가서 의자에 앉았는데, 느낌이 이상해 일어나 보니 엉덩이에 껌이 묻어 있다. 이를 힘들게 떼어 내고 있다.
③ 차를 타고 가고 있는데 갑자기 차가 밀린다. 제시간에 가야 하는데 마음이 몹시 급하다. 그래서 갑자기 다른 차에 끼어든다.
④ 길을 걷고 있는데 반가운 친구가 지나간다. 다가가 반갑게 표현하는데 친구는 모른 척하고 지나간다. 화가 나 욕을 해 댄다.

⑤ 눈이 펑펑 내리는 추운 날이다. 옷을 따뜻하게 입지 않아 너무 춥다. 마침내 포장마차가 있어 들어가 어묵과 떡볶이를 먹는다.

⑥ 금연구역에서 담배를 피우고 있는데, 사람들이 눈치를 한다. 안 피운 척 몰래 담배를 끈다.

변형

10여 명 이상일 경우 전체 집단성원들을 일렬로 세운 다음, 모두 뒤로 돌아서 있게 한다. 집단리더는 맨 앞의 집단성원에게 특정한 상황에 대한 내용을 보여 준다. 예를 들면, 집단리더가 '어떤 사람이 스케이트를 타고 가다 넘어진 상황'의 쪽지를 주면, 맨 앞의 집단성원은 두 번째 집단성원에게 그 쪽지에 맞는 상황을 팬터마임으로 보여 준다. 두 번째 집단성원은 세 번째 집단성원에게 본 대로 보여 준다. 이렇게 하여 맨 마지막 집단성원에게 전달이 되면, 쪽지의 상황과 얼마나 일치하는지를 확인한다.

17 감정표현하기

이 활동은 집단성원들에게 다양한 상황을 선택하여 상황에 가장 적합한 감정을 표현하게 한다. 집단성원들은 감정을 다양하게 표현할 수 있어 감정을 접촉할 기회를 가질 수 있다. 집단성원의 수는 20~30명 이내가 적절하다. (초 4~6/청소년/성인)

집단리더는 집단성원들을 몇 개의 조로 나누어 감정을 표현할 만한 다양한 상황을 제시해 준다. 3인 1조가 되게 한 후 여러 상황 중에서 하나를 선택하여, 이 상황을 감정적으로 표현하도록 한다. 연출 상황은 다음과 같다.

① 잘못 먹고 배가 아플 때
② 햇볕이 너무 뜨거울 때
③ 아이스크림을 먹을 때
④ 간호사가 주사를 놓을 때
⑤ 축구를 하다 넘어져 팔을 다쳤을 때
⑥ 밖에서 친구들과 신나게 놀 때
⑦ 같이 살지 않은 부모가 갑자기 방문했을 때
⑧ 병원에서 퇴원하도록 허락받았을 때
⑨ 군대에서 여자 친구가 면회왔을 때
⑩ 좋아하는 야구선수가 홈런을 쳤을 때

 워킹대회

이 활동은 워킹 무대를 만들어 다양한 사람들이 걷는 장면을 극화하면서 집단성원들이 알아맞히는 놀이다. 이 과정에서 집단성원들은 연기력의 향상과 즐거운 놀이를 통해 자발성이 증진될 것이다. 집단성원의 수는 15~20명 내외가 적절하다. 워킹을 할 때마다 음악을 준비하는 것이 분위기를 고조시킬 수 있다(Nathan & Mirviss, 1998). (초 1~6/청소년/성인)

집단성원들을 두 집단으로 나누어, 서로 마주 보게 하고 약 1.5m 정도 떨어져 앉도록 한다. 그러면 긴 워킹무대가 만들어진다. 이때 한 사람씩 술래가 되어 워킹대회에 참여하도록 한다. 술래가 워킹대회에서 어떤 특정한 인물의 걸음걸이를 하게 되면 나머지 집단성원들이 알아맞히는 것이다. 이때 집단성원들이 술래가 누구인지 잘 알지 못하면, 술래

는 몇 차례 워킹을 더 해야 한다.

① 줄타기 곡예사
② 달 위의 우주비행사
③ 보디빌더
④ 걸음마를 배우는 아기
⑤ 행군하는 군인
⑥ 피곤한 사람
⑦ 문턱 위에서 창문을 닦는 사람
⑧ 서커스 광대
⑧ 90세 노인
⑨ 3세 아이
⑩ 꽃을 들고 애인을 만나기 위해 가는 사람

19 즉흥연기

　이 활동은 연기자들에게 즉흥연기를 안내하는 훈련으로, 집단성원들이 어떤 장면에 '대상, 감정, 상황'을 포함하여 즉흥극을 만들게 되면서 자발성을 증진시킬 수 있다. 집단성원의 수는 10~20명 내외가 적절하다(Nathan & Mirviss, 1998). (청소년/성인)

　한 집단성원이 무대로 가서 단순한 활동을 하고, 말이나 소리 없이 무언가(예: 담에 색칠하기, 낙엽 쓸기, 요리하기, 바닥 청소하기 등)를 연기하기 시작한다. 다른 집단성원이 한 차례에 한 번만 무대로 올라가서 이 활동에 참여한다. 그 집단성원은 처음에 무엇을 해야 할지 모르더라도 참여할 수 있다. 이런 식으로 집단성원은 무대에 올라가 어떤 대상이 되어, 상황이나 감정을 즉흥적으로 연기를 한다.

　이 활동은 또한 짝과 함께할 수 있다. 집단이 서로 친하게 되면 한 집단성원이 다른 집단성원을 무대로 데리고 올라가 어떤 활동을 시작하는 것은 매우 중요한 시작이 될 수 있다. 예컨대, 한 집단성원이 빗질과 머리를 자르는 동작을 시작할 수 있다. 이때 이 집단성원의 짝은 무엇이 묘사되고 있는지를 알게 될 때 그에 동참하여 고객이 되어 반응을 한다. 또한 다른 짝들도 무대에 올라와 어떤 장면을 묘사할 수 있다. 이렇게 해서 계속 장면을 즉흥적으로 묘사하는 훈련을 할 수 있다. 대체로 그 활동은 테니스, 배구, 계산원, 못 박기, 요리하기, TV 보기, 영화나 스포츠 관람하기 등이다.

20 장소 게임

이 활동은 연기를 하는 집단성원의 행위가 어디서 일어나는지를 신체적으로 자각한 것을 표현하는 데 초점을 두는 연기훈련이다. 집단성원의 수는 10~20명 내외가 적절하다 (Nathan & Mirviss, 1998). (청소년/성인)

이 게임에서 연기자는 세 가지 환경에서 작업하는 것을 보여 줘야 한다. 그것은 즉시적 환경, 일반적 환경, 더 큰 환경이다. 즉시적 환경은 우리에게 가장 친근한 영역의 환경이다. 예를 들면, 우리가 식사를 하는 식탁과 관련된 모든 사물이다. 일반적 환경은 문과 창문, 그리고 다른 물건과 함께 식탁이 놓여 있는 방이다. 더 큰 환경은 방 너머에 있는 영역(창밖)이다. 예컨대, 새, 나무, 풍경이다.

　집단성원들 중 한 명의 연기자가 무대로 나가 즉시적 환경과 일반적 환경에서 자신의 물건을 사용함으로써 우리에게 그가 어디에 있는지를 보여 준다. 다른 연기자는 그 연기자가 어디에 있는지를 안다고 생각할 때, 인물을 추정하고 그곳에 들어가 첫 번째 연기자와의 관계를 발전시킨다. 다른 사람은 한 차례에 한 번, 유사한 형태로 그들과 함께한다. 암시되는 환경은 도서관, 마트, 공항, 병원, 해변, 식당, 학교, 동물원 등이다.

21 날씨연기

    이 활동은 집단성원들에게 환경에 대한 연기자의 인식능력을 예민하게 하고 그 환경이 그의 신체에 어떤 영향을 미치는지를 알게 하는 연기훈련이다. 개별적으로 할 수 있으나 2인 1조가 되어 진행할 때 흥미를 유도할 수 있다. 집단성원의 수는 10~20명 내외가 적절하다. (청소년/성인)

    "지금부터 여러분은 2인 1조가 되어서 봄, 여름, 가을, 겨울 등 사계절을 떠올려 보시고, 이 계절 중에서 어떤 날씨를 연기로 표현할 것인지를 생각해 보세요. 여러분이 연기를 할 경우에는 몇 가지 사항을 고려해야 합니다. ① 날씨를 충분히 표현했는가? ② 날씨를 표현하기 위해 자신의 몸을 사용하였는가? 예컨대, 더운 날인 경우 몸에 달라붙는 옷을 입고, 얼굴에 흐르는 땀을 닦고, 신발을 벗었는가? ③ 날씨나 인물에 초점을 두었는가? ④ 날씨나 상황은? 이런 내용을 고려하여 구체적으로 어떤 날씨 장면을 연습해 보세요. 잠시 연습할 시간 3분 정도 가진 다음, 조별로 돌아가면서 연기를 하도록 하겠습니다."

    조별로 돌아가면서 하되, 가장 적절하게 연기한 조에게 응원의 박수를 보내는 게 좋다.

우리는 초등학교 3학년 아이들!

이 활동은 집단성원들을 가장 순수한 나이가 되게 하여 즉흥적인 상황극을 만들어 연기력을 향상시키고 집단의 친밀감을 촉진하는 효과가 있다. 집단성원의 수는 20~30명 정도가 적절하다. (청소년/성인)

집단성원들에게 나이를 불문하고 모두 초등학교 3학년 학생이 되도록 한다. '쉬는 시간에 초등학교 3학년 교실'에서 벌어지는 일들을 집단성원들이 각자 하고 싶은 대로 하게 한다.

"자~ 여러분, 지금부터 여러분은 초등학교 3학년 학생이 되는 거예요. 좀 어색하겠지만 다

같이 초등학교 3학년 학생으로 돌아가 보는 겁니다. 어때요? 초등학교로 돌아갈 수 있다면 좋겠죠? 한번 그때로 돌아가 봅시다. 초등학교 3학년 교실에서 벌어지는 일들을 꾸며 보는 겁니다. 쉬는 시간, 신나는 초등학교 3학년 교실! 자, 레디 액션!"

인원수는 약 20~30명 정도가 적당하며, 인원수가 많을 경우에는 어떤 반이 더 잘 하는지 게임식으로 하되 몇 개의 소집단으로 나누어 3학년 1반, 3학년 2반, 3학년 3반 등으로 반을 배정해 줄 수 있다. 이때 리더는 가장 신나고 재미있는 반에게 가벼운 보상(예: 사탕)을 줄 수 있다.

제**3**부

집단놀이 웜업

친밀감을 위한 집단놀이

친밀감을 위한 집단놀이는 대체로 '레크리에이션'과 밀접하게 연결되어 있는 활동이다. 레크리에이션이란 개인이나 집단이 여가 중에 행해지는 활동이며, 그 활동을 통해 얻어지는 직간접적인 보수에 의해 강요되는 것이 아니라 활동 그 자체가 동기가 되어 이루어지는 자유스럽고 즐거운 활동을 의미한다. 즉, 레크리에이션은 놀이, 게임, 스포츠, 경기, 휴식, 기분전환, 다양한 오락, 예술, 취미 등을 말한다. 여기에는 모든 놀이와 함께 단지 놀이라고 할 수 없는 활동들, 즉 음악, 연극, 만들기, 자유로운 활동 그리고 삶을 좀 더 풍요롭게 하는 다양한 창조적 활동들도 포함한다.

뉴메이어(Neumeyer)는 레크리에이션 활동이 성립되는 기본적인 요소를 다음 몇 가지로 설명하고 있다. 첫째, 레크리에이션은 개인이나 집단이 여가 생활에서 행해지는 여러 가지 활동 양식이다. 둘째, 레크리에이션으로서의 본질적인 가치를 갖고 있는 활동으로서 그 활동에 대한 동기가 있어서 행해지는 것이다. 셋째, 레크리에이션 활동이 되기 위해서는 그 활동이 고유한 가치를 갖고 있어야 한다. 넷째, 사회적인 자극이나 문화적 영향이 레크리에이션의 양식을 규정짓는 하나의 기본적인 요소를 형성하며 그것이 여가 활동의 양식을 결정짓는다(전국재, 1995).

여기에서 소개하고 있는 집단놀이는 집단성원들이 함께 참여하여 즐길 수 있는 다양한 놀이로, 집단성원들에게 친밀감을 촉진하여 자발성 증진과 동기를 강화시켜 준다. 또한 집단성원들 간의 관계를 개선하여 집단응집력을 향상시키는 데 도움이 된다. 특히 이 놀이는 심리극과 역할극(사회극)의 웜업을 할 때 초기에 이용하는 것이 효과적이다.

사물놀이

 이 활동은 사물놀이를 활용한 집단놀이로 집단성원들의 친밀감과 즐거움을 유도하는 데 목적이 있다. 집단성원의 수는 10~20명 내외가 적절하다. (청소년/성인)

 집단성원들에게 무대 주변에 있는 여러 물건 중에서 '징, 꽹과리, 장고, 북' 등으로 활용할 수 있는 물건을 하나씩 고르도록 한다. 이때 물건은 의자, 휴지통, 플라스틱 컵 등 깨지지 않고 두드려서 소리가 나는 것이면 무엇이든 가능하다. 하나씩 골랐으면 물건을 가지고 무대로 모인다.

 "여러분과 함께 여러분이 선정한 물건을 가지고 사물놀이를 하려고 합니다. 제가 리더가 되고

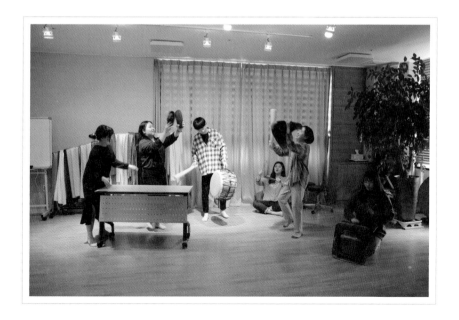

여러분과 함께 사물놀이를 할 건데, 처음에는 박자가 잘 안 맞을 수 있지만 조금 하다 보면 조화가 잘되고 아주 멋진 사물놀이가 될 겁니다. 혹시 여러분 '땅도 땅도 내 땅이다 조선 땅도 내 땅이다' 이 박자 아세요? 제가 상쇠역할을 할 테니까 여러분도 같이 박자를 맞춰 보세요. 자, 시작합니다."

이렇게 하여 어느 정도 진행되면 집단성원들은 하나가 되는 느낌이 된다. 집단리더가 박자를 계속 맞추고 있을 때 집단성원들이 흥이 나면, 일어서서 무대를 돌아다니며 길놀이를 한다. 이때 집단은 더욱 흥겨워질 것이다. 상쇠는 길놀이를 할 때 '진풀이' 식으로 하는데, 이는 원 모양, 태극 모양, 을자(乙) 모양, 멍석말이 모양으로 이루어진다. 리더가 박자 감각이 약할 때는 박자 감각이 있는 집단성원에게 상쇠 역할을 시키는 것이 좋다.

2 즉석 난타

이 활동은 사물놀이에서처럼 특정한 가락이 없이 집단성원들이 소리를 통해 자신들의 내면세계를 마음껏 표현하도록 하는 데 목적이 있다. 이러한 과정에서 집단성원들이 내는 리듬은 조화가 이루어지면서 하나 되는 순간을 갖게 된다. '사물놀이'에서처럼 집단성원 들에게 소리를 낼 수 있으면서 깨지지 않는 물건을 하나씩 고르도록 한다. 집단성원의 수는 20~30명 내외가 적절하다. (초 4~6/청소년/성인)

"이 난타는 특정한 가락이 없이 두드리는 소리를 통해 자신의 세계를 마음껏 표현해 보는 방법입니다. 어떤 소리로 자신의 내면을 표현하는 것은 쉽지 않습니다. 눈을 감고 자신의 동작과 소리를 함께 느끼면서 점점 자기 내부로 들어가시기 바랍니다. 처음 시작할 때는 소리가 다소 혼란스럽게 들릴 수 있으나 시간이 흐를수록 우리 모두는 하나 되는 소리를 듣게 될 겁니다. 지금부터 마음껏 자신의 내면을 표현해 보시기 바랍니다."

이 활동은 음악치료의 '즉흥연주'와 유사하다. 즉석에서 두드릴 수 있는 물건을 가지고 즉흥연주를 하는 동안 집단은 하나로 연결되는 경험을 하게 된다.

3 첫 음에 맞춰 '다 함께 노래를'

이 활동은 집단성원들에게 즐거움과 흥미를 주며, 집단 간 경쟁을 통해 집단의 응집력을 향상시킬 뿐만 아니라, 집단에 참여하고자 하는 동기를 강화시켜 준다. 따라서 소집단과 대집단에 자연스럽게 활용할 수 있다. 집단성원의 수가 많을 경우에는 몇 개의 조로 나누고, 수가 적을 경우에는 전체 집단성원들을 대상으로 할 수 있다. (청소년/성인)

조별로 할 경우, 리더가 무작위로 어떤 조를 지정하면서 '아-' '호-' '이-' '후-' '야-' '미-' '사' 등의 첫 단어를 제시해 주면 그 조원들은 리더가 제시한 글자가 첫 가사에 들어가는 노래를 부르면 된다. 예컨대, 리더가 '사-'를 제시해 주면, 조원들은(조장이 있을 때 조원들과 빨리 의논해서 노래를 정하도록 하는 게 좋다) 재빨리 '사나이로 태어나서 할 일도 많지만……'으로 시작하는 노래를 부르면 된다. 또 '아-' 했을 경우, '아-으악새 슬피 우니 가을인가요.'로 시작하는 노래를 부르거나, '이-' 했을 경우, '이제는 우리가 헤어져야 할 시간……' 등으로 부르면 된다. 이렇게 무작위로 특정한 조를 지정해서 가사의 첫 단어를 제시해 주게 되는데, 5초를 경과하면 실패한 것으로 간주할 수 있고, 가장 늦게 노래를 하거나 노래를 못하는 조에게는 가벼운 벌칙을 줄 수 있다. 그 벌칙은 머리로 이름을 쓰거나 가벼운 몸 풀기 춤을 추도록 하고, 가장 잘한 조에게 안마를 해 주도록 할 수 있다.

변형 1

이전과 같은 방법으로 하되, 두 단어 이상을 제시해도 좋다. 예컨대, '세상-' 하면, 조원들은 '세상은 요지경' '손이-' 하면, '손이 시려워, 발이 시려워!' '사랑해-' 하면, '사랑해 당신을 정말로 사랑해-' '펄펄-' 하면 '펄펄 눈이 옵니다……'라고 하면 된다.

변형 2

　리더는 동물 이름을 제시하여 흥미를 유발할 수 있다. 예컨대, '곰–' 하면, 조원들은 곰과 관련된 노래나 율동으로, '곰 세 마리가 한 집에 있어 아빠 곰, 엄마 곰, 아기 곰.' 하면 통과한다. '토끼–' 하면, 조원들은 〈산토끼〉 노래를, '원숭이–' 하면, '원숭이 엉덩이는 빨개, 빨간 건 사과……' 등으로 하면 된다. 집단의 수준에 따라 난이도를 조정하는 게 좋다.

앗~싸 게임

이 활동은 집단성원들에게 친밀감을 갖게 하는 놀이로, 3~5명의 한 조가 되어 5~6조 이상이 있을 때 진행한다. 집단성원의 수는 20명 내외가 적절하다. 진행과정을 보면 다음과 같다. (초 4~6/청소년/성인)

"이제 3~5명이 한 조가 되어 지금 몇 개의 조로 나누었지요? 지금부터 각 조별로 이름을 정하는데, 이름은 세 글자로 만들면 좋겠습니다. 그런 다음, 이름에 걸맞은 어떤 행동을 만들어 주세요. 예를 들면, 어떤 조가 '캡틴큐' 조라고 했다면, '캡틴큐'라고 이름을 부르고 오른손으로 거수경례를 하는 행동을 할 수 있지요. 또 다른 조가 '사랑해' 조라고 하면, '사랑해.'라고 이름을 부르고 두 손을 모아 머리 위로 하트 모양을 만드는 행동을 할 수 있지요. (조별로 이름과 행동을 만

들 시간을 줌)

　　각 조별로 조 이름과 조에 맞는 행동을 만들었으면, 본격적으로 게임을 시작하겠습니다. 모두가 다 같이 '아이 엠 그라운드 지금부터 시작!'이라고 하면 캡틴큐 조부터 4박자에 맞춰 '앗싸 캡틴큐'라고 외치면서 거수경례를 한 다음, 다른 조를 지적합니다. 만일 '사랑해'를 지적한다면 '사랑해.'라고 외치면서 사랑해의 행동을 해야 합니다. 그러면 '사랑해'는 자신의 조이름과 행동을 하면서 다른 조의 이름과 행동으로 지적해야 합니다. 이때 박자는 4박자로 하는데, 두 손으로 앗(양 무릎치기-1박자), 싸(손뼉치기-2박자), 캡틴큐(거수경례-3, 4박자)라고 하고, 다른 조를 지적할 때도 4박자로 합니다."

　　이때 조별로 일치한 행동을 하지 않거나 틀릴 때는 점수를 -1점씩 줘서 마지막에 점수가 가장 낮은 조에게 가벼운 벌칙을 줘도 좋다.

5　조별 노래대항

　　이 활동은 '첫 음에 맞춰 다 함께 노래를'에서처럼 집단성원들에게 즐거움과 흥미를 줄수 있으며, 집단 간 경쟁을 통해 집단응집력과 참여동기를 강화시켜 준다. 집단성원의 수는 15~20명 이내가 적절하며, 조별로 실시하는 게 좋다. (초 1~6/청소년/성인)

　　"지금부터 여러분과 재미있는 노래 게임을 시작할 것입니다. 우선 조별로 나누었으니까 어떤 조가 가장 재치 있게 잘 하는지를 보겠습니다. 아마 조별 노래대항이라고 해도 되겠죠. 노래는 겨울과 관련된 노래라면 무엇이든 다 좋습니다. 제가 임의대로 아무 조나 지적하면 그 조는 겨울과 관련된 노래를 '그만'할 때까지 부르면 됩니다. 그런 다음 제가 다른 조를 지적하면, 그 조는 재빨리 겨울과 관련된 또 다른 노래를 불러야 합니다. 규칙은 다른 조에서 불렀던 노래는 절대안 된다는 겁니다. 또 늦게 하거나 더 이상 겨울과 관련된 노래를 부르지 못한 조에게는 제가 아주 가벼운 벌칙을 주고 다시 시작할 겁니다. 아셨죠?"

　　이렇게 해서 어느 정도 '겨울노래'가 진행되면, '캐롤송' '여름노래' '가을노래' '봄노래' '비노래' '러브송노래' '만화영화노래' '동요' '트로트' 등으로 변형해서 제시해 주면 된다.

음악과 함께 춤을!

　이 활동은 집단성원들에게 다양한 장르의 음악을 통해 몸을 유연하게 표현하도록 하며, 신나는 놀이로 집단성원들 간의 친밀감을 갖게 한다. 집단성원의 수는 20명 내외가 적절하다. (청소년/성인)

　리더는 먼저 디스코, 전통 민요, 재즈, 탱고, 트로트, 클래식 등 다양한 종류의 음악을 준비하는 게 좋다. 이때 한 종류의 음악이 약 1~2분 정도 들어가도록 하여 여러 종류의 음악을 편집하여 파일을 만든다. 이 음악을 집단성원 전체에게 들려주면, 집단성원들은 디스코, 민요, 재즈, 탱고, 트로트, 힙합, 발라드, 클래식 등의 음악에 맞춰 춤을 춘다.

"디스코, 민요, 재즈, 탱고, 힙합, 발라드, 트로트, 클래식 등의 음악이 약 1분 정도 들어가는 약 7~8분짜리 파일을 하나 만들었습니다. 이 파일에는 여러 장르의 음악이 들어 있으니까 짧은 시간 동안 그 음악에 맞추어 마음껏 춤을 추어 보십시오. 중요한 것은 그 음악에 맞추어 춤도 다르게 추어야 합니다."

이때 조별로 진행할 수도 있다. 조별로 진행할 경우, 조별로 다른 종류의 음악을 즉석에서 들려주고 그에 맞는 춤을 추게 한다. 가장 잘한 조에게 사탕과 같은 가벼운 보상을 줄 수 있다.

주먹 탑 쌓기

이 활동은 2인씩 만나 서로 친밀감을 갖게 하는 놀이로, 공간이 작을 때 유용한 놀이다. 집단성원의 수는 제한이 없다. (초 4~6/청소년/성인)

집단성원들을 2인 1조가 되게 하여 서로 마주 보고 앉게 한다. 두 명씩 마주 보고 앉은 상태에서 서로 한 번씩 주먹을 층층이 쌓아 올려놓는다. 이렇게 하면 마치 4층 주먹 탑처럼 된다. 준비가 되어 진행자가 '하나, 둘, 셋, 넷' 가운데 어느 한 숫자를 부르면 집단성원들은 미리 정해진 규칙에 따라 손을 바쁘게 움직여야 한다. 즉, '하나' 하면 맨 밑에 있던 주먹을 맨 위로 빼서 올려놓고, '둘' 하면 밑에서 두 번째 있던 주먹을, '셋' 하면 밑에서 세 번째 있던 주먹을, '넷' 하면 맨 밑에 있던 주먹을 재빨리 빼서 맨 위에 있는 주먹을 내리치는 것이다(김현미, 1999).

8　ＡＢＣＤ게임

　이 활동은 4인씩 만나 서로 친밀감을 갖게 하는 놀이로, 공간이 작을 때 유용한 놀이다. 집단성원의 수는 제한이 없다. (초 4~6/청소년/성인)

　4~5인이 한 조가 되게 조를 편성한다. 'A'는 두 손을 모은 것(양쪽 손바닥을 기도하듯이 그대로 대고 있는 상태), 'B'는 대고 있는 손바닥을 비틀어 양쪽 손바닥이 엇갈리게 하는 것, 'C'는 두 손의 손바닥을 펴서 손바닥이 위로 향하게 하는 것이고, 'D'는 'C'와 정반대로 두 손의 손등이 위로 향하게 하는 것이다.

 술래의 순서는 가위바위보하여 이긴 사람 순으로 정한다. 그런 다음 순서대로 첫 번째 술래가 A, B, C, D 가운데 하나, 즉 'A'라고 하면서 두 손을 그대로 모으고 있으면, 다른 나머지 조원들은 손을 A모양이 아닌 다른 B, C, D의 모양을 만들어야 한다. 이때 조원 중 한 사람이라도 A모양의 손을 만들면 술래는 그 사람의 손등을 양손으로 1대 때리고, 첫 번째 술래는 조원 전체가 다르게 할 때까지 계속해서 술래가 된다. 전원이 다르게 했다면 그다음 술래는 두 번째 사람으로 넘어간다. 벌칙은 'A' 해서 걸리면 양손으로 1대, 'B'에서 걸리면 양손으로 2대, 'C'에서 걸리면 양손으로 3대, 'D'에서 걸리면 양손으로 4대를 때린다. 때릴 때는 감정이 들어가지 않고 가볍게 때리도록 한다.

9 동물농장

이 활동은 집단성원들을 동물로 표현하게 하여 서로 거부감 없이 친밀감을 갖도록 유도하며, 연기훈련도 가능한 놀이다. 집단성원의 수는 15~20명 내외가 적절하며 자유롭게 활동할 만한 무대나 공간이 필요하다. (초 1~6/청소년/성인)

집단성원들에게 자신들이 좋아하는 동물을 하나 선택하게 한다. 그리고 리더는 집단성원 각자가 정한 동물이 무엇인지, 어떤 모습을 하고 있는지, 또 어떤 소리를 내는지 잠시 확인한다. 그런 다음, 동물농장에서 서로 인사도 하고 아는 체하면서 재미있는 시간을 갖도록 한다.

"안녕하세요? 지금 여러분은 평소 좋아하는 동물이 되었죠? 자, 어떤 동물이에요? 자기소개를 간단히 하도록 할까요? 소개할 때는 자신이 어떤 동물인지 말로 설명하지 말고, 행위와 표정으로 해 주면 좋겠어요. 자, 시작할까요?"

이렇게 한 다음, 각자가 정한 동물이 되어 행위와 동작으로 서로 인사를 나누고 아는 체하며 돌아다니게 한다.

변형

동물이 된 집단성원들을 하나의 원으로 만든 다음, 원 안에 들어간 동물이 인사를 하면 나머지 집단성원들도 그 동물이 된 것처럼 인사를 받아 준다. 이렇게 하여 집단성원들이 다양한 동물을 경험해 본다.

아이 어지러워!

    이 활동은 신나는 신체적 활동을 통해 집단성원들 간의 친밀감을 유도할 수 있다. 집단성원의 수는 20~30명 내외가 적절하나, 수가 많을 때는 소집단으로 나누어 실시할 수 있다. (초 4~6/청소년/성인)

    집단성원들에게 눈을 감게 하고 춤을 추도록 한다. 음악은 경쾌하면서 빠른 게 좋다. 이때 집단리더가 "그만."이라고 하면 집단성원들은 춤을 멈추고 북쪽을 가리키게 한다.

    "이제부터 여러분은 눈을 감고 신나게 춤을 출 것입니다. 그러다가 제가 '그만' 하게 되면 여러분은 춤을 멈추고 북쪽이 어느 쪽인지 찾아보기 바랍니다. 물론 눈을 감은 채로 북쪽의 방향으로

서 있으면 됩니다. 제대로 찾을 수 있을지 모르겠지만 춤을 출 때는 항상 즐겁고 재미있게 추기 바랍니다."

이때 집단리더는 집단의 연령, 성비 및 분위기에 따라 적절한 음악을 선정하는 게 좋다.

11 속담 전달하기

  이 활동은 소집단 성원들끼리 협력하도록 하여 친밀감을 갖게 하고, 즐거움과 흥미를 유도하여 자발성을 증진시키는 놀이다. 집단성원의 수는 15~20명 내외가 적절하지만 수가 많을 경우에는 몇 개의 조로 나누어 진행할 수 있다. (초 4~6/청소년/성인)

  집단성원들을 두 집단으로 나눈다. 그리고 리더는 한 집단부터 차례로, 속담을 적은 카드를 맨 앞사람에게 보여 주면, 이를 그다음 사람에게 전혀 말을 하지 않고 동작으로만 속담을 설명하게 한다. 이런 식으로 다음, 다음 사람에게 앞사람이 설명한 동작을 이해한 대로 전달해 주면, 맨 마지막 사람은 이 속담의 의미가 무엇인지를 설명한다. 이렇게 해서 유사하거나 정확하게 맞춘 집단이 이긴 것으로 한다.

속담의 예를 보면, '선무당이 사람 잡는다.' '하늘이 무너져도 솟아날 구멍은 있다.' '방귀 뀐 놈이 먼저 성낸다.' '죽 쑤어 개 준다.' '아니 땐 굴뚝에 연기 날까' '서당 개 삼 년이면 풍월을 읊는다.' 등이 있다.

돼지~ 뽕!

이 활동은 집단성원들 전체가 빙 둘러앉아서 서로 친밀감을 갖게 하는 매우 흥미로운 놀이다. 집단성원의 수는 15~20명 이내가 좋다. (초 4~6/청소년/성인)

집단리더를 포함해서 집단성원 전체가 하나의 원을 만들어 앉는다. 그리고 집단리더는 오른쪽이든 왼쪽이든 고개를 돌리면서 예쁜 목소리와 웃는 얼굴로 "돼지~." 하는데, 이때 양손으로 얼굴을 가렸다 펴면서 예쁘게 웃는 얼굴로 말해야 한다. 예컨대, 리더가 오른쪽 사람을 보고 양손으로 얼굴을 가렸다 펴면서 "돼지~." 하면, 그쪽 방향이 정방향(돼지~) 이고, 왼쪽이 역방향(뽕!)이 된다. 이때, 오른쪽 사람은 그다음 오른쪽 사람에게 얼굴을 돌려 똑같이 "돼지~."라고 하면 된다. 그러나 방향을 바꾸고 싶으면 역방향으로, 즉 왼쪽 사

람에게(이때는 리더에게) 손은 그대로 두고 고개만 돌리면서 무뚝뚝한 표정으로 "뽕!" 하면 다시 왼쪽 방향이 정방향이 된다.

이때 다시 집단리더에게 차례가 왔는데, 집단리더가 정방향으로 가고 싶으면 왼쪽 사람을 보면서 양손으로 얼굴을 가렸다 펴면서 예쁘고 웃는 얼굴로 "돼지~."라고 하면 된다. 이런 식으로 진행되다 방향이 틀린다거나, "돼지~."해야 하는데 "뽕!"을 하거나 "뽕!"을 해야 하는데 "돼지~."라고 하는 경우 가벼운 벌칙을 주고 다시 진행한다.

너의 무릎은 나의 의자!

이 활동은 집단성원 전체가 하나의 원을 만들어 서로 친밀감을 갖게 하는 놀이다. 집단성원의 수는 15~20명이 적절하나, 수가 많을 때는 10~15명을 한 조로 하여 몇 개의 조로 나누어 실시할 수 있다. (초 4~6/청소년/성인)

집단을 하나의 둥근 원으로 만든다. 가장 둥글게 원을 만든 다음, 한 방향으로 돌려 앞사람의 머리를 보게 한다. 그리고 앞사람과의 거리가 아주 밀착되도록 해야 하는데, 이때 집단리더는 원 안쪽으로 '한 발' '반 발' 등으로 움직이도록 하여 거리를 조정한다. 앞사람과의 거리가 적당히 밀착되었을 때, 집단리더는 그 상태에서 무릎을 굽혀 앉도록 한다. 이렇게 하여 집단성원들 모두가 뒷사람의 무릎에 앉게 되면 하나로 연결된 거대한 원이 된다.

"아주 훌륭합니다. 지금 그 상태에서 〈나비야〉 노래를 하면서 앞으로 행진하겠습니다. 하나된 원이 깨지지 않도록 조심하면서 노래와 함께 왼쪽 발부터 움직입니다. 자- 〈나비야〉 시작!"

이 놀이는 이성이 포함될 때는 매우 부담스럽기 때문에 주의를 기울여야 한다. 이성이 포함되어 있을 때는 남녀 따로 구분하여 실시하는 것이 적절하다.

14 사랑해요! 뭐라고요?

이 활동은 두 집단이 서로 경쟁하도록 하는 게임이기 때문에 집단성원들 간의 친밀감과 흥미를 유도할 수 있다. 집단성원의 수는 20~30명 내외가 적당하며 놀이는 수가 동일한 두 집단으로 나누어 진행한다. 이때 두 집단은 적당한 거리를 두어 서로 마주보고 앉도록 한다. 한 집단의 수는 10~20명 정도가 가능하다. (초 4~6/청소년/성인)

"지금부터 '사랑해요! 뭐라고요?' 게임을 하겠습니다. 두 집단 모두 잘 들어 보세요. 맨 앞에 있는 첫 번째 사람이 두 번째 사람에게 '사랑해요!'라고 말하면, 두 번째 사람은 첫 번째 사람에게 고개를 돌려 '뭐라고요?'라고 말합니다. 그러면 첫 번째 사람은 다시 두 번째 사람에게, 두 번째 사람은 세 번째 사람에게 '사랑해요!'라고 말합니다. 그러면 세 번째 사람은 다시 두 번째 사람에게 '뭐라고요?'라고 하고, 두 번째 사람은 첫 번째 사람에게 '뭐라고요?'라고 하면, 첫 번째 사람은 다시 '사랑해요!'라고 합니다. 이런 식으로 '사랑해요!' '사랑해요!' '사랑해요!'라고 하면, 네 번째 사람은 또다시 '뭐라고요?'라고 하는데 세 번째, 두 번째 사람도 '뭐라고요?'를 되풀이합니다. 이렇게 해서 첫 번째 사람에게 돌아오면, 다시 첫 번째 사람부터 맨 마지막 사람까지 '사랑해요!'라는 말이 다 전달되면 모두 끝난 것으로 합니다. 아셨죠? 먼저 끝난 집단이 이기는 겁니다."

종이 눈싸움과 종이 농구

이 활동은 아동이나 청소년들에게 흥미로운 놀이다. 이는 신체 활동을 통해 집단성원들끼리 친숙해질 수 있기 때문에 집단 초기에 사용하는 것이 좋다. 집단성원의 수는 20명 내외가 적절하다. (초 4~6/청소년/성인)

신문지 찢기 이후 종이 눈을 만들어 눈싸움을 하는 것보다 애초에 적절한 양의 종이를 준비하여 종이 눈을 만들도록 한다. 그리고 두 집단을 일정한 간격을 두고 무대 양편에 배치시킨 다음, 자신들이 만든 눈을 상대편에 던져 맞추게 한다. 리더는 두 집단이 지정된 공간을 넘어오지 못하게 해야 한다.

종이 눈싸움을 마치고 나면 무대 중앙에 휴지통을 갖다 놓고 같은 개수를 정해 두 팀이 종이 농구를 하도록 한다. 진 팀이 뒷정리를 하도록 하는 것도 흥미로운 일이다.

16 바닷속으로!

이 활동은 2인씩 만나 서로 친밀감을 갖게 하는 놀이로, 술래가 물고기의 이름을 찾는 과정에서 흥미를 유발하는 효과가 있다. 집단성원의 수는 20~30명 내외가 적절하다. (초 1~6/청소년/성인)

집단성원들을 2인 1조가 되게 하고, 각 조원들은 언제나 손을 잡고 있도록 한다. 그리고 놀이가 진행되는 방(무대)을 바다라고 가정한다. 각 조원들은 다른 조원들 모르게 자기 조의 이름을 바닷속에 사는 물고기로 정하게 한다. 집단리더는 의자를 사람 수보다 2개 부족하게 준비하고, 의자를 2개씩 붙여 방 안에 흩어 놓는다.

술래조를 제외한 모든 조원들을 의자에 앉게 한 다음, 술래조는 바다(방)를 돌아다니면서 떠오르는 물고기의 이름을 부른다. 이때 물고기 이름이 일치한 조는 의자에서 일어나 술래조 뒤에 붙어 따라다닌다. 술래조는 꼬불꼬불 바다를 다니다가 꼬리가 어느 정도 길게 되었을 때 갑자기 "바닷속으로!"라고 외친다. 이때 둘씩 손을 잡고 있는 술래조와 다른 조원들은 두 개씩 붙어 있는 의자를 찾아서 재빨리 자리에 앉는다. 마지막까지 자리에 앉지 못한 조가 다음 술래가 된다. 조원들은 돌아다닐 때 꼭 손을 잡고 다녀야 한다(김현미, 1999).

노래와 함께 안마하기 1

이 활동은 집단성원들이 원으로 앉은 상태에서 노래와 함께 안마를 하기 때문에 집단의 친밀감을 유도한다. 집단성원의 수는 제한이 없으나 활동공간에 따라 유연하게 정할 수 있다. (초 1~6/청소년/성인)

집단리더는 집단성원들에게 둥글게 앉도록 한다. 그리고 4박자의 노래를 부르면서 오른쪽 사람과 왼쪽 사람에게 안마를 해 주는 놀이다. 안마를 할 때는 주무르는 것도 가능하고, 톡톡 치는 것도 가능하다.

"여러분 〈퐁당퐁당〉 노래 알죠? 지금부터 〈퐁당퐁당〉 노래를 부르면서 박자에 맞춰 오른쪽 사람과 왼쪽 사람을 번갈아 가면서 안마를 해 줍니다. 안마를 할 때는 시원하게 해 주는데, 8박자

(우), 8박자(좌), 4박자(우), 4박자(좌), 2박자(우), 2박자(좌), 1박자(우), 1박자(좌), 그리고 박수 한 번 짝! 치고 다시 8번, 4번, 2번, 1번, 짝! 이런 식으로 합니다."

변형 1

집단리더는 안마의 횟수를 다르게 변경할 수 있다. 4박자 노래는 〈퐁당퐁당〉 외에도 〈고향의 봄〉〈작은 별〉 등이 적절하다. 리더는 4박자 노래를 부르도록 안내하되 4번, 8번, 2번 등등으로 안마의 횟수를 다르게 유도할 수 있다.

변형 2

혼자 하는 안마 놀이가 있다. 〈퐁당퐁당〉 4박자 노래를 부르면서 오른손으로 왼손을 8번, 왼손으로 오른손을 8번 친다. 다음 오른손으로 왼손을 4번, 왼손으로 오른손을 4번 친다. 다음 오른손으로 왼손을 2번, 왼손으로 오른손을 2번 친다. 다음 오른손으로 왼손을 1번, 왼손으로 오른손을 1번 치고, 박수를 1번 친다. 다시 처음부터 8번, 8번, 4번, 4번, 2번, 2번, 1번, 1번, 그리고 박수를 1번 치면서 마친다.

18 노래와 함께 안마하기 2

이 활동은 노래와 함께 다양한 안마를 앞사람에게 제공해 줌으로써 서로 친밀감을 촉진할 수 있다. 집단성원의 수는 20~30명 내외가 적절하지만, 활동 공간의 여부에 따라 참여 인원수는 달라질 수 있다. (초 1~6/청소년/성인)

집단을 원으로 만든 다음, 한쪽 방향(오른쪽 혹은 왼쪽)으로 돌아서게 한다. 이때 노래를 부르면서 오른쪽 방향의 앞사람에게 여러 종류의 안마를 한다. 안마의 종류는 '손가락으로 주무르기' '손바닥으로 두드리기' '손가락 끝으로 툭툭 치기' 등이다. 안마의 부위는 어깨, 등, 팔, 뒷머리 등이다. 노래는 4박자가 좋다. 리더는 노래의 빠르기를 조절하면서, 신체부위, 안마의 종류 등을 자유롭게 유도하면 흥미를 더해 준다.

"다 같이 오른쪽 방향으로 돌려 앉습니다. 〈퐁당퐁당〉을 부르면서 앞사람에게 안마를 해 주는 시간입니다. 박자에 맞춰 제가 지시하는 대로 안마를 해 주세요. 노래와 함께 어깨부터 주무르기, 시작…… 이제는 두드리기…… 노래를 좀 더 빠르게…… 등을 손가락으로 툭툭 치기…… 자- 이제는 아주 느린 템포로 어깨부터 팔 쪽으로 주무르면서…… 이제 마무리합니다. …… 이제는 뒤로 돌아서 앉습니다. …… 다시 앞사람에게 안마를 하도록 합니다. 자, 손가락으로 등을 두드립니다."

이렇게 집단리더는 다양한 방식으로 안마를 하도록 한다. 이때 노래는 4박자 동요를 부르면서 해도 좋지만, 〈뿜뿜〉이나 〈아모르 파티〉와 같은 신나는 대중음악을 들려주고 해도 좋다.

인간 줄다리기

이 활동은 몸을 통한 놀이기 때문에 집단의 친밀감을 촉진시킬 수 있다. 집단을 두 팀으로 나누어 진행한다면, 집단성원의 수는 20명 정도가 적절하지만 공간이 넉넉하다면 참여 인원수를 늘려도 무방하다. (초 4~6/청소년/성인)

집단성원이 30~40명이라고 한다면, 네 조로 나누어 진행할 수 있다. 이때 두 조씩 대항을 하여 진 조를 이긴 조 뒤로 붙게 한 다음, 최종 두 조로 구성하여 인간 줄다리기를 하면 된다. 그 방법은 다음과 같다.

집단리더는 두 조로 나누어 양쪽으로 서게 한 다음, 자기 조의 허리를 붙잡고 줄을 만든

다. 그리고 맨 앞에 있는 두 조의 주장들은 서로 팔을 교차시킨다. 집단리더가 호루라기를 불면 두 조는 인간 줄다리기를 한다. 이때 손을 먼저 놓은 조가 지는 것으로 하고, 집단리더가 "그만."이라고 할 때까지 더 많이 끌려간 팀이 진 것으로 한다.

 꼬리잡기

　이 활동은 앞의 '인간 줄다리기'와 비슷하게 두 조 혹은 네 조로 모여 서로 꼬리를 따는 놀이로, 집단성원들 간의 친밀감을 촉진한다. 집단성원의 수는 20명 내외가 좋으나 30~40명 이상일 경우에는 네 팀으로 나누어 실시할 수 있다. (초 4~6/청소년/성인)

　집단리더는 집단성원들을 두 조로 나누어 양쪽으로 서게 한 다음, 자기 조의 허리를 붙잡아 인간 줄을 만들어 줄다리기 형식으로 선다. 진행방법은 맨 앞에 있는 각 조의 주장이 상대조의 맨 뒤에 있는 꼬리를 잡으면 그 조가 이기게 된다. 이때 각 조는 앞사람의 허리를 절대 놓아서는 안 된다. 만일 놀이 중에 자기 조의 허리를 놓아서 줄이 끊어지게 되면 이런 경우에도 패하게 된다.

참여자 수가 많아 네 조로 진행한다면, 우선 두 조가 먼저 하고 이어서 다른 두 조가 한다. 그런 다음 이긴 조끼리 결승을 붙는다. 그러나 공간이 충분하다면 준결승에서 진 조가 이긴 조 뒤에 붙어서 전체가 두 조로 나누어 꼬리잡기를 해도 좋다.

주의할 점은 공간이 넉넉하고 여건이 안전한 상황에서 실시해야 한다. 또한 남녀가 섞여 있을 때는 가능하면 신체적 접촉을 섬세하게 고려해야 한다. 예컨대, 남녀가 섞여 있다면 남자를 앞쪽에, 여자를 뒤쪽에 서게 한 다음 여자가 남자의 옷을 잡게 할 수 있다. 또한 성별에 관계없이 앞사람의 어깨를 잡도록 할 수 있다.

 따르릉

앞의 '꼬리잡기'와 비슷한 이 활동은 공간이 넉넉하지 못하고 안전하지 못할 때 진행하는 방법으로 집단성원들 간의 친밀감을 촉진한다. 이때는 〈자전거〉 노래와 함께 '가위바위보'로 진행한다. 참여자의 수는 20명 내외가 좋으며, 30~40명 이상일 경우에도 가능하다. 조의 수는 두 조, 네 조, 여섯 조로 나누어 실시할 수 있다. 집단을 네 조로 나누었을 때 다음과 같이 진행할 수 있다. (초 4~6/청소년/성인)

집단성원들을 네 조로 만들어 네 줄로 서게 한다. 뒷사람들은 앞사람의 어깨에 두 손을 얹는다. 다 같이 '따르릉 따르릉 비켜나세요. 자전거가 나갑니다. 따르르르릉. 저기 가는 저 사람 조심하세요. 우물쭈물하다가는 큰일 납니다.' 진행방법은 모두가 노래를 부르

면서 "오른발을 오른쪽으로 두 번(따르릉 따르릉), 왼발을 왼쪽으로 두 번(비켜나세요), 두 발로 동시에 앞으로 한 번(자전거가), 다시 뒤로 한 번(나갑니다), 다시 앞으로 세 번(따르르르릉) 뜁니다." 이어서 같은 방식으로 노래를 부르면서 행동을 한다. 이때 맨 앞사람이 다른 조의 맨 앞사람과 마주칠 때 두 사람은 '가위바위보'를 하게 된다. 진 조는 이긴 조 뒤에 가서 붙어 어깨에 두 손을 얹는다. 그리고 다시 이긴 두 조끼리 같은 방식으로 진행한다.

22 과일 사세요!

이 놀이는 '당신은 이웃을 사랑하십니까?'와 유사한 게임으로, 집단성원들이 자연스럽게 자리를 바꿔 앉도록 하면서 서로 친밀해지는 방법이다. 집단성원의 수는 약 20~40명 내외가 적당하다. (초 1~6/청소년/성인)

우선 집단리더는 집단성원들을 둥글게 앉게 한다. 집단성원의 수가 많을 경우에는 과일을 5개로 늘릴 수 있고, 수가 적을 때는 과일을 2개나 3개 정도로 줄일 수 있다.

"자 여러분, 전체가 빙 둘러 앉았는데, 이쪽부터 번호를 붙여 줄게요. 자, 여기서부터 1번, 2번, 3번, 4번, 다음은 다시 1번부터 4번, 다음 또 1번부터 4번으로 번호를 붙입니다. 이제 1번 손을 들어 보세요. 그리고 2번, 3번, 4번…… 자기가 몇 번인지 알겠지요? 각 번호에 과일을 배정해 줄게요. 1번은 사과, 2번은 딸기, 3번은 복숭아, 4번은 배로 할게요. (번호에 해당되는 과일은 리더가 정해도 좋고, 집단성원들에게 물어서 결정을 해도 좋다.) 자기가 어떤 과일인지 알겠죠? 그런데 제가 술래(술래도 과일을 결정)인데, 술래가 앉을 자리가 없죠. 술래는 아무에게 다가가서 '과일 사세요!'라고 물으면, 지적받은 사람은 '어떤 과일이 있나요?'라고 물어봅니다. 그러면 술래는 '사과, 딸기, 복숭아, 배가 있어요.'라고 얘기합니다. 이때 지적받은 사람은 '사과 주세요.' '사과와 복숭아 주세요.' '딸기 빼고 다 주세요.' '전부 다 주세요.'라고 할 수 있답니다. 이때 이 과일에 해당되는 사람들은 모두 자리를 바꿔서 앉아야 합니다. 해당되는 과일이 자리를 바꿔 앉을 때 술래는 얼른 빈 자리에 앉으면 됩니다. 만일 해당되는데도 바꾸어 앉지 않으면 그 사람이 술래가 됩니다."

처음에는 집단리더가 술래가 되어 시범을 보일 수 있다. 집단성원들이 잘하지 못해도 몇 번은 반복해서 안내할 수 있다.

변형 1

'과일 사세요!' 대신에 '떡 사세요!'(빈대떡, 찰떡, 개떡, 무지개떡, 송편 등), '엿 사세요!'(갱엿, 호박엿, 생강엿 등), '꽃 사세요!'(국화, 장미, 무궁화, 수선화 등) 등으로 바꿀 수 있다. 예컨대, 연기훈련의 한 방법으로 성냥팔이 소녀에서 나오는 것처럼 '성냥 사세요!'로 할 경우, 술래가 처량하게 "성냥 사세요!"라고 하면, 지적받은 사람은 "몇 개짜리 있어요?"라고 물어본다. 술래가 "하나에서 4개짜리까지 있어요."라고 답변하고, 이때 지적받은 사람은 "1개짜리 말고 다 주세요."라고 하면 2, 3, 4번에 해당되는 사람은 모두 다 자리를 바꿔 앉으면 된다. 이때 술래가 '성냥 사세요!'라는 말을 아주 처량하게 하는 것이 이 놀이의 관건이 된다.

변형 2

'과일 사세요!'와 유사한 자리 바꾸기 방법으로, 술래를 원 가운데 서 있게 하고 의자에 앉은 집단성원들이 "과일 사세요!"라고 묻는다. 가운데 있는 술래가 "딸기 주세요!"라고 말하면, 딸기에 해당되는 사람들은 다른 자리로 옮겨 앉아야 한다.

박수 숫자

이 활동은 집단 프로그램을 처음 시작할 때 집단성원들을 집중시키고 흥미를 유도하는 효과적인 놀이다. 집단성원의 수는 제한이 없으나 아주 많을 때 집단별로 나누어 경쟁을 유도하는 것도 가능하다. (초 1~6/청소년/성인)

"자, 제가 오른손을 들면 박수를 세 번 치고, 왼손을 들면 박수를 다섯 번 칩니다. 세 번은 '짝 짝 짝', 다섯 번 칠 때는 여러분 '짝 짝 짝 짝 짝'이 아니라 '짝 짝 짜자작' 이렇게 축구 응원할 때 치는 박수를 치세요. 그리고 양손을 들면 박수를 정신없이 마구 칩니다. 그리고 양손을 흔들면 환호와 함께 박수를 치는 겁니다. 알았죠? 자, 시작합니다."

박수를 통해 집단을 집중시킬 때, 박수 숫자에 따라 박수 치는 요령이 다르다. 집단리더는 집단성원들에게 '세 번' '다섯 번' '열한 번' '열세 번'을 적절히 치는지를 사전에 점검하도록 한다. 이때 박수가 응원의 박수로 일치하지 않을 때 다음과 같은 방식의 응원박수를 안내한다. 위에서 언급한 것처럼, 리더가 '박수 세 번!' 그러면 집단성원들은 '짝 짝 짝' '박수 다섯 번!' 그러면 '짝 짝 짜자작' 이렇게 응원 박수를 친다. 또한 '박수 열한 번!' 하면, '짝 짝 짜자작 짜자자자 짜 작', 박수 '열세 번!' 하면, '짝 짝 짝, 짝 짝 짝, 짝 짝 짝 짝 짜 자 작' 이렇게 3-3-7박수를 치면 된다.

24 박수 도미노

'박수 숫자'를 통해 집단성원들이 주의를 집중하게 되면 박수 도미노를 통해 집중력과 친밀감을 유도할 수 있다. 집단성원의 수는 20~30명 내외가 적절하다. 집단성원들을 빙 둘러서 있게 한 다음 다음과 같이 실시한다. (초 4~6/청소년/성인)

"둥글게 원을 만들었지요? 지금부터 박수 도미노를 진행해 보겠습니다. 제가 오른쪽으로 박수를 치면 마치 도미노처럼 박수를 이어서 빠르게 전달합니다. …… 지금부터 시작하겠습니다. (집단이 성공적으로 진행할 때까지) 모두가 오른쪽으로 도미노처럼 박수를 잘 쳤습니다. …… 이번에는 박수를 빠르게 진행하다 방향을 바꾸도록 하겠습니다. 예를 들어, 왼쪽으로 가다가 오른쪽으로 방향을 바꿀 수 있고, 오른쪽으로 가다 왼쪽으로 방향을 바꿀 수 있습니다. 방향전환은 여러분 중 누구나 할 수 있습니다. 집중을 잘 하고 있어야 합니다. (집단이 성공적으로 진행할 때까지) 여러분이 잘 하셨기 때문에 이제는 응용을 하겠습니다. 지금은 오른쪽, 왼쪽으로 방향을 전환했는데, 공간을 이동해도 됩니다. 예를 들면, 저에게 박수가 왔을 때 왼쪽, 오른쪽으로 방향을 바꾸지 않고 앞쪽에 앉아 있는 누군가에게 눈 마주침을 하고 그에게 박수를 보낼 수 있습니다. 그러면 박수를 받은 사람은 다시 공간을 이동해서는 안 되고 바로 좌우로 박수를 보낼 수 있습니다."

25 박수 릴레이

　'박수 도미노'가 집중력에 도움이 된다면, '박수 릴레이'는 상대와 교감이 있어야 하기 때문에 상호작용이나 친밀감을 촉진한다. 집단성원의 수는 20~30명 내외가 적절하다. 집단성원들을 빙 둘러앉게 하고, 박수의 속도는 일정해야 한다. (초 4~6/청소년/성인)

　'박수 도미노'가 박수를 빠르게 이어서 치는 데 반해, 박수 릴레이는 두 사람이 동시에 박수를 치는 것이다. 예컨대, 1번이 박수를 오른쪽으로 보낸다면 몸을 오른쪽으로 돌려 박수를 친다. 이때 1번의 오른쪽 자리에 있는 2번은 몸을 왼쪽으로 돌려 박수를 치면서 1번의 박수를 동시에 받게 된다. 다시 2번은 오른쪽으로 몸을 돌려 박수를 보내면, 오른쪽에 앉은 3번은 왼쪽으로 몸을 돌려 2번이 친 박수와 동시에 박수를 치면서 박수를 받게 된다. 이런 식으로 오른쪽으로 한 바퀴 돌아 연습이 끝나면, 방향을 오른쪽이나 왼쪽으로 박

수를 돌릴 수 있다. 예를 들어, 방향이 오른쪽으로 돌아 10번까지 왔다면 10번은 오른쪽으로 박수를 돌리지 않고 거꾸로 방향을 돌려 9번에게 박수를 돌릴 수 있다. 이때 9번은 10번이 거꾸로 돌리더라도 박수는 10번과 동시에 쳐야 한다. 따라서 박수 릴레이가 어느 쪽으로 올지 모르기 때문에 박수를 준 사람은 돌아올 것을 대비해야 한다.

이때 주의할 점은 박수의 속도가 일정해야 하고, 박수를 주는 사람은 박수를 받는 사람 쪽으로 몸을 돌려야 하고, 박수를 받는 사람은 박수를 주는 사람 쪽으로 몸을 돌려야 한다. 박수는 두 사람이 동시에 쳐야 하고 '따닥' 하는 소리가 나서는 안 된다.

26 칙칙폭폭

이 활동은 집단리더가 하는 것과는 정반대로 하는 '반대 게임'으로 집단성원들에게 집중력을 높이고 흥미를 유발하는 방법이다. 집단성원의 수는 제한이 없다. (초 1~6/청소년/성인)

집단리더는 양손의 검지손가락을 앞으로 편 상태에서 두 팔을 앞으로 내민다. 두 팔을 좌우로 흔들면서 똑같이 따라 하도록 연습을 시킨 다음, 다음과 같이 지시를 한다.

"여러분은 제가 하는 것과 정반대로 하면 됩니다. (검지손가락을 편 상태에서 두 손을 좌우로 흔들면서) 제가 '칙칙' 하면 여러분은 '폭폭' 하면 됩니다. 제가 '칙 폭' 하면, 여러분은 '폭 칙'이라고

합니다. 제가 '폭폭' 하면 여러분은 '칙칙' 하면 됩니다. 응용을 해 보면, 제가 '칙치리 칙칙 칙 칙' 하면 여러분은 '폭포로 폭폭 폭 폭' 이렇게 하면 됩니다. 반대로 해야 합니다. 아셨지요?"

이렇게 해서 집단성원들이 잘 따라 하면, 집단리더는 다시 '칙치리 칙칙 폭 폭' 하면 집단성원들은 '폭포로 폭폭 칙 칙' 식으로 답변을 해야 한다. 집단리더는 '칙칙 폭폭'을 다양하게 변형해서 할 수 있다. 집단성원들이 잘 따라 하게 되면 다른 방식으로 응용해서 할 수 있다. 예컨대, 집단리더가 '하나 둘' 하면 집단성원들은 '셋 넷' 하고, '참새' 하면 '짹짹' 하고, '병아리' 하면 '삐약 삐약' 하는 식으로 진행하면 된다. 조별로 경쟁을 시키는 것도 참여 의욕을 더 높일 수 있다.

고양이와 쥐

이 활동은 '팔짱 술래잡기'와 유사하며, 주어진 규칙 안에서 활동적인 놀이를 통해 친밀감을 형성할 수 있다. 집단성원의 수는 15~20명 정도가 적절하다. 이 놀이는 항상 두 사람씩 팔짱을 끼어야 하며, 쥐가 붙어 세 사람이 되면 쥐의 반대편에 있는 사람이 무조건 도망가야 한다. (초 4~6/청소년/성인)

집단리더는 술래인 고양이와 쥐를 한 명씩 뽑는다. 고양이와 쥐를 제외한 나머지는 두 사람씩 팔짱을 끼고 둥글게 선다. 이때 팔짱을 끼고 있는 두 사람들 간에는 쥐와 고양이가 왔다 갔다 할 수 있도록 공간을 허용한다. 시작할 때 고양이가 원 안에 들어가 '고양이 야옹' 하면 원 밖에 있는 쥐는 고양이에게 잡히지 않도록 도망을 다닌다. 이때 쥐가 팔짱을

끼고 있는 두 사람에게 다가가 팔짱을 끼고 '찰칵' 하면 쥐의 반대편에 팔짱을 끼고 있는 사람은 얼른 빠져나가 새로운 쥐가 되어 도망을 간다. 팔짱을 끼고 있는 사람은 절대 세 사람이 되어서는 안 되기 때문이다. 팔짱을 끼고 있는 사람은 누구나 쥐가 될 수 있다. 쥐가 고양이에게 잡히면 쥐는 고양이가 되고 고양이는 쥐가 되어 도망 다닌다.

28 너의 등은 나의 캔버스

이 활동은 말을 하지 않고 의사전달을 하는 과정에서 서로에게 주의를 기울임으로써 상대방을 존중하고 신뢰하는 마음을 갖도록 하는 게 목적이다. 집단성원의 수는 20~30명 내외가 적절하며, 준비물은 작은 종이와 필기구가 필요하다. (초 4~6/청소년/성인)

우선 집단을 둘 혹은 세 조(각 조에 7~10명 정도)로 나누어 일렬로 서게 한다. 마지막 사람을 제외한 모든 사람에게 종이와 연필을 나누어 준다. 맨 뒷사람은 집단리더가 제시한 어떤 사물(예: 사과, 바나나, 나비 등)을 바로 앞사람의 등에 손으로 그린다. 이때 말은 절대로 해서는 안 된다. 앞사람은 등에 그려진 그림을 상상하여 그 사물의 이름을 종이에 적은 후 접는다. 사물의 이름을 다 적으면 다시 그 앞에 있는 사람의 등에 손으로 사물을 그린다. 이런 식으로 계속 앞사람의 등에 그림을 그려 맨 앞사람에게 오면 그 사람은 종이 위에 자신이 인식한 사물을 그린다. 사물 이름과 그림이 틀렸으면 각자 종이에 적어 놓은 사물 이름을 확인하여 누구부터 틀렸는지 확인한다. 그리고 틀린 사람에게는 가벼운 벌칙을 준다. 조별로 했을 경우에는 더 많이 틀린 집단에게 간단한 벌칙을 줘도 좋다.

중간에 종이 없이 진행할 수 있다. 같은 방식으로 시작하지만 계속해서 앞사람의 등에 그림을 그린다. 이때 맨 앞사람이 자신이 인식한 대로 그림을 그리고 사물의 이름을 적어 서로 비교하면 된다.

29 너의 등은 나의 칠판

　이 활동은 말을 하지 않고 앞사람의 등에 글로 의사전달을 하는 과정에서 주의집중력을 향상시키고, 상호신뢰를 통한 친밀감을 증진시킬 수 있다. 집단성원의 수는 20~30명 내외가 적절하다. 집단리더는 몇 개의 글자가 적혀 있는 종이를 준비한다. (초 4~6/청소년/성인)

　집단성원을 5~6명 정도 해서 2~4개 조로 나누고, 한 줄로 하여 앞을 보고 앉도록 한다. 집단리더는 각 조의 맨 뒤에 앉은 사람들을 불러서 메시지가 적힌 종이를 보여 준다.

　예를 들면, '우리 아가'라는 글이 적혀 있는 것을 보여 주면 그 사람은 자기 조로 돌아가

서 바로 앞사람의 등에 한 글자 한 글자씩 써서 전달한다. 이런 식으로 앞사람에게 계속 전달하여 맨 앞에 있는 사람에게 전달되면 손을 들어 끝났다고 외친다. 집단리더는 일단 마친 순서를 기억해 두었다가 먼저 마친 조부터 정답을 맞혔는지 알아본다. 의외로 엉뚱한 대답을 하는 사람이 많을 것이고 이 때문에 속타는 사람, 파안대소하는 사람들도 있을 것이다. 뒷사람부터 메시지를 입수하는 동시에 앞사람에 전달하도록 하면 속도는 훨씬 빨라지지만 더욱 혼란스러워지기 때문에 전혀 다른 대답이 나올 수 있다.

30 몸으로 의사전달하기

이 활동은 '릴레이 팬터마임'과 비슷한 것으로, 상대에게 언어 없이 행위만으로 의미를 전달했을 때 그 내용이 얼마나 왜곡되는지를 이해하고, 집단활동을 통해 친밀감과 상호신뢰를 촉진할 수 있다. 집단성원의 수는 20~25명이 적절하다. (초 4~6/청소년/성인)

집단리더는 집단성원들을 같은 수로 4개 조로 나누고, 4개 조를 일렬로 서게 한 다음 모두 앞을 보게 한다. 집단리더는 4개 조의 맨 뒷사람에게 다음과 같은 내용이 적혀 있는 쪽지를 한 장씩 보여주고, 앞사람에게 그 내용을 말을 하지 않고 몸으로 전달하게 한다.

1조: 길을 가다 딸기밭이 있어 딸기를 몰래 따먹는다.

2조: 누군가(딸기밭 주인)가 붙잡으려고 해서 도망을 간다.

3조: 도망을 가다 경찰에게 붙잡혀 한 번만 봐 달라고 사정을 한다.

4조: 자유로운 몸이 되자 배가 너무 고파 짜장면을 정신없이 먹는다.

1조: 오토바이를 타고 드라이브를 한다.

2조: 좋아하는 친구가 지나가 반갑게 손을 흔든다.

3조: 좋아하는 친구가 모른 체 하고 지나가 너무 화가 한다.

4조: 너무 열 받아서 술을 마신다.

이런 내용을 맨 앞사람에게까지 몸으로 전달하게 되면, 4개 조의 맨 앞 사람들은 이 내용을 연결해서 하나의 이야기로 만들어야 한다. 이런 식으로 했을 때 처음 시작된 이야기가 어떻게 달라지는 지를 확인하게 한다. 집단리더는 이야기를 다르게 구성하여 실시할 수 있다.

31 끝말 그림 잇기

이 활동은 단어를 그림으로 표현하는 과정을 통해 언어에 대한 흥미를 유발시키고 표현 능력을 향상시킬 수 있다. 집단성원의 수는 10~20명 내외가 적절하다. 리더는 A4 용지, 테이프, 크레파스를 준비한다. (초 1~6/청소년/성인)

먼저 두 집단(A와 B)으로 나누고 가위바위보로 순서를 정한다. 이긴 집단이 나와 그림을 먼저 그리면, 다른 집단은 그 그림의 끝 자로 시작되는 그림을 그린다. 이때 글씨를 써서는 안 되고 그림은 알아보기 쉽게 그려야 한다. 예컨대, 먼저 A집단이 나와서 '마스크'를 그리면 B집단은 마스크의 끝 자 '크'로 시작되는 '크레파스'를 그려 가는 것이다. 그런 다음 A집단이 '스케이트'를 그림으로 그리면, B집단은 '트라이앵글'을 그려 간다.

이런 식으로 반복하되 끝말 그림 잇기가 끊어지는 집단이 지게 된다. 게임이 끝나면 집단별로 등장한 그림을 중심으로 이야기를 구성하여 발표한다. 가장 많은 그림을 등장시켜 재미있게 이야기를 구성한 팀이 승리한다.

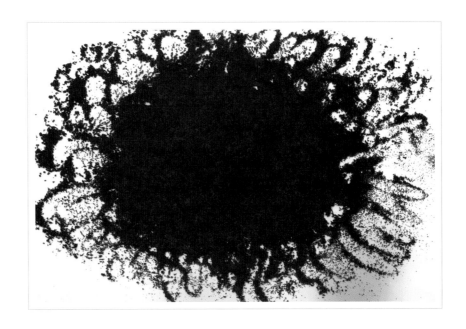

춤추는 원

　이 활동은 집단성원들이 신나는 춤을 춰서 몸의 이완과 즐거움을 만끽하게 하는 놀이로 자기표현 능력과 친밀감을 향상시킬 수 있다. 집단성원의 수는 30명 이내가 좋으며 신나는 음악이 필요하다. (초 1~6/청소년/성인)

　집단성원들은 둥글게 하나의 원으로 선다. 집단리더는 경쾌한 음악을 들려주고, 집단성원들이 잠시 몸을 풀게 하면서 다음과 같이 안내한다.

　"이제 여러분 중에 한 사람이 원 안에 들어와 술래가 되어 음악에 맞춰 가볍게 몸을 움직이면,

나머지 사람들은 모두 술래의 움직임을 따라 해야 합니다. 술래가 어느 정도 움직임을 하다가 다른 술래를 초대하고 싶으면 다른 집단성원에게 다가가 손을 들어 하이파이브를 하면 됩니다. 하이파이브를 통해 선정된 사람은 다시 술래가 되어 무대 안으로 들어옵니다. 이전 술래는 현재 술래 자리로 들어가 다시 원의 일부가 되는 겁니다. 아셨죠? 원 안에 들어온 술래는 충분히 움직이거나 춤을 추다가 다시 누군가를 초대하면 초대받은 사람은 새로운 술래가 됩니다. …… 이런 식으로 모든 사람이 술래가 될 수 있도록 합니다."

이렇게 하여 모든 사람이 원 안에 들어가 마음껏 움직임을 표현하고 나면 마무리한다.

막대 춤

이 활동은 집단성원들이 막대를 이용하여 경쾌하게 움직이도록 함으로써 몸의 이완과 즐거움을 만끽하고 친밀감을 향상시키는 놀이다. 집단성원의 수는 제한이 없으나 무대나 공간은 집단성원들이 움직일 수 있는 넉넉한 공간이면 좋다. 준비물은 음악과 여러 개의 긴 막대다. (초 4~6/청소년/성인)

집단성원들을 2인 1조가 되게 한다. 리더는 각 조에 긴 막대를 하나씩 주고, 오른손의 검지에 막대를 서로 대도록 한다. 두 사람은 막대가 떨어지지 않도록 검지에 조금 힘을 주도록 한다. 집단리더는 여전히 집단성원들에게 경쾌한 음악을 들려준다.

"여러분 반갑습니다. 두 사람이 한 조가 되어 지금 나눠 드린 긴 막대를 떨어지지 않도록 오른 손 두 번째 손가락, 즉 검지로 살짝 서로 밀어 봅니다. 음악이 나온 대로 몸을 맡기지만 발도 이 동해 가면서 이 무대를 마음대로 돌아다녀 보시기 바랍니다. 조금 있다 제가 '세 명씩'이라고 하면 여러분은 세 명씩 만나는데, 이때 막대는 3개가 필요합니다. 세 사람의 경우에도 막대를 옆 사람의 양 손가락으로 밀면서 떨어지지 않도록 해야 합니다."

막대가 여유 있다면 사람 수를 늘려 4명, 5명 등 숫자를 늘려 가면서 진행할 수 있다.

34　2인 자동차 경기

　이 활동은 2인이 짝이 되어 서로 앞사람이 걸어가는 대로 뒷사람이 따라가는 놀이다. 집단성원들이 서로 부딪히지 않아야 하기 때문에 집중력을 향상시키고 에너지를 충전하게 된다. 집단을 장시간 운영할 때 성원들이 잠시 피로를 푸는 데도 매우 효과적이다. 집단성원의 수는 공간이 넉넉하다면 제한은 없다. 준비물로는 매우 빠른 음악이 필요하다. (초 4~6/청소년/성인)

　"지금부터 여러분은 두 사람씩 짝을 만들어 보세요. 그리고 서로 가위바위보를 합니다. ……이긴 사람은 앞에 서고, 진 사람은 뒤에 섭니다. 지금부터 앞사람이 무대 혹은 공간에 어디든지 자연스럽게 걸어가면 뒷사람은 절대 놓치지 말고 따라다녀야 합니다. 마치 자동차가 주행하듯

이, 처음엔 속도가 느리지만 점차 속도가 빨라질 겁니다. 속도가 빨라지면 다른 팀과 부딪힐 가능성이 높은데 충돌하지 않도록 주의를 기울여야 합니다. 지금부터 출발합니다. 앞사람은 같은 방향으로 계속 가는 게 아니라 사람들이 안 가는 곳으로, 빈 공간으로 이동해서 가능하면 무대가 채워지도록 하십시오. 자, 지금 시속 5km로 갑니다. …… 이젠 10km…… 조금씩 빨라집니다. …… 20km…… 더 빨라집니다. …… 30km…… 점점 더 빠르게…… 뒤에 있는 사람은 앞사람을 놓치지 마십시오. …… 40km…… 50km…… 이제 40km…… 30km…… 20km…… 10km…… 5km…… 이제 정지합니다. 이번엔 진 사람이 앞으로, 이긴 사람이 뒤로…… 자, 천천히 출발합니다."

　이런 식으로 두 번째 사람도 진행한다. 이 방법은 그림자놀이와 유사하다. 그림자놀이는 앞사람이 어떤 식으로 행동을 하면 뒤의 그림자는 그대로 따라 하는 것이다. 2인 자동차 경기는 앞사람이 무조건 무대/공간에 자유롭게 걸어 다니면 뒷사람은 앞사람을 절대 놓치지 않고 따라다닐 뿐이다.

35 무궁화꽃이 춤을 춥니다

이 활동은 집단 전체가 함께하는 전통놀이로 즐거움과 친밀감을 증진시키고, 연기력과 자기표현 능력을 향상시켜 준다. 집단성원의 수는 20~30명 내외가 적절하지만 공간을 고려할 필요가 있다. (초 1~6/청소년/성인)

이 놀이는 '무궁화꽃이 피었습니다'를 기본 놀이로 하되, '피었습니다'의 동사를 다양한 행위방식으로 변형하면 신나는 연극놀이가 될 수 있다. 예컨대, 술래가 '무궁화꽃이 춤을 춥니다.'라고 하면 집단성원들은 모두 춤을 춰야 한다. 이때 춤을 추지 않는 사람은 술래가 된다.

"지금부터 다 같이 '무궁화꽃이 피었습니다'를 할 겁니다. 우선 제가 술래를 할게요. 술래가 눈을 감고 큰 소리로 '무궁화꽃이 피었습니다.'라고 한 다음 뒤돌아보면 여러분은 절대 움직이지 않아야 합니다. 움직인 사람은 앞으로 나와서 술래인 제 손가락과 고리를 끼는 거 알죠? 누군가가 들키지 않고 앞으로 나와서 저와 잡힌 사람의 손가락 고리를 떼어 내면 모두 안전선까지 도망갑니다. 이때 안전선까지 도망가지 못하고 술래에게 잡히면 그 사람이 술래가 됩니다. 시작할까요?"

이때 '피었습니다'를 3~4회 한 다음, 변형방법을 안내한다. '무궁화꽃이 춤을 춥니다.'에서 '무궁화 꽃이' 다음 뒤의 동사를 '데굴데굴 굴러다닙니다.' '둘이 만나서 소리를 지릅니다.' '나는 할 수 있다고 외칩니다.' '셋이 짝이 됩니다.' '뱀이 되어 기어갑니다.' '사자가 되어 서로 싸웁니다.' 등으로 바꿀 수 있다. 이 외에도 동사의 변형은 다양하다.

변형 1

 기존의 '무궁화꽃이 피었습니다'처럼 집단성원들이 술래가 있는 쪽으로 다가오면서 동사를 바꾸는 놀이도 가능하다. 춤을 추면서 무대로 다가올 때, 술래 등을 치고 도망갈 수 있기 때문에 술래가 적절히 정지를 요구하거나 '원위치'를 요구해서 술래에게 다가오지 못하게 할 수 있다. 이때 동사의 변형놀이와 원래 놀이를 같이 동시에 실시해도 가능하다.

변형 2

 기존의 '무궁화꽃이 피었습니다'에서 동사를 변형하는 놀이를 했다면, 또 다른 방법으로 앞의 명사, 즉 '무궁화 꽃'을 바꾸어서 할 수 있다. 예컨대, 술래가 '토끼꽃이 피었습니다.'라고 하면, 참여자들은 토끼처럼 조각을 표현해야 한다. '무궁화꽃'의 변형은 '할미꽃' '고양이꽃' '뱀꽃' '해바라기꽃' '기린꽃' 등 다양하다.

눈치 게임

이 활동은 서로 소리와 움직임에 집중하면서 눈치 있게 숫자를 부르면서 순발력과 주의 집중력을 향상시키는 놀이다. 집단성원수는 15~30명 정도가 좋다. 진행과정을 보면 다음과 같다. (초 1~6/청소년/성인)

"모두 둥글게 원으로 앉아 봅니다. 지금부터 눈치 게임을 할 겁니다. 모두 조용히 하고, 누군가가 1부터 숫자를 외치면서 일어납니다. 전체 인원수만큼 수가 늘어 갈 것인데 숫자를 동시에 외치면 외친 사람은 탈락을 합니다. 그리고 마지막에 숫자를 외친 사람도 탈락합니다. 마지막까지 남는 사람이 최종 승자가 됩니다.

이때 처음부터 탈락을 시키기보다 여러 번 반복해서 익숙해진 후에 탈락을 시키면서 눈치 게임을 진행하도록 한다. 또한 집단성원의 수가 많지 않으면 탈락된 사람들에게 신발을 하나씩 벗게 한 다음 신발 두개를 모두 벗은 사람을 이 게임에서 완전히 탈락시킨다. 수가 적을 때는 일어나지 않고 자리에 앉아서 하는 것도 무방하다.

37 손병호 게임

　손병호 게임은 TV를 통해 소개된 놀이로, 특정한 사람을 지명하여 손을 접도록 한다. 이는 집단 초기에 앉아서 할 수 있는 매우 효과적인 놀이로, 친밀감과 자발성을 증진시키는 효과가 있다. 집단성원의 수는 10~20명 내외가 적절하며, 수가 많을 때는 양손을 활용할 수 있다. 5~10명 이내가 된다면 한 손만을 활용할 수 있다. 집단성원들을 둥글게 앉도록 하여 다음과 같이 진행한다. (초 4~6/청소년/성인)

　"손병호 게임은 돌아가면서 한 사람씩 어떤 특성을 이야기하면 해당되는 사람은 손가락을 하나씩 접는 게임입니다. 우선 저부터 어떤 특성을 말할 겁니다. '염색한 사람!' 염색한 사람은 손가락을 하나씩 접어야 합니다. 이제 오른쪽으로 돌아갑니다. 두 번째 사람도 시작하세요."

　이렇게 집단성원들이 차례대로 어떤 특성을 하나씩 말하면, 그에 해당되는 사람은 손가락을 하나씩 접게 된다. 물론 집단성원들이 어떤 특성을 이야기할 때 같은 내용은 허용되지 않는다. 또 눈으로 보이는 특성도 있지만 눈으로 볼 수 없는 특성도 가능하다. 예컨대, '공부하기 싫은 사람' '영화를 좋아하는 사람' '밤 12시 이후에 자는 사람' '개그 프로그램을 좋아하는 사람' 등 다양하다. 리더는 손가락이 끝까지 남은 사람에게 가벼운 보상을 줄 수 있다.

38 진돗개 박수

    이 활동은 집단 프로그램이나 심리극의 웜업으로 매우 탁월한 놀이다. 처음에는 둘씩 할 수 있어 공간에 영향을 받지 않는다. 점차 2인, 4인, 8인으로 확대하여 다수가 함께할 수 있는 집단놀이기 때문에 동기강화와 친밀감을 촉진하고 집중력을 향상시킬 수 있다. 집단성원의 수는 제한이 없다. (초 1~6/청소년/성인)

    "지금부터 두 사람씩 짝을 지어 만납니다. 이제 두 사람이 서로 손을 맞잡고 박수를 치는 놀이를 할 것입니다. 제가 시범을 보여 주겠습니다. (관객 중에 한 사람을 초대) …… 저를 보세요. 두 사람이 서로 손을 맞잡고 손뼉을 마주치는데, 1, 2, 3, 3, 2, 1, 1, 2, 3, 3, 2, 1 …… 처음에는 한 번, 다음은 두 번, 그다음은 세 번, 세 번, 두 번, 한 번, 한 번, 두 번…… 이렇게 칠 겁니다. 우선 박수를 치기 전에 두 사람이 손을 맞잡고, 손을 좌우로 흔들면서 '지나가는 진돗개가'라고 외치고 자기 손뼉을 먼저 칩니다. 그리고 두 사람이 손을 마주치면서 숫자에 맞춰 '멍, 멍멍, 멍멍멍, 멍멍멍, 멍멍, 멍, 멍, 멍멍……' 이런 식으로 틀릴 때까지 서로 박수를 치는 겁니다."

    이렇게 하여 둘이서 틀리지 않고 익숙할 때까지 반복해서 연습하도록 한다. 둘이서 익숙해지면 서로 자기를 소개하도록 한다. 그다음은 4명이 만나서 네 사람이 옆 사람의 손을 잡고 같은 방식으로 손을 앞뒤로 흔들면서 진돗개 박수를 친다. 4명이 진돗개 박수에 익숙해지면 4명이서 다시 서로 소개한다. 만일 공간이 넉넉하다면 다음은 8명이 모여서 같은 방식으로 진행할 수 있고, 이어서 '인간사슬 해체하기'를 하면 매우 자연스럽게 집단놀이로 이어질 수 있다.

변형 1

'진돗개 박수' 대신에 '고양이 박수' '꿀돼지 박수' '하~마 박수' 등 다양한 동물박수로 변형할 수 있다. 이때 고양이 박수는 '야옹, 야옹 야옹, 야옹 야옹 야옹……'으로, 꿀돼지 박수는 '꿀, 꿀꿀, 꿀꿀꿀……'로 한다.

변형 2

앞의 1단계 진돗개 박수가 1, 2, 3, 3, 2, 1, 1, 2, 3…… 이런 식으로 한다면, 2단계 진돗개 박수는 박수의 수를 1, 2, 3, 4, 3, 2, 1, 2, 3, 4…… 이런 식으로 1과 3을 중복하지 않고, 1에서 4를 오르락내리락하는 방식으로 진행한다. 이 놀이는 집중력이 필요한 놀이이며, 1단계 진돗개 박수와 마찬가지로 두 사람, 네 사람, 여덟 사람으로 확장할 수 있다.

우정의 박수

이 활동은 공간에 영향을 받지 않고 가까운 두 사람이 박수라는 신체적 활동을 통해 친밀감과 집중력을 향상시키는 놀이다. '진돗개 박수'가 2인, 4인, 8인으로 확장할 수 있다면 우정의 박수는 두 사람끼리만 하는 놀이로, 다수의 집단놀이는 아니다. 그러나 우정의 박수는 서로의 우정을 확인하는 놀이로 청소년들에게 흥미 있는 놀이다. 집단성원의 수는 제한이 없고 공간의 제약도 받지 않는다. (초 4~6/청소년/성인)

"지금부터 두 사람씩 짝을 지어 만나 보세요. 서로 간단히 인사하고, 두 사람이 서로 양손을 잡아 봅니다. 양손을 좌우로 흔들면서 '우정테스트'라고 외치면서, 두 손을 놓고 서로 'V' 자를 만들면서 '브이'라고 말합니다. 그다음, '본인 박수를 한 번 치고, 두 사람이 서로 오른손끼리 한 번(1) 치고, 본인 박수를 한 번 치고, 두 사람이 두 손을 마주 치고 / 다시 본인 박수를 한 번 치고, 두 사람이 오른손끼리 한 번(1), 왼손끼리 한 번(2), 본인 박수를 한 번 치고, 두 사람이 두 손을 마주 치고 / 다시 본인 박수를 한 번 치고, 두 사람이 오른손끼리 한 번(1), 왼손끼리 한 번(2), 오른손끼리 한 번(3), 본인 박수를 한 번 치고, 두 사람이 두 손을 마주 치고 / 다시 본인 박수를 한 번 치고, 두 사람이 오른손끼리 한 번(1), 왼손끼리 한 번(2), 오른손끼리 한 번(3), 왼손끼리 한 번(4), 본인 박수를 한 번 치고, 두 사람이 두 손을 마주 치고……'

이런 식으로 숫자를 계속해서 늘려 나갑니다. 처음에는 입으로 숫자를 세면서 박수를 하지만, 조금 익숙해지면 입으로 수를 세지 않고 서로 박자를 맞춥니다. 이때 틀리지 않고 높은 수로 올라가면 우정이 깊은 것입니다. 10까지 안 틀리고 쳤다면 레벨 10이 되는 거랍니다. 자, 지금부터 연습해 봅시다."

40 변신은 무죄

　이 활동은 집단성원들 간의 관계를 증진시켜 집단응집력을 높이고, 집단성원들에게 집중력과 흥미를 갖게 하여 프로그램의 참여 동기를 높인다. 집단성원의 수는 15~30명 내외가 적절하다. (초 4~6/청소년/성인)

　우선 집단성원의 수를 같게 하여 두 집단으로 나눈 다음, 2열 종대로 서게 한다. 그리고 1m 간격을 두고 서로 마주 보게 하고 앞사람과 악수를 하게 하여 자기의 짝이 누구인지를 확인하게 한다. 바로 악수한 사람이 자기 짝이 되는 것이다.

　"자, 지금부터 여러분은 깜짝 변신을 할 것입니다. 여러분 앞에 있는 자기 짝의 외모를 아주 자세히 살펴보십시오. 머리부터 발끝까지 겉으로 보이는 외모를 확실히 기억해 두어야 합니다. 그런 다음, 뒤로 돌아 한 군데만 다르게 바꾸어 변신을 하는 겁니다. 그런 다음 다시 원위치하여 서로 마주 보고 제가 '시작' 하면 조금 전에 비해 달라진 상대방의 외모를 찾는 겁니다."

　이렇게 하여 먼저 찾은 사람이 늦게 찾은 사람에게 가볍게 악수로 격려를 하도록 한다. 그런 다음, 한 줄을 선정하여(맞은편 줄은 그대로 있고) 그 줄에 있는 모든 사람들이 오른쪽으로 한 칸 자리를 옮기도록 한다. 밖으로 나온 한 사람은 자기 줄의 반대쪽에 가서 선다. 새로 만난 짝과 악수를 나누고, 같은 방식으로 자기 짝의 외모(머리부터 발끝까지)를 세밀히 관찰한다. 물론 보이는 부분만 관찰하면 된다. 그리고 두 집단이 서로 볼 수 없도록 뒤돌아선다. 이번에는 세 군데의 외모(머리부터 발끝까지 보이는 곳)를 고친 다음, 다시 마주 보고 달라진 곳을 서로 찾는다. 이렇게 해서 세 곳을 먼저 찾은 사람이 늦게 찾은 사람에게 격려의 악수를 해 준다.

　이런 식으로 한 번 더 자리를 옮겨 새로운 짝을 만나 다섯 군데를 바꾸고 다시 찾도록 한다. 다섯 군데 이상을 바꾸는 것은 어려울 수 있기 때문에 최대한 다섯 군데 정도를 하고 마무리한다. 변신의 수가 많아질수록 집중력이 더 필요하다.

바보 게임

이 활동은 즐거운 숫자놀이를 통해 주의력과 집중력을 향상시키고 집단성원들 간의 친밀감을 촉진한다. 집단성원의 수는 제한이 없으며, 두 사람이 서로 마주 보게 하고 진행한다. (초 4~6/청소년/성인)

"지금부터 우리는 바보 게임을 하겠습니다. 두 사람이 마주 보고 서로 손가락으로 수를 셀 건데, 손가락으로 표현하는 수와 말로 표현하는 수가 일치되면 안 됩니다. 제가 시범을 보여 드릴게요. 제 앞에 한 사람을 초대하겠습니다. (한 사람을 초대해서) …… 저와 제 짝이 서로 번갈아 가면서 수를 셀 겁니다. 박자는 서로 세 박자로 맞춰서, 두 손으로 무릎을 치고, 손뼉을 치고, 오른손의 손가락으로 숫자(5)를 표현하면서 말로 수(5를 뺀 다른 수)를 표현합니다. 제가 지금 오른손의 손가락으로 숫자 5를 표현하고 말로 2라고 했다고 합시다. 그러면 상대방은 세 박자를 맞추면서 오른손의 손가락으로 숫자 2를 표현하고 말로 다른 수 1을 표현한다고 합시다. 그럼 저는 상대방이 말한 수를 손가락으로 숫자 1을 표현하고 말로 다른 수 4라고 표현하면 됩니다. …… 지금 이렇게 해 보니 뭔가 일관성이 있어 보이죠? 잘 보시면 저는 상대가 말로 표현한 수(4)를 기억하고 있다가 제가 손가락으로 그 숫자(4)를 표시하고 다른 수(3)를 말로 표현하면 됩니다. 그럼 상대방은 제가 말로 표현한 수(3)를 손가락으로 표현하고 다른 수(2)를 말로 표현하면 됩니다. 하다 보면 이 놀이가 쉽지 않은 천재 게임인 것을 알게 될 것입니다. 수고했어요. 다 같이 해 보도록 합시다."

변형 1

한 손이 5까지 가능하기 때문에 숫자를 5 이하로 한정했는데, 양손을 사용하게 되면 두 손으로 1에서 10까지 바보 게임을 할 수 있다. A가 두 손으로 8을 내고 말로 10을 표했다면, B는 두 손으로 10을 내고 말로 다른 수 4를 낼 수 있다. 한 손은 5까지, 양손은 10까지 표현할 수 있다.

변형 2

변형 1을 다시 변형한 것으로, 10의 보수로 바보 게임을 하는 것이다. 10의 보수는 0, 3의 보수는 7, 4의 보수는 6이다. A가 숫자 3을 말하면 B는 두 손으로 7을 내고 다른 수를 말한다. 예컨대, A가 10을 말로 표현하면 B는 오른손 엄지와 검지로 0의 숫자를 표현하고 다른 숫자를 말로 표현하면 된다. 이 놀이는 집중력을 향상시키는 효과가 있다.

펭귄 게임

　이 활동은 집단성원들 전체가 함께 참여하는 놀이이기 때문에 집단성원들 간의 친밀감을 촉진하는 효과가 있다. 집단성원의 수는 대략 20~30명 이하가 적절하다. 내용을 살펴보면 다음과 같다. (초 4~6/청소년/성인)

　집단성원들 전체가 둥글게 서도록 한다. 술래를 한 명 정하고, 술래가 양손을 옆구리 옆으로 해서 펭귄처럼 하고 '피기피기피기피기'라고 말하면서 발을 동동 구른다. 이때 술래의 양옆에 있는 두 사람도 술래와 똑같이 행동을 해야 한다. 양옆의 사람이 자신을 따라 하면 술래는 다른 사람에게 두 손을 모아 지적하면서 '페기'라고 말한다. '페기'를 받은 사람은 같은 방식으로 '피기피기피기피기'를 외치며 발을 동동 구르고, 양옆의 사람들 역시

똑같이 술래를 따라 하면 술래는 다른 사람에게 두 손을 모아 지적하면서 '페기'라고 말한다. 이렇게 해서 좀 더 속도를 내면 매우 흥미로운 펭귄 게임이 된다. 이 게임은 '007 게임'처럼 옆 사람을 참여시키는 것으로 집중력 향상에도 도움이 된다.

43 얼음, 땅

'얼음, 땅'은 매우 활동적인 놀이로, 아동에서 성인에 이르기까지 모두가 흥미롭게 참여할 수 있어 친밀감과 자발성을 증진시킬 수 있다. 이 놀이는 집단성원들이 뛰어다닐 수 있는 넉넉한 공간이 필요하며 집단성원의 수는 대략 20~30명 내외가 좋다. (초 1~6/청소년/성인)

한 사람의 술래가 있고, 나머지 사람들은 붙잡히지 않도록 도망을 다녀야 한다. 이때 술래가 도망 다니는 사람을 터치하면 터치당한 사람이 다음 술래가 된다. 도망 다니는 사람들이 술래에게 붙잡힐 것 같으면 양팔을 가슴에 대고 '얼음'이라고 해야 한다. '얼음'을 외친 사람들은 절대 움직이면 안 된다. 이때 살아 있는 사람들이 얼어붙어 있는 사람의 어깨를 터치하면서 '땅' 하면 얼음에서 풀려나 다시 살아나게 된다. 이때 공간이 좁으면 술래는 뛰어다니지 않고 발바닥을 땅에 붙이고 다니게 할 수 있다.

변형 1

'얼음, 땅'의 변형된 방법으로, 사람들이 '얼음'을 표현할 때 2인이 함께 붙어 있을 때만 '얼음'을 외칠 수 있다. 또한 '얼음'을 외칠 때 다양한 조건을 유도할 수 있다. 예를 들면, 남자 1인과 여자 1인 혹은 3인이 함께 있어야 '얼음'을 할 수 있다고 설명한다.

변형 2

'얼음' 대신에 '바나나'를 사용할 수 있다. 얼음은 두 팔로 팔짱을 낀다면, 바나나는 두 손을 모아 머리 위로 붙이고 있어야 한다 이때 살아 있는 사람이 '얼음'을 하고 있는 사람의 어깨를 치면 살아나는 것이 '얼음, 땅'이라면, '바나나, 땅'은 살아 있는 사람이 '바나나'를 하고 있는 사람의 두 손을 벌려 내려 줘야 살아나게 된다.

고대전투

   이 활동은 모든 집단성원들이 각자 대장이 되어 자기를 표출할 기회를 갖게 하며, 집단으로 진행하는 활동이기 때문에 친밀감을 촉진한다. 집단성원의 수는 20~30명 내외가 적당하다. 공간은 의자가 없는 무대나 교실이 적당하다. (초 4~6/청소년/성인)

   집단성원들을 같은 수로 두 집단으로 구성하고, 서로 마주 보도록 하여 일렬로 서게 한다. 공간을 좌측(A집단), 우측(B집단)으로 구분할 때, 두 집단을 좌측 끝으로 이동시킨다. 좌측에 있을 때 A집단은 공격의 역할을 하고, B집단은 수비의 역할을 한다. 우측에 있을 때 B집단은 공격의 역할을 하고, A집단은 수비의 역할을 한다. A집단의 한 사람(갑)이 A집단에서 맨 앞으로 나와 대장이 되어 한 발씩 앞으로 가면서 공격을 하게 된다. 이때 '갑'은

어떤 행위를 반복적으로 하면서 말로 표현한다. 예를 들어, '갑'이 '우가 우가'를 계속 외치면서 오른손의 주먹을 앞으로 뻗는 행동을 하면, A집단의 나머지 전체는 '갑'의 행동을 반복하면서 전진하게 된다. 이때 수비를 하는 B집단은 뒤로 밀리면서 우측 끝까지 몰리게 된다. 이때 우측 끝까지 몰리면 B집단은 공격의 역할을 하고 A집단은 수비의 역할을 한다. 방법은 앞에서 했던 방식과 동일하다. 중요한 것은 각 집단의 모든 성원들이 대장의 역할을 해야 하고, 매번 다른 행동과 다른 말을 해야 한다. 이때 말은 아주 단순한 한 단어(예: 꺼져, 나가, 피슝, 꼴까닥 등)로 표현하게 한다.

45 방어벽 뚫기

이 활동은 집단성원들에게 신체적 활동을 적극적으로 유도하여 친밀감을 촉진시키는 매우 효과적인 놀이다. 집단성원들의 수는 15~20명 내외가 적당하다. 무대나 공간은 자유롭게 움직일 수 있어야 하며, 공간의 크기에 따라 참여자 수를 고려할 수 있다. (초 4~6/청소년/성인)

집단리더는 술래할 사람을 한 명 선정한다. 술래는 공간의 중간에 서서 방어벽의 역할을 한다. 술래는 공간의 가운데 30~50cm 정도 안에서 좌우로만 이동할 수 있다. 나머지 집단성원들은 한쪽 벽에 몰려 있다가 방어벽 역할을 하는 술래에게 붙잡히지 않고 다른 쪽 벽으로 넘어가야 한다. 이때 술래에게 붙잡힌 성원들은 또 다른 술래가 된다. 처음에는 한 명의 술래였지만 붙잡힌 성원이 한 명이라면 이제는 두 명의 술래가 방어벽을 쳐야 한다. 이렇게 하다 보면 2명에서 4명, 4명에서 8명으로 계속 증가할 수 있다. 물론 나머지 성원들은 방어벽을 뚫고 이쪽 벽에서 저쪽 벽으로 통과해야 한다. 이렇게 2명 정도가 최종적으로 남을 때 놀이를 마치게 되고, 2명에게는 가벼운 보상을 줄 수 있다.

의자 빼기

이 활동은 집단성원들에게 적극적인 신체적 활동을 유도하여 친밀감을 촉진시키는 효과적인 놀이다. 집단성원들의 수는 20~30명 내외가 적당하다. 무대나 공간은 자유롭게 움직일 수 있어야 하고 의자는 사람의 수보다 하나 적게 배치해 두어야 한다. (초 4~6/청소년/성인)

집단리더는 의자를 집단성원보다 하나 적게 준비하여 적절한 공간에 놓는다. 성원들은 의자의 주변을 돌면서 노래를 부르는데, 집단리더가 '스톱'을 외치면 모두가 재빨리 빈 의자에 앉아야 한다. 이때 앉지 못한 사람은 탈락이 된다. 이어서 의자를 2개 더 빼놓고 다시 시작하게 된다. 빼는 의자의 수는 집단리더의 재량이다. 이 놀이에 2명 정도가 최종적으로 남을 때까지 계속한다. 남은 2명에게는 가벼운 보상을 주거나 장기자랑을 하도록 할 수 있다. 이때 노래를 부르지 않고 경쾌한 음악을 들려주면서 진행해도 좋다.

47 쥐를 잡자

이 활동은 한때 유행했던 놀이로, 승패가 있어 집단성원들에게 집중력과 친밀감을 유도할 수 있다. 집단성원의 수는 10~15명 내외가 좋다. (초 4~6/청소년/성인)

"다 같이 둥글게 둘러앉았지요? 지금부터 다 같이 양손을 쥐었다 폈다 하면서 '쥐를 잡자 쥐를 잡자 찍찍찍' 합니다. 그리고 리더인 제가 '몇 마리?'라고 외치면, 맨 앞에 있는 사람이 5마리 이내로 '3마리!'라고 하면 그다음 사람부터 '잡았다' 혹은 '놓쳤다'라고 외쳐야 합니다. '잡았다'라고 할 때는 두 손으로 잡은 시늉을 하고, '놓쳤다'라고 할 때는 오른손 손바닥으로 이마를 치는 시늉을 해야 합니다. 그런데 순서대로 '잡았다'가 3사람이 나오면 모두 두 손을 번쩍 들고 '만세!'를 외쳐야 합니다. 그다음 사람이 다시 ○마리를 외치면 그다음 사람부터 '잡았다' 혹은 '놓쳤다'를 해야 합니다. 이런 식으로 반복하는데, 이때 '만세'를 하지 않거나 순서가 안 되었는데 '만세'를 하게 되면 가벼운 벌칙을 줄 것입니다."

변형

집단성원들이 둥그렇게 둘러앉은 다음, 다 같이 '쥐를 잡~자, 쥐를 잡자.'라고 말을 하면서 자신의 손바닥으로 오른쪽 사람의 손바닥을 친다. 계속해서 손바닥을 치면서 시작하는 사람이 '쥐'라고 하면, 다음 사람은 '를', 다음 사람은 '잡', 다음 사람은 '자', 다음 사람은 '쥐를', 다음 사람은 '잡자', 다음 사람은 '쥐를 잡자'라고 하고, 그다음 사람은 '○마리'(○에는 5마리 이내)라고 외친다. 예를 들어, '세 마리'라고 외쳤다면, 그다음 사람은 앞의 내용과 마찬가지로 '잡았다'(두 손으로 잡는 행위) 혹은 '놓쳤다'(손바닥으로 이마를 치는 행위)라고 해야 한다. '잡았다'의 수가 세 번 나오면 모두 두 손을 들어 '야옹'이라고 외쳐야 한다.

48 계란 게임

 이 활동은 집단성원들에게 흥미를 유발하며, 3명씩 소속되어야 하는 놀이기 때문에 관계증진과 친밀감을 갖게 하는 효과적인 놀이다. 집단성원의 수는 20~30명 이내가 좋다. 진행과정을 보면 다음과 같다. (초 1~6/청소년/성인)

 "반갑습니다. 여러분은 지금부터 3명씩 1조가 되게 만들어 주세요. 그리고 나머지 1명은 술래가 됩니다. 계란 게임은 두 사람이 양손을 잡으면 그 공간에 한 사람이 들어갑니다. 가운데 들어간 사람은 '노른자'가 되고, 바깥쪽에서 두 손을 잡고 있는 사람은 '흰자'가 되는 겁니다. 이제 술래가 '흰자' '노른자' '리모델링'이라고 할 거예요. 술래가 '노른자!'라고 말하면 '흰자'에 해당되는 사람은 가만히 있고, 가운데 '노른자'에 해당되는 사람들만 자리를 바꾸어 다른 '노른자'의 자

리에 들어가야 합니다. 물론 이때 술래는 얼른 다른 '노른자'의 자리에 들어가야 합니다. 그리고 '흰자!' 할 때 '노른자'는 그대로 있고, '흰자'에 해당되는 사람들은 얼른 헤어지고 다른 '노른자'에 가서 '흰자'를 만들어야 합니다. 그리고 마지막 '리모델링'은 모두가 헤어져서 세 명의 새로운 사람이 만나 '흰자'나 '노른자'가 되어야 합니다. 이런 방식으로 하되 '흰자' 안에 있는 '노른자'는 시작할 때 두 손을 들고 '반짝반짝'(말로 표현) 하고 있어야 구별이 됩니다. 시작해 볼까요?"

이렇게 리더는 계란 게임을 하게 되면서 새로운 사람들을 만날 기회를 갖게 된다. 이 활동을 하고 난 이후 두 개조를 하나로 묶어 6명이 한 조가 되게 하여 다른 활동을 이어서 할 수 있다. 이 계란 게임의 이름을 '진주조개 게임'이라고 부르기도 한다. 이때는 가운데가 '진주'고 밖의 두 사람은 '조개'가 된다.

49 팔짱 술래잡기

이 활동은 집단성원들이 술래가 되지 않도록 노력하는 과정에서 자연스럽게 신체적인 접촉을 유도하여 친밀감을 유도하는 놀이다. 집단성원의 수는 20~30명 이내가 적절하다. '고양이와 쥐' 놀이와 비슷하다. (초 4~6/청소년/성인)

우선 3인이 1조가 되어 서로 팔짱을 끼도록 한다. 이 세 사람은 한 사람이 된 것처럼 떨어지지 않도록 행동을 해야 한다. 특히 가운데 있는 사람은 양옆의 두 사람이 이탈되지 않도록 노력해야 한다. 보통 술래는 두 사람이다. 물론 전체 수가 적을 때는 한 사람으로 한다. 리더가 신호를 보내면 두 사람의 술래는 다른 조원의 팔짱을 끼어야 한다. 팔짱을 끼게 되면 4명이 되는데, 술래의 반대편에 있는 한 사람은 자연스럽게 술래가 된다. 그리고 가운데 있는 사람은 양옆의 두 사람을 보호해야 한다.

50 대장 찾기

이 활동은 집단성원들이 춤과 동작을 통한 즐거운 놀이로, 서로 돌아가면서 대장이 되어 집단리더의 역할을 경험하게 하여 집단응집력과 친밀감을 유도한다. 집단성원의 수는 20~30명 이내가 적절하며, 준비물은 경쾌한 음악이다. (초 4~6/청소년/성인)

"지금부터 전체가 둥근 원으로 만들어 주세요. 이 중에 한 사람이 술래가 되어 밖으로 나가게 됩니다. 그러면 우리 중 한 사람이 대장이 되는데 나머지 사람들은 대장이 이끄는 대로 행동을 따라하면 됩니다. 물론 음악에 맞춰 춤을 추는 형태로 해야 합니다. 우리는 대장이 누군지 모르게 눈치껏 따라서 해야 합니다. 어느 정도 동작이 진행되면 밖에 있는 술래가 원 안으로 들어와 누가 대장인지를 찾아야 합니다. 술래는 대장을 3번 지적할 수 있는데 3번 안에 맞춰야 합니다."

이때 술래와 대장은 돌아가면서 한다. 대장은 술래가 밖으로 나갈 때 선정해야 한다.

아이 엠 그라운드 게임

　이 활동은 집단성원들이 서로 이름을 지목하고 대답하는 놀이로 집단성원들 간의 친밀감을 향상시키는 놀이다. 이 놀이는 참여자들의 이름을 쉽게 기억하는 효과가 있어 집단 초반에 시작하는 것이 좋다. 집단성원의 수는 10~20명 내외가 좋다. (초 4~6/청소년/성인)

　집단성원이 둥그렇게 둘러앉는다. 이때 박자는 4박자로 하는데, 두 손으로 양쪽 무릎치기(1박자), 손뼉 치기(2박자), 오른손 검지(3박자), 왼손 검지(4박자)으로 한다. 시작할 때 모두 다 같이 네 박자를 치면서, '아이 엠 그라운드, 지금부터 시작'이라고 한다. 그런 다음, 제일 먼저 진행하는 술래가 다시 한번 네 박자를 치면서 다른 사람의 이름과 함께 1~4까지 숫자를 지적해야한다. 예컨대, '수미 셋'이라고 하면, 수미는 네 박자에 맞추면서 양쪽 무릎치기는 빼고 손뼉 치기부터 '수미, 수미, 수미'라고 외쳐야 한다. 이어서 수미는 다시 네 박자를 치면서 '미영 하나'라고 외칠 수 있다. 이때 미영이는 네 박자에 맞추면서 양쪽 무릎치기, 손뼉 치기, 오른손 검지를 빼고 왼손 검지를 들면서 '수미'라고 외쳐야 한다. 계속해서 이와 같은 방식으로 진행한다. 이때 사람 이름이 아닌 과일 이름으로 바꾸어 진행할 수 있다.

52   이상한 노래 부르기

　이 활동은 집단성원들에게 노래를 다양한 방식으로 부르게 하여 자기표현 능력을 증진시키고 경쟁을 통해 친밀감과 자발성을 향상시키는 놀이다. 집단성원의 수는 20~30명 내외가 좋다. (초 4~6/청소년/성인)

　이 활동은 집단성원들에게 다 함께 노래를 부르는데, 집단리더의 지시에 따라 소리의 고저와 강약에 변화를 주어 부르게 한다. 집단리더는 노래 도중에 '속삭임' '외침' '분노' '사랑스럽게' '평온' 등으로 지시해 주면 집단성원들은 이에 맞춰 노래를 고저 혹은 강약 등 집단리더가 지시하는 대로 부른다. 노래는 집단성원들이 선정하도록 하고, 그렇지 않으면 집단리더가 집단성원들 수준에 맞는 곡을 제시해 줘도 좋다. 흥미롭게 진행하려면, 하나의 노래를 부르되, 3~4인씩 몇 개의 조로 나누어 조별 대항으로 진행할 수 있다.

　"이제 여러분은 노래를 다 함께 부르되, 조별로 제가 지시한 대로 부르면 됩니다. 예컨대, 다 함께 노래를 부르다가 제가 1조를 손으로 지시하고 '분노'라고 하면 화를 내면서 부르고, 다시 3조를 손으로 지시하고 '속삭임'이라고 하면 속삭이면서 부르면 됩니다. 덧붙여서 제가 '분노'라고 하면서 '강하게' '약하게' '높게' '낮게'라고 어떤 조건을 덧붙이면 거기에 맞게 노래를 불러야 합니다. 이때 다른 조원들은 조용히 부르면 됩니다."

　이 활동에서 가장 열심히 하는 조에게는 칭찬의 박수와 가벼운 보상을 줘도 좋다.

53 수박 먹기 게임

이 활동은 집단성원들이 둘러앉아 마치 수박을 먹고 입을 닦는 듯한 행동을 하면서 하는 놀이로, 집중력과 흥미를 유도하는 효과가 있다. 집단성원의 수는 10~20명 내외가 적절하다. 집단리더를 포함해서 집단성원들이 모두 둥글게 앉게 하고, 집단리더는 다음과 같이 안내한다. (초 4~6/청소년/성인)

"모두 둥글게 앉았군요. 지금부터 제가 수박 먹기 게임을 안내하겠습니다. 제가 오른손을 입으로 가져가 수박을 먹고 입을 닦듯이 왼쪽으로 입을 닦으면서 '쉬~'(공기를 흡입하는 소리)라고 소리를 내면, 왼쪽 사람이 다시 오른손으로 입을 닦으면서 '쉬~' 소리를 내면서 왼쪽으로 보냅니다. 이때 왼쪽으로 보낼 때는 오른손으로 입을 닦습니다. 그런데 오른쪽으로 다시 보낼 때는 왼손으로 입을 닦고 '쉬~' 소리를 냅니다. 이때 오른쪽 사람이 오른쪽으로 보낼 때는 왼손으로, 반대로 왼쪽으로 보낼 때는 오른손으로 입을 닦고 '쉬~' 소리를 냅니다. 손의 규칙은 반드시 지켜야 합니다. 이렇게 하다 조금 익숙해지면 변형이 진행됩니다. 만일 저의 오른쪽 사람이 오른손으로 왼쪽에 있는 저에게 보내면 저는 '흡~'(공기를 흡입하는 소리) 하면서 마치 수박씨가 입으로 들어온 것처럼 한 다음, 앞쪽에 있는 누군가의 눈을 보면서 그 사람에게 '후~'(공기를 내뱉는 소리) 하고 씨를 뱉듯이 보냅니다. 이때 씨를 받는 사람은 '흡~'(공기를 흡입하는 소리) 하면서 입 닦기를 오른쪽이나 왼쪽으로 다시 보내야 합니다. 씨를 받은 사람은 곧바로 다른 사람에게 씨를 보내서는 안 됩니다. 지금부터 입 닦기를 오른쪽, 왼쪽으로 보낼 수 있고 씨를 받아 다른 누군가에게 보낼 수 있습니다. 아셨지요?"

집단리더는 모두가 익숙해질 때까지 반복해서 연습을 시켜야 한다. 특히 씨를 뱉을 때는 장난스럽게 하지 않도록 해야 한다.

54 바니바니 게임

　이 활동은 집단성원들이 빙 둘러앉아 '007 게임'처럼 진행하는 것으로 집단성원들에게 주의집중력과 친밀감을 유도할 수 있다. 집단성원의 수는 10~15명 내외가 적절하다. 집단리더를 포함해서 집단성원들이 모두 둥글게 앉게 하고, 집단리더는 다음과 같이 안내한다. (청소년/성인)

　"지금부터 우리는 바니바니 게임을 시작하겠습니다. 바니바니 게임은 '007 게임'과 비슷합니다. 제가 술래가 된다면 제가 먼저 두 손을 저에게로 향하면서 악기 캐스터네츠를 하듯이 두 번 움직이면서 '바니 바니'라고 하고, 다른 누군가를 향해 두 손을 내밀고 두 번 움직이면서 '바니 바니'라고 합니다. 그럼 지적을 받은 사람은 술래가 되어 곧바로 자기를 향해 두 손과 함께 '바니 바

니'라고 하고 타인을 향해 두 손과 함께 '바니 바니'라고 합니다. 이런 식으로 계속 이어서 '바니 바니'를 연결해서 전달합니다. 그런데 중요한 것은, 지적을 받은 술래의 양옆에 있는 사람은 술래가 자기를 향해 '바니 바니'를 할 때 동시에 달리기를 하는 팔의 자세로 왼쪽으로 한 번, 오른쪽으로 한 번 하면서 '당근 당근'이라고 외쳐야 합니다. '바니 바니'는 계속 전달되고 전달받은 술래의 양옆에 있는 사람들은 계속해서 '당근, 당근'을 외쳐야 합니다. 물론 술래는 '바니 바니'를 타인에게 넘기지 않고 자기에게 계속 줄 수 있고, 옆 사람에게도 줄 수 있기 때문에 모두가 집중을 하고 있어야 합니다. 지금부터 연습을 해 보겠습니다."

 이 게임은 많이 알려진 '007 게임'처럼 '빵' 하고 총을 맞은 사람의 양옆에 있는 사람이 '으악' 소리를 내고, 곧바로 총을 맞은 사람은 다시 '0'을 시작하는 것과 비슷하다. 따라서 '바니바니 게임'을 시작하기 전에 '007 게임'을 시작하는 게 좋을 것 같다.

55 인간 윷놀이

이 활동은 집단성원들을 두 집단으로 나누어 몸으로 윷놀이를 하는 것으로 집단성원들에게 집중력과 친밀감, 협동심을 유도할 수 있다. 집단성원의 수는 15~20명 내외가 가능하다. 준비물은 공간이 넉넉하다면 말판을 무대에 만들고 말은 성원들이 될 수 있다.

"지금 우리는 인간 윷놀이를 하려고 합니다. 두 조(A와 B)는 말과 윷의 역할을 할 사람을 정하십시오. 윷은 4명이 필요하고 말은 필요에 따라 2~4명이 가능합니다. 지금부터 A조가 '하나, 둘, 셋' 하면 A조의 윷의 역할을 하는 네 사람은 누워서 앞을 보거나 뒤를 보면 됩니다. 하나, 둘, 셋을 할 때 윷은 동시에 움직여야 합니다. 이런 식으로 A조와 B조가 번갈아 가면서 진행합니다."

이렇게 하여 말판이 먼저 들어온 팀이 이긴 것으로 한다. 진 팀이 이긴 팀을 업고 무대를 한 바퀴 도는 것도 재미있는 벌칙이 될 수 있다. 시간에 따라 말의 숫자를 조정하는 게 필요하다.

관계형성을 위한 집단놀이

인간관계 훈련을 포함해서 집단훈련을 실시할 때 집단성원들 간의 결속력이나 응집력을 높이는 것은 매우 중요한 일이다. 집단응집력은 집단상담에서 매우 중요한 치료적 요인으로 알려져 있다. 그러나 엄밀히 말하면 이 집단응집력은 그 자체로서 하나의 치료요인이라기보다는 오히려 효과적인 치료를 위한 하나의 필수적인 선행요건이라고 할 수 있다. 왜냐하면 결속이나 '우리라는 것'에 대해 더 큰 감정을 지닌 사람들은 집단을 더욱 높이 평가하게 마련이며 집단을 내·외적 위협들로부터 보호하고자 할 것이기 때문이다. 즉, 자발적인 출석, 참여, 상호협조, 집단의 기준에 대한 방어는 단체정신을 더 많이 가진 집단에서 훨씬 더 크게 나타나기 마련이다(최해림, 장성숙, 1993).

이때 집단을 운영하는 리더는 다음 몇 가지 사항을 고려해야 한다. 첫째, 집단을 안전하게 만들어 집단성원들이 불안과 긴장에 빠지지 않도록 해야 한다. 둘째, 집단리더는 역할모델이 되어야 한다. 리더가 자발성이 높아야 집단성원들도 기꺼이 참여하게 된다. 셋째, 집단리더는 위험을 감수해야 한다. 집단성원들에게 뭔가 잘못될 때 기꺼이 이를 수용하고 받아들여야 한다. 넷째, 집단리더는 자유를 격려해야 한다. 계획한 프로그램을 집단성원들이 원치 않을 때 그것을 멈추고, 그들이 원하는 것을 그때그때 수용할 수 있어야 한다.

여기에서 소개하고 있는 내용들은 집단성원들이 서로 신뢰감을 갖도록 하여 본 작업을 시작하기 전에 집단을 원활히 진행되도록 하는 기초 작업이 된다. 또한 이 내용들은 집단성원들에게 신뢰할 만한 관계를 촉진하여 원만한 인간관계를 형성하도록 하는 집단 프로그램의 본 작업으로도 활용할 수 있다.

집단인사 게임

　집단이 처음 만났을 때, 전체를 원으로 만들어 한 사람씩 순서대로 인사나 만남의 의미를 표현하는 어떤 행위를 하면 나머지 사람들은 그대로 따라 한다. 이렇게 돌아가면서 집단성원 전체가 인사행위를 마치고 나면 초기에 친숙해질 수 있는 효과가 있다. 집단성원의 수는 제한이 없으나 공간을 고려하여 인원을 정하는 것이 좋다. (초 4~6/청소년/성인)

　집단인사에서 인사를 표현할 때는 행위적인 것이 필요하며, 언어나 음성을 함께 사용해도 좋다. 이때 리더는 다음과 같이 안내한다.

　"자, 여러분 제가 이렇게 고개를 옆으로 흔들고 양손을 들고 흔들면 여러분도 저와 똑같이 따라 하면 됩니다. 이제 제 오른쪽으로 넘어갑니다. 다음 사람이 어떤 행동으로 인사를 하면 나머지 성원들은 똑같이 따라 하면 됩니다. 그런 다음, 다시 오른쪽 사람으로 넘어갑니다."

　집단성원들 전체가 서로 인사를 나누고 나면 마무리한다.

변형

　어떤 경우에는 술래가 원하는 방식의 행위를 주문하면서 인사를 하게 한다. 예컨대, 집단리더가 '안경 낀 사람과 어깨를 대고 인사하기'라고 말하면, 주변에 있는 안경 낀 사람과 만나 어깨로 인사를 나누면 된다. 이때 집단리더는 제짝을 못 찾은 사람에게 가벼운 벌칙을 줄 수 있다. 여기서 가벼운 벌칙은 '낯선 사람과 악수하기'처럼 채치있는 것이다.

2 우리는 한몸

이 활동은 타인과 한몸, 한마음이 되게 하는 방법으로 집단성원들끼리 친밀감과 신뢰 관계를 촉진하는 효과가 있다. 집단성원의 수는 15~20명 내외가 적절하다. (초 4~6/청소년/성인)

2인 1조가 되어 두 사람이 옆으로 서게 한다. 그리고 손을 잡지 않은 채 다리와 몸이 서로 닿도록 하여 같이 앉고, 같이 서고, 같이 걸어 다니는 행동을 하게 한다. 리더는 음악을 틀어 주고 가볍게 몸을 푸는 행동을 할 수 있다. 이때 두 사람이 떨어지면 탈락을 하는 것으로 하되, 가장 오래 남아 있는 조에게는 가벼운 보상을 줄 수 있다. 짝을 구성할 때는 동성으로 구성하는 것이 좋다.

변형

2인 1조로 함께 다니면서 함께 느끼는 경험을 하다가 자연스럽게 다른 조와 만나 4명이 한 조가 되어 다니다가 어느 정도 다니면, 또 다른 조와 만나 같은 경험을 할 수 있다. 이때 전 집단성원의 몸이 서로 닿아 한 몸이 되도록 진행하는 것도 가능하다. 이 활동은 반드시 동성으로 진행해야 한다.

3 원시인들과의 만남

집단 프로그램을 시작할 때 처음 만난 집단성원들에게 가장 필요한 것은 집단의 응집력과 친밀감을 갖도록 하는 일이다. 이 활동은 집단성원들이 조금씩 친밀해지고 동질감을 갖도록 하기 위하여 원시인이 되어 자기를 표현하도록 한다. 집단성원의 수는 제한이 없지만 공간이 넉넉하다면 집단을 원으로 만들어서 하는 것이 좋다. (초 4~6/청소년/성인)

순수한 원시인으로서 원초적인 형태의 인사를 나누게 한다. 처음에는 집단성원들이 한 명씩 원 안으로 들어와 원시인으로서 인사하는 행동을 하면, 나머지 집단성원들은 그 행동을 똑같이 따라 한다.

"자, 여러분은 한 사람씩 이 원 안에 들어와서 원시인이 되어 다른 사람들에게 인사를 해 보는 겁니다. 그러면 원에 있는 다른 사람들은 모두 그 행동을 똑같이 따라 하는 겁니다."

모두 원 안에 들어와 원시인이 되어 각자 다른 모습의 인사행동을 하고 난 다음, 흩어져 두 사람씩 만나 자신이 표현했던 방식으로 서로 인사를 하며 돌아다니게 한다. 어느 정도 서로 인사를 나누게 되면 마무리한다.

4 원 뚫고 탈출하기: 원 안에서 밖으로

이 활동은 갇혀 있는 소집단을 탈출하는 과정에서 신체적 활동을 유도하기 때문에 집단성원들 간의 친밀감과 신뢰관계를 촉진하는 효과가 있다. 집단성원의 수는 8~10명 내외로 하되, 많으면 몇 개의 조로 나누어 실시할 수 있다. (청소년/성인)

집단성원들은 원을 만들어 팔짱을 낀다. 한 사람씩 술래가 되어 원 안에 들어가 원 밖으로 빠져나오는데, 팔짱을 끼고 있는 사람들은 원 안에 있는 술래가 쉽게 빠져나올 수 없도록 해야 한다. 이런 식으로 전 집단성원이 한 번씩 술래를 경험하고 원 밖으로 빠져나오도록 한다. 이 놀이는 집단성원 전체가 서로 신체적인 접촉을 하기 때문에 집단 프로그램 초기에 집단의 응집력이나 친밀감을 높이는 데 매우 효과적인 방법이다. 이때 가능하면 동성으로 한다.

　주의할 점은, 원 안에서 빠져나오는 술래 중 안경을 쓰고 있는 사람은 안경을 벗어야 하고, 빠져나오지 못하게 하는 사람들은 발로 차거나 다칠 수 있는 어떤 행동도 하지 않도록 해야 한다. 또한 집단리더는 술래가 일정한 시간 동안 빠져나오지 못할 때 그대로 멈추고 다른 술래에게 넘긴다. 다 끝난 후, 집단리더는 집단성원들에게 조별로 모여 술래로서의 소감과 술래가 나오지 못하게 방어할 때의 소감을 서로 나누도록 한다.

변형

　'원 뚫고 탈출하기'와 반대로 '원 뚫고 통과하기'라는 방법도 이와 유사하게 실행할 수 있다. '원 뚫고 통과하기'는 술래가 원 밖에서 원 안으로 들어오도록 하는 것이다. 이 방법은 따돌림을 간접적으로 체험할 수 있기 때문에 집단 따돌림이 있는 집단에 매우 효과적이다. 일종의 집단 소외의 은유적인 표현이기 때문이다. 이 과정을 마치고 소감을 함께 나누는 과정에서 자연스럽게 따돌림의 위험성을 안내할 수 있다.

5 부탁해요, 싫어요

이 활동은 개인별로, 집단별로 모두 가능하며, 신체적으로 혹은 언어적으로 친밀해지기 때문에 집단응집력을 높이는 데도 적절하다. 집단성원의 수는 개인별로 할 때 2인씩 하기 때문에 제한이 없으나 집단별로 할 때는 20명 내외가 적절하다. (초 4~6/청소년/성인)

1) 개인별

개인별은 2인 1조가 되게 한다. 그리고 교대로 '부탁해요.' '싫어요.'를 하는데, '부탁해요.'를 하는 사람은 집단리더가 '그만' 하라고 할 때까지 끝까지 부탁을 들어주도록 자기 역할에 충실해야 하고, '싫어요.'를 하는 사람은 끝까지 들어주지 않는 역할에 충실해야 한

다. 물론 '부탁해요.'의 역할이 너무 간절해서 '싫어요.' 하는 역할이 포기하고 들어주는 경우도 있다. 집단리더는 약 3분 정도의 시간을 준 다음, 역할을 바꾸어 같은 방식으로 하게 한다. 이때 꼬집거나 괴롭히는 등 신체적 상해는 절대 안 된다.

2) 집단별

집단 전체를 두 집단으로 나눈다. 양쪽 집단은 서로 상대편에게 밀리지 않도록 옆 사람과 팔짱을 끼고 약 100cm 정도 거리를 두고 두 집단이 서로 마주 보게 한다. 그리고 집단별로 '부탁해요, 싫어요' 게임을 한다. 먼저 '부탁해요.' 집단은 '싫어요.' 집단을 약간 밀면서 "제발 부탁 좀 들어줘요."라고 이야기한다. '싫어요.' 집단도 밀리지 않도록 하면서 "싫다니까요."라고 의사를 밝힌다. 서로 밀고 밀리지 않도록 힘겨루기를 하면서 집단성원들 전체가 한마음이 되어 자신들의 의사를 들어주도록 하는 이 활동은 집단리더가 '그만' 하라고 할 때까지 진행된다. 이때 집단의 경쟁을 유도하려면 밀린 집단이 지는 것으로 해도 좋다.

6 등으로 밀고 버티기

　이 활동은 신체적 활동을 유도하기 때문에 집단성원들 간의 친밀감과 신뢰관계를 촉진하는 효과가 있다. 집단성원의 수는 10~20명 내외로 하되, 많으면 몇 개의 조로 나누어 실시할 수 있다. (초 4~6/청소년/성인)

　집단성원들을 두 집단(같은 수)으로 나누어 무대 중앙에 등을 돌리고 두 줄로 서게 한다. 서로 옆 사람과 떨어지지 않도록 단단히 팔짱을 낀다. 그리고 두 팀은 서로 등을 맞대고 상대의 팀이 무대 밖으로 밀리도록 민다. 이때 밀린 집단에게 가벼운 벌칙을 줘도 좋다. 그리고 시간적 여유가 있을 때 3판 2승제로 해도 좋다. 경기가 끝날 때마다 양 팀이 응원을 하도록 하여 집단의 단합을 유도하는 것이 필요하다. 공간만 넉넉하다면 인원수는 무제한이다. 이때 주의해야 할 점은 신체적인 접촉이 불편하지 않도록 해야 한다.

7　거울놀이

　　이 활동은 두 사람이 마주 보고 하는 놀이로, 신체적 활동을 통해 집단성원들 간의 흥미와 신뢰관계를 촉진하는 효과가 있다. 둘씩 하는 거울놀이에서 집단성원의 수는 제한이 없으나 집단으로 진행할 경우에는 20~30명 내외가 적절하다. (초 1~6/청소년/성인)

　　집단성원들을 2인 1조가 되게 한다. 이때 서로 번갈아 가면서 하는데, 한 사람은 '거울'이 되고 다른 사람은 '사람'이 되는데, '사람'이 '거울'을 보고 마음껏 자기가 표현하고 싶은 대로 행동을 하면 '거울'은 그대로 따라 한다. 거울놀이를 할 때 경쾌한 음악을 들려주면 좀 더 흥미 있고 음악에 맞춰 행동을 유도할 수 있다.

　　"여러분! 아침마다 거울을 보시죠. 다 같이 거울놀이를 한번 해 볼까요? 지금 두 사람이 한 조가 되어 서로 손을 잡고 있는데, 가위바위보를 해 보세요. …… 이긴 사람이 먼저 '사람' 역할을 하고, 진 사람은 '거울' 역할을 하는 거예요. 나중에 다시 바꿀 겁니다. 자 '사람'은 '거울'을 보고 마음껏 자기가 하고 싶은 대로 표현해 보세요. 움직이는 동작으로 표현하는 게 좋겠네요. 제가 '그만' 하라고 할 때까지 계속하세요."

　　또한 거울놀이는 집단으로 나누어 실시할 수도 있다. 즉, 수에 따라 10여 명이 한 집단이 되게 하여 몇 개의 집단으로 나누어 할 수 있다. 이때 집단성원의 수는 동일하게 만들어야 한다. 만일 두 집단으로 나누었을 경우에 사람 역할을 한 집단이 어떤 행동을 하면, 거울 역할을 한 다른 집단은 보이는 그대로 따라 해야 한다. '사람'이 뭔가를 표현할 때 정지조각처럼 해도 좋고, 움직임으로 표현해도 좋다.

만일 정지조각처럼 할 경우, '사람'이 표현하는 내용은 구체적인 사물(예: 문어, 나무, 움직이는 파도)이나 추상적인 의미(예: 희망, 자유, 갈등)를 포함할 수 있다. 이런 과정을 통하여 집단성원들은 전체가 집단의식에 참여하게 된다. 이 놀이는 심리극을 시작할 때, 혹은 끝마칠 때 하나의 의식(ritual)으로 이용할 수 있다.

프로그램의 시작과 끝을 의미할 때 집단성원 전체가 참여하여 이런 식의 행위로 어떤 작품을 만든다면, 집단의 동질성이나 집단의 응집력을 향상시키는 데 큰 도움이 될 것이다.

8 그림자놀이

이 활동은 '거울놀이'처럼 신체적 활동을 유도하기 때문에 집단성원들 간의 흥미와 신뢰관계를 촉진하는 데 효과가 있다. 집단성원의 수는 20~30명 내외로 하되 공간은 활동하기에 넉넉해야 한다. (초 1~6/청소년/성인)

집단성원들을 2인 1조가 되게 한다. 이때 서로 번갈아 가면서 한 사람은 '사람'이 되고 다른 사람은 '그림자'가 된다. '거울놀이'와 비슷하지만, 두 사람의 방향이 마주 보는 것이 아니라, '그림자'가 '사람'의 뒤를 보며 하는 것이다.

처음에는 '사람' 역할을 한 사람이 마음대로 움직이면, 뒤의 '그림자' 역할을 한 사람은

그대로 따라 해야 한다. 정지한 채로 움직이면, 정지한 채로 따라 하고, 이동하면서 움직이면 이동하면서 따라 해야 한다. 이때 리더가 경쾌한 음악을 들려주는 것이 분위기를 더욱 고조시킬 수 있다.

프로그램 초반에 집단성원들에게 몸의 움직임을 통한 '거울놀이'를 하고, 이어서 자연스럽게 '그림자놀이'를 하는 것은 집단성원들의 자발성을 높이는 데 매우 효과적이다.

9 키 줄이기

이 활동은 집단초기에 두 사람이 함께할 수 있는 놀이로, 상호 친밀감과 신뢰관계를 촉진하는 데 효과가 있다. 집단성원의 수는 제한이 없다. (초 4~6/청소년/성인)

이 놀이는 집단성원들을 2인 1조가 되게 한다. 두 사람이 50cm 정도 떨어져 마주 보고 서게 한다. 그런 다음 서로 '가위바위보'를 해서 이긴 사람이 진 사람의 어깨를 약 10cm 정도 눌러서 앉게 한다. 이렇게 하다 보면 엉덩이가 먼저 바닥에 닿게 되는 사람이 패자가 되는 게임이다. 이 놀이는 두 사람이 신체적 접촉을 통해 친숙해지도록 하며, 서로 누르고 눌림을 당하면서 어떤 느낌이었는지를 확인하는 과정에서 심리적으로 가까워진 경험을 할 수 있다.

한 번에 끝내는 것보다 3번 정도 해 보거나 또 다른 사람을 만나 다시 키 줄이기를 해도 좋다.

10 이 사람은 누구지?

    이 활동은 집단성원들의 이름과 취미, 특성을 자연스럽게 이해하는 놀이로, 타인에 대한 관심과 친밀감을 유도할 수 있다. 집단성원의 수는 15~20명 내외가 적당하다. 준비물은 종이, 볼펜, 상자 등이다. (초 4~6/청소년/성인)

    집단리더는 집단성원들에게 A4 절반 크기의 종이를 나누어 주고 종이에 자신에 관한 어떤 특성을 몇 가지 써서 상자에 넣게 한다. 예컨대, '나는 도마뱀을 무척 좋아한다.' '나는 산악자전거를 타는 취미가 있다.' '나는 추리소설을 좋아한다.' 등이다. 첫 번째 집단성원이 상자에서 종이를 한 장 꺼내 모두에게 큰 소리로 읽어 준 후, "이 사람은 누구일까요?"라고 묻는다. 그러면 집단성원들은 그것이 누구의 특성인지를 알아맞힌다. 집단성원들이 그 특성에 맞는 사람을 찾으면 해당되는 사람은 일어나 자신의 이름을 크게 말하고 자신에 대한 몇 가지를 더 소개한다. 집단성원들은 자기를 소개한 사람에게 박수를 보내 용기를 북돋워 주고, 자기소개를 한 사람은 다음 카드를 뽑는다.

11 너를 알자

  이 활동은 집단성원들에게 놀이를 통해 서로에게 관심을 갖게 하여 친밀감과 참여의 동기를 증진시킨다. 집단성원의 수는 10~15명 내외가 적절하며, 참여 인원수가 많을 때는 10명 정도의 소집단으로 나누어 실시해도 좋다. 집단성원들을 둥글게 둘러앉도록 한 후 다음과 같이 진행한다. (초 4~6/청소년/성인)

  "지금부터 돌아가면서 서로 질문을 하나씩 할 겁니다. 예를 들어, '제일 부지런할 것 같은 사람은?' '거울을 제일 많이 볼 것 같은 사람은?' 등의 질문을 돌아가면서 합니다. 질문이 끝남과 동시에 '하나 둘 셋'을 말하면 여러분 모두 질문의 답에 적절할 거 같은 사람을 손가락으로 가리키십시오. 누군가가 과반수 이상의 지목을 받으면 그 사람은 제가 가벼운 선물을 주겠습니다."

  이때 선물은 질문이 있을 때마다 과반수 이상의 지목을 받은 사람에게 줄 수 있다. 그러나 전체 놀이가 끝나고 지목을 가장 많이 받은 사람에게 가벼운 선물을 줄 수 있다. 예컨대, 아동의 경우 가벼운 선물로 막대사탕이나 젤리 등을 준비하는 것이 무난하다.

깊게 심호흡하면서 '흘' 소리 내기

이 활동은 집단을 하나의 원을 만들어 소리로 하나가 되게 하는 의식을 통해 집단의 응집력을 높이고 집단의 신뢰를 촉진하는 효과가 있다. 이는 집단상담이 끝날 때 마무리 의식으로 진행하는 것도 좋다. 집단성원의 수는 15~20명 정도가 적절하다. (청소년/성인)

집단을 하나의 원으로 만든 다음, 집단성원들에게 숨을 깊게 들이마시면서 내쉴 때 '흘~~' 하고 소리를 내게 한다. 집단 전체가 '흘~~' 하면 소리가 하나 되어 공명이 된다. 어느 정도 숨을 내쉬었으면 다시 숨을 들이마시고 '흘~~~' 소리를 낸다. 이렇게 약 3~5분간 함으로써 집단의 갈등은 조화를 이루기 시작하고, 이윽고 알 수 없는 미묘한 음악이 몸 안에서 솟아오른다. 이때 허밍으로 다 함께 노래를 부른다. 노래는 집단리더가 그 분위기에 맞게 유도해도 좋고, 집단성원들 중에서 누군가가 시작하도록 해도 좋다.

"지금 우리는 하나 되는 순간을 경험하고 있습니다. 지금 내 마음 안에서 뭔가 노래를 하고 싶은 욕구가 생길 수 있습니다. 누구든지 지금 이 순간에 느껴지는 노래를 허밍으로 부를 때 다 같이 따라 부르면 좋겠습니다."

13 수피춤

　수피춤은 이슬람 신비주의 명상 중의 하나로, 명상을 하기 전에 집중력을 높이기 위해 추는 춤이다. 이 춤은 집단성원들에게 흥미와 집중력을 주기 때문에 집단 초기에 실시하는 것이 좋다. 수피춤을 추기 위한 집단성원의 수는 20~30명 정도의 인원이 적절하다. 인원이 많을 경우에는 몇 개의 집단으로 나누어 실시해도 좋다. (청소년/성인)

　우선 집단을 원으로 만들고 서로 옆 사람과 손을 잡게 한다. 그리고 오른쪽으로 돌면서 춤을 춘다. 수피춤은 네 박자다. 따라서 네 박자의 스텝을 맞추는 게 중요하다.

"자, 제가 여러분에게 수피춤을 소개하겠습니다. 첫 박자는 오른발을 오른쪽으로 한 발 옮기고, 두 박자는 왼발을 같은 방향으로 한 발 옮깁니다. 세 박자는 오른발을 좌측으로 90도 돌리면서 왼발 옆에 놓고, 네 박자는 왼발을 제자리에서 오른발 옆에 갖다 댑니다. 이렇게 해서 오른쪽으로 돌면서 네 박자 스텝을 계속 반복합니다. 중요한 것은 집단성원들 간의 박자가 모두 맞아야 합니다. 이 네 박자를 계속 반복하면서 오른쪽으로 돌아가는데 어느 정도 스텝이 맞으면, 그다음에는 첫 박자에 '합', 그다음 다시 첫 박자에 '홉', 다시 첫 박자에 '합', 그다음 첫 박자에 '홉' 하면서 소리를 냅니다. 이때 '합' '홉'을 할 때 오른발을 힘차게 내디뎌 발소리가 크게 나도록 해야 합니다. 이렇게 계속 진행하다, 어느 정도 익숙해지면 점점 더 빠르게 진행해 갈 겁니다."

처음에 쉽지 않지만 반복적으로 연습하다 보면 자연스럽게 집중이 되고, 나중에 일치감을 갖게 한다. 서로 하나가 되는 일치감은 때로 카타르시스를 가져오기도 한다.

14 욕 타임

이 활동은 분노조절이 어려운 대상자들에게는 실시하지 않는 것이 좋다. 오히려 소극적 이면서 자신의 감정을 표현하는 데 어려움이 있는 대상들에게 실시했을 때 감정을 표출하고 자기표현을 촉진하는 효과가 있다. 집단성원의 수는 제한이 없다. (청소년/성인)

집단리더는 집단성원들에게 무대 주변에 있는 벽이나 다른 사람에게 방해가 되지 않은 자기만의 공간을 골라 그곳에 있게 한다. 그런 다음, 평소에 하지 못했지만 하고 싶었던 욕을 해 보게 한다. 쉽게 표현이 안 될 경우에는 평소에 미움이 있었던 특정한 사람을 마음속으로 떠올려 그 사람을 향해서 마음껏 욕을 하게 한다. 이때 사람들은 다른 사람의 눈치를 보거나 쉽게 욕을 할 수 없기 때문에 집단리더가 먼저 시범을 보여 주는 게 필요하다. 그러나 어느 정도 표현이 되면 리더는 집단성원들을 무대 안으로 모이게 하여 다 같이 동시에 욕을 하게 한다. 이때는 각자의 소리가 묻혀서 큰 부담이 없을 수 있다.

욕을 직접적으로 표현하는 게 불편한 상황일 때는 입을 벌린 상태에서 혹은 위아래 앞니를 닿게 한 상태에서 욕을 하게 되면 오히려 놀이 식으로 분노를 방출할 수 있다. 분노표출의 또 다른 방법으로 '지버리시 명상' '부탁해요, 싫어요' '사자싸움' 등을 활용할 수 있다.

변형

분노를 표출하는 또 다른 방법으로, 아주 경쾌하고 빠른 음악을 틀어 놓고 모든 성원들이 무대에 뒤섞이면서 춤을 추게 한다. 리더가 신호를 주면 마주치는 두 사람이 만나 서로 바라보면서 "그래 잘났다." "네 맘대로 해!" "네가 그렇게 잘났냐?" 등 평소 누군가에게 하고 싶었던 말을 마음껏 소리를 지르며 표현하게 한다. 그런 다음 리더가 신호를 주면 헤어져 춤을 추다가 집단리더가 다시 신호를 주면 새로운 사람을 만나서 하고 싶은 말을 마음껏 표현하게 한다. 다 끝나고 나면 서로 포옹을 하며 마무리한다.

지버리시 명상

'지버리시'는 '의미를 알 수 없는 지껄임'이라는 말이다. 우리가 살면서 억울했던 일, 이해할 수 없었던 일을 겪을 때 나도 모르게 지껄이게 되는 경우가 있다. 지버리시 명상은 비난하거나 막지 않고 아무 조건 없이 내면의 소리를 표현하도록 하여 억압된 감정에서 자유로움을 경험하도록 하는 명상법 중의 하나다. 특히 앞의 '욕 타임'에서 욕을 표현하는 데 어려움이 있을 때 지버리시 명상을 실시하는 것이 좀 더 효과적이다. 이 방법은 4단계로 구성된다. 정식 명상으로 진행할 때는 4단계까지 진행하는 것이 좋으나 보통 가벼운 웜업으로 실시할 때는 1단계만 해도 좋다. 집단성원의 수는 제한이 없다. 공간은 편히 앉거나 누울 수 있는 방이 좋으나 의자가 있는 장소도 무방하다. (청소년/성인)

1단계: 지버리시 하기. 집단성원들이 마음껏 지껄이도록 안내한다. "앉아 있는 동안 눈을 감고 무의미한 소리를 말하기 시작하십시오. 아무런 의미를 만들지 않는 한 어떤 소리나 단어도 좋습니다. 단지 우리가 모르는 언어를 말해야 합니다. 그것은 말이 안 되는 지껄임입니다. 우리 안에 표현해야 할 필요가 있는 것은 무엇이든 표현해도 좋습니다. 마음은 항상 말의 형식으로 생각합니다. 지버리시는 우리의 내면에 끊임없이 말하는 버릇을 깨뜨려 줄 것입니다. 생각을 억압하지 않고 그것을 밖으로 내버릴 수 있습니다. 우리의 몸도 똑같이 표현하게 해야 합니다. 자, 시작하십시오."

2단계: 내면으로 들어가기. 1단계를 4~5분 동안 진행한 후 북소리가 나면 지버리시를 멈추도록 한다. 그다음 집단리더는 이렇게 말한다. "자, 이제 눈을 감아 보십시오. …… 몸을 움직이지 마시고…… 마치 얼어붙은 것처럼 하십시오. 그리고 내면으로 들어가시기 바랍니다. 깊이…… 더욱 깊이…… 화살처럼…… 모든 의식층을 꿰뚫고 여러분 각자 존재의 중심으로 들어가 보십시오."

이때 집단리더는 4~5분 정도 진행하면서, 집단성원들이 자신의 5감각(안, 이, 비, 설, 신)과 생각, 감정이 어떻게 흘러가고 있는지를 주시하도록 한다.

3단계: 놓아 버리기. 다시 북소리가 나면 자세에 신경을 쓰지 말고 마치 쌀자루처럼 그냥 바닥에 쓰러지도록 한다. "이제 여러분은 전혀 움직이지 말고 등을 대고 누워 있도록 합니다. 여러분은 더욱 깊은 고요한 정적 속으로 들어가게 될 것입니다." 이런 식으로 4~5분 정도 그저 고요 속에 머물도록 한다.

4단계: 돌아오기. 다음에는 집단성원들이 눈을 뜨고 다시 자리에 일어나 앉는다.

다 끝나고 나면 어떤 느낌이 들었는지 둘씩 짝으로, 혹은 소집단으로 소감을 나누도록 한다.

16 이름 게임

　이 활동은 집단성원들이 서로 잘 모를 때 이름을 빨리 외우도록 하는 게임으로, 집단 초반에 실시하는 것이 좋다. 집단성원의 수는 20명 내외가 좋으나, 너무 많을 때는 10명 정도 나눠서 진행한다. (초 4~6/청소년/성인)

　집단성원들을 둥글게 앉게 한다. 한 사람이 자기 이름을 말하고, 다른 사람은 앞사람의 이름과 더불어 자기의 이름을 말한다. 예컨대, "저는 김수민입니다." "저는 김수민 옆에 있는 박은빈입니다." "저는 김수민, 박은빈 옆에 있는 이정민입니다." "저는 김수민, 박은빈, 이정민 옆에 있는 조민주입니다." 등과 같이 말한다.

　전체가 이런 식으로 다 소개하고 나면 자원자로 하여금 집단성원들의 이름을 뒤에서부터 말하게 한다. 서로 자리를 바꾸고 자원자를 찾아 다시 전체 이름을 말하게 할 수도 있다. 이때 사람이 너무 많을 경우에는 10~20명이 한 조가 되게 하여 실시하는 게 좋다.

변형

　2인 1조가 되게 하여 두 사람이 서로 자신에 대해 소개한다. 그리고 두 사람은 짝이 하는 이야기의 내용을 잘 들으면서 짝이 주로 쓰는 제스처 등을 기억해 둔다. 그런 다음, 역할을 바꾸어 서로 자신의 짝이 되어 짝을 소개한다. 소개할 때는 상대가 주로 쓰는 제스처도 똑같이 하는 게 중요하다. 예컨대, A와 B가 짝일 때 서로 자신을 소개한 다음, A가 B가 되어 제스처와 함께 B(A가 역할)를 소개한다. 이때 집단성원들은 B(A)에 대해 궁금한 것을 질문하면 B가 된 A는 알고 있는 것은 물론 모르는 내용도 답변을 한다. 이때 B는 A가 자신을 대변해서 이야기할 때 맞지 않을 경우 A의 입장에서 수정해도 좋다. 그러나 반드시 그럴 필요는 없다. A가 자신에 대한 설명을 잘못했을 때는 나중에 끝나고 수정을 해도 된다. 이렇게 한 다음 역할을 바꾸어 B가 A가 되어 같은 식으로 소개하고 집단성원들에게 질문을 받는다. 이때에도 집단성원들이 너무 많을 경우에는 몇 개의 소집단(6~8명)으로 나누어 실시하는 것이 좋다.

17 짝 토크 쇼

이 활동은 집단성원들이 놀이 식으로 서로를 소개하도록 하여 집단의 응집력과 신뢰관계를 촉진하는 효과가 있다. 집단성원의 수는 10~20명 내외가 적절하다. (청소년/성인)

집단성원들을 2인 1조가 되게 하고, 서로 자신을 소개하도록 한다. 서로 소개할 때는 상대의 이야기를 잘 경청하고, 짝의 취미, 특기, 기타 특이한 점을 최소한 3가지 이상 묻는다. 5~10분이 지난 후 집단성원들을 다 모이게 한 다음, 각자 자기가 짝이 되어 토크 쇼의 주인공으로서 짝을 소개하도록 한다. 시작하면 차례로 1~2분 정도 쇼의 주인공으로서 짝이 되어 짝을 소개하도록 한다.

"여러분의 짝과 몇 분 정도 이야기하고 나니까 좀 더 친해졌죠? 그러면 이제부터 여러분은 방금 만났던 짝이 되어 보세요. 자신이 아니라 짝이 되어 짝을 소개하는 시간을 가질 겁니다. 이제 짝이 되어 토크 쇼의 주인공으로서 마음껏 소개해 주시기 바랍니다. 조금 과장을 해도 괜찮습니다. 돌아가면서 진행하는데 언제라도 순서 없이 진행해도 됩니다."

리더는 가장 자발성이 있는 짝을 선정해 먼저 시작하도록 한다. 이후에는 자연스럽게 순서대로 해도 좋고, 소개한 짝이 다른 짝을 선택해서 진행해도 좋다.

인간사슬 해체하기 1

이 활동은 집단 초기에 집단성원들에게 친밀감과 신뢰관계를 촉진하는 매우 효과적인 방법이다. 집단성원의 수는 10~20명 내외가 적절하며, 공간은 성원들이 자유롭게 움직일 수 있는 안전한 방이어야 한다. (초 4~6/청소년/성인)

먼저 집단을 두 집단으로 나눈다. 이때 한 집단은 인간사슬이 되고, 한 집단은 이를 완전히 해체시키는 해체반이 된다. 사슬이 된 집단은 일렬로 앉아서 떨어지지 않도록 양팔로 앞사람의 허리를 단단히 붙잡는다. 해체반이 인간사슬을 해체할 때는 집단성원들 전체가 낱낱이 떨어지도록 해야 하는데, 전부가 완전히 떨어졌을때 종료가 된다. 두 집단 모두 이런 식으로 하는데, 리더는 시간을 정확히 측정하여 더 빨리 끝난 집단이 승리한 것으로

한다. 진 집단에게는 아주 가벼운 벌칙을 주는 것이 흥미를 더 유도할 수 있다. 앉아서 할 수 없을 때는 서서 하는 것도 가능하다.

　주의할 점은 성원들이 지나친 경쟁심으로 자칫 과격해질 수 있기 때문에 다치지 않도록 주의를 주고, 반드시 안전한 공간에서 실시해야 한다. 남녀가 함께 참여할 때는 남녀를 따로 진행해야 한다.

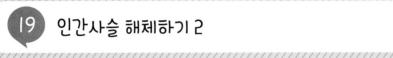

이 활동은 앉아서 할 수 없는 공간에서 인간사슬을 해체할 때 진행하는 방법이다. 이 역시 집단의 응집력과 친밀한 관계를 촉진하는 놀이다. 진행과정은 다음과 같다. (초 4~6/청소년/성인)

집단을 두 집단으로 나눈다. 각 집단의 수는 8~10명 정도가 되게 한다. 두 집단이 서로 팔짱을 끼고 일렬로 마주 보도록 한 상태에서 시작한다. 상대편 팔이 마지막 한 명까지도 떨어질 때 게임은 끝나는 것으로 한다. 상대편의 팔짱을 끊는 방법은 엉덩이, 팔, 등, 몸을 이용할 수 있다. 주의할 점은 남녀가 함께 진행할 경우 서로 신체적 접촉에 예민할 수 있기 때문에 반드시 동성끼리 해야 한다.

"여러분은 옆 사람과 팔짱을 낀 손을 절대 놓아서는 안 됩니다. 손이 떨어지지 않도록 단단히 붙잡고 있어야 합니다. 손으로 연결된 사슬을 끊기 위하여 엉덩이, 팔, 등, 몸을 이용할 수 있습니다. 그 외 다른 방법으로 하면 벌칙이 주어집니다. 마지막 한 사람까지 팔짱이 모두 떨어져야 합니다. 시간을 재서 늦게까지 버틴 조가 이기는 것으로 합니다. 진 조는 이긴 조를 업어 주는 것으로 하겠습니다. 자, 시작합니다."

이때 주의할 점은, 지나친 경쟁심으로 다칠 우려가 있으니 안전한 장소에서 실시하고 너무 과격하지 않도록 해야 한다. 이런 경우 사전에 충분히 주의를 줘야 한다. 절대로 해서는 안 되는 내용은 물어뜯기, 간지럽히기, 손톱으로 할퀴기 등이다.

20 사자싸움

이 활동은 집단성원들이 가족을 위하여 필사적으로 싸워야 하는 상황을 경험하고 난 이후, 각자가 자신의 가족에 대해 생각하는 기회를 갖도록 한다. 또한 감정을 표출하는 과정에서 정화를 경험하고 집단응집력과 신뢰관계를 촉진할 수 있다. 집단성원의 수는 15~20명 내외가 적절하다. 집단리더는 집단성원들을 2인 1조가 되게 한 다음, 다음과 같이 진행한다. (초 4~6/청소년/성인)

"여러분, 〈라이온 킹〉 알죠? 〈라이온 킹〉에서 아버지 무파사왕이 물소 떼에 몰린 아들 심바를 구하기 위하여 그 속에 들어가 결국 심바를 구출해 준 장면을 기억하실 겁니다. 오늘 여러분은 아들 심바를 위하여 결투를 해야 하는 무파사왕이 되는 겁니다. 지금 앞에 있는 여러분의 짝

은 나의 가족들을 지키기 위하여 싸워야 하는 적이라고 생각하십시오. 아마 심바 삼촌 스카라고 해도 되겠죠? 싸움을 할 때는 소리(으르렁거리는)와 무서운 눈매, 그리고 입과 동작을 이용한 재치 있는 행동으로 해야 합니다. 다만 두 사람이 신체적인 접촉은 절대 해서는 안 됩니다."

이렇게 두 사람씩 '사자싸움'을 하고 난 다음, 소감 나누기를 하는 게 매우 중요하다. 평소 가족에 대한 생각을 나누도록 한다.

21 줄서기

이 활동은 집단 초반에 리더가 집단의 역동을 빠르게 이해하는 방법이며 집단성원들에게 친밀감과 신뢰관계를 증진시키고, 참여 동기를 강화하는 효과가 있다. 집단성원의 수는 20~40명 내외가 적절하다. (초 4~6/청소년/성인)

집단리더는 집단성원들이 아무런 질서 없이 공간의 이곳저곳을 왔다 갔다 하도록 한다. 그러나 집단성원들은 움직이면서 집단리더에게 집중하고 있어야 한다. 모든 사람들은 동일한 리듬과 템포, 동일한 방향으로 움직이지 말고, 자신의 몸이 요구하는 대로 걷거나 뛰거나 혹은 여러 형태로 움직일 수 있다.

집단성원들이 무대에 걷고 있을 때, 집단리더가 '키 순서대로!'라고 하면 최단 시간 내에 모든 사람들이 키 순서대로 줄을 선다. 줄을 서고 난 다음, 다시 집단성원들은 천천히 걷는다. 다시 집단리더가 하든, 집단성원이 하든 다른 주문을 하면 다시 전체가 줄을 서도록 한다. 주문의 내용은 '옷 색깔이 가장 밝은색 순으로' '어두운색 순으로' '호주머니에서 물건을 꺼내 가장 작은 것을 가진 사람 순으로' '지금 이 장소와 가장 가까운 곳에서 온 사람 순으로' 등으로 하여 전체가 일렬로 서게 할 수 있다. 이 외에도 가족 수 순, 생년월일 순(나이), 손이나 발의 크기 순, 집단 참여 동기수준, 공부에 대한 흥미수준, 행복수준 등을 기준으로 줄을 서도록 한다.

이렇게 했을 때 집단성원들은 친밀감을 향상시키고, 상호 유사성을 확인할 수 있는 기회를 갖게 된다. 특히 참여동기, 공부흥미, 행복, 자존감 등 내면의 수준을 줄로 서게 했을 때 집단의 보이지 않는 역동을 파악할 수 있다.

변형

변형방법으로는 서로 말을 하지 않고 줄을 서도록 하는 것이다. 집단성원의 수가 많을 경우에는 집단성원들이 서로 이야기를 하면서 하기 때문에 집단리더가 진행하는 데 어려움이 많다. 따라서 사람이 많을 때는 '말을 절대 하지 않는다.' '서로 손짓 발짓으로 의사소통하여 재빨리 한 줄로 선다.' 등을 지켜 주도록 주지시킨다.

22 로코그램

　이 활동은 집단성원들에게 어떤 특성에 대해, 수준이 아닌 영역으로 표시하게 하여 서로를 개방할 기회를 갖게 한다. 이로써 집단응집력과 신뢰관계를 촉진할 수 있다. 집단성원의 수는 제한이 없으나 적절한 공간이 필요하다. (초 4~6/청소년/성인)

　로코그램(Locogram)은 방/무대를 특정 영역으로 구분하여 집단성원들의 특성을 구분하는 것이다. 분광기법이 보이지 않는 일직선에 어떤 특성을 수치로 나타내는 서열척도, 동간척도, 비율척도를 나타낸 것이라면, 로코그램은 명명척도를 나타낼 수 있다. 예컨대, 출신 지역, 살고 있는 지역, 좋아하는 정당, 싫어하는 언론, 좋아하는 음식, 취약한 몸의 부분 등을 영역별로 구분하는 것이 가능하다. 집단성원의 수가 많아도 공간이 넓다면 가능하다.

"제가 무대에 여러분이 살고 있는 지역을 표시해 놓겠습니다. 맨 위쪽에 서울, 그 밑에 경기, 그 옆에 강원, 그 밑에 충청, 오른쪽에 영남, 왼쪽 아래에 호남, 맨 아래에 제주…… 여러분이 살고 있는 지역에 가서서 보십시오. 누가 같은 지역에서 참여하였는지 서로 인사하세요. …… 이제는 여러분이 좋아하는 음식에 대해 확인해 보겠습니다. 맨 위는 중식, 그 옆에는 분식, 가운데는 양식, 아래는 한식입니다. 좋아하는 음식의 영역에 가서 서 봅니다."

집단을 영역별로 구분하고 나면, 집단리더는 소집단을 구성하여 다양한 프로그램을 운영할 수 있다. 예민할 수 있지만 '좋아하는 정당'에 대해 로코그램을 진행한다면, 그에 대해 심층토론을 유도할 수 있다. 또한 불편한 신체 부위에 대해 로코그램을 진행한다면, 서로 신체적으로 취약한 사람들끼리 모여 서로 성격적 기질, 스트레스의 대처방식, 스트레스 사건 등 다양한 측면들에서 공통적인 특성을 파악할 수 있다.

23 풍선 날다

　이 활동은 집단성원들이 신체적인 접촉과 함께 극적 놀이를 병행할 수 있어 아동과 청소년들에게 흥미 있는 놀이다. 적절한 공간이 있다면 집단성원의 수는 제한이 없다. 풍선놀이는 대집단으로도 가능하지만 경쟁을 유도할 수 있는 소집단이 더 적절하다. 준비물은 음악이다. (초 1~6/청소년)

　"지금부터 인간 풍선놀이를 진행하려고 합니다. 10명씩 몇 개의 조로 나누었는데…… 어떤 조가 가장 열심히 하는지 보려고 합니다. 옆 사람의 손을 잡고 여러분이 풍선이 되는 겁니다. 손을 놓게 되면 풍선이 터지는 거예요. 지금부터 가장 작은 풍선이 되어 봅니다. 어떤 조가 가장 작은 풍선이 되는지 보겠습니다. …… 아주 잘했습니다. 리더인 제가 풍선 부는 소리를 내면 여러들은 풍선에 바람이 들어가듯이 점점 원을 크게 만들어야 합니다. 자, 봅니다. 후~ 후~ 후~ 후~ 풍선이 점점 커지고 있네요. 더 크게 불어 봅니다. 어떤 조가 가장 큰 풍선이 되는지…… 후~ 후~ …… 잘하고 있습니다. …… 조금 있으면 너무 풍선이 커져 터지게 될 건데…… 어떤 조가 가장 잘 터지는 반응을 보이는지 보겠습니다. 자, 하나, 둘, 셋, 팡!!!! 드디어 터졌습니다. …… 모든 풍선이 찢겨져 날아가 버렸네요. 찢겨진 풍선은 바람이 부는 대로 여기저기로 날아갑니다. (신나는 음악을 틀어 주고) …… 자, 신나는 음악이 나오니까 풍선조각인 여러분은 다 같이 신나게 이 방 안에서 날아다닙니다. …… 단, 다른 풍선하고는 절대 부딪히면 안 됩니다. 더 빠르게…… 더 신나게…… 잘 했어요. (조용한 음악을 틀어 주고) …… 이제 천천히…… 천천히…… 바닥에 떨어집니다. 그리고 누워서…… 편안히 쉽니다. 눈을 감고 편안히 쉽니다. 온몸이 편안하고…… 마음도 편안하고……."

　아동이나 청소년에게 경쟁을 유도했다면 가장 열심히 한 조에게 박수를 보내고, 최선을 다한 다른 조에게도 격려의 박수를 보낸다. 다만 가벼운 보상이 있다면 전체 집단성원들에게 주되 열심히 한 조에게 먼저 선택권을 주는 것이 좋다.

당신은 이웃을 사랑하십니까?

이 활동은 집단의 분위기를 쇄신하고, 집단의 신뢰와 응집력을 향상시키는 매우 효과적인 방법이다. 또한 집단성원들에게 자리를 새롭게 배치하도록 하여 여러 집단성원들과 빨리 친해지도록 유도한다. 집단성원의 수는 15~40명 정도 가능하다. (초 4~6/청소년/성인)

우선, 집단성원들은 원을 만들어 의자에 앉는다. 이때 술래가 앉을 의자를 하나 빼고 술래를 정한다. 그다음, 술래는 원으로 앉아 있는 집단성원 중의 한 사람을 정해 그 앞에 서서, "당신은 이웃을 사랑하십니까?"라고 묻는다. 이때 지목받은 사람은 "예." 혹은 "아니요."라고 답할 수 있다. 이때 "예."라고 답변하면, 지목받은 사람 양옆에 앉은 두 사람이 재빨리 서로 자리를 바꿔 앉아야 한다. 그사이에 술래가 먼저 앉게 되면 앉지 못한 사람이 다음 술래가 된다. 그러나 지목받은 사람이 "아니요."라고 대답하면, 술래는 "그럼 어떤 이웃을 사랑하십니까?"라고 다시 묻는다. 이때 술래가 어떤 특정한 인물(예컨대, '안경을 쓴 사람' '아침밥을 먹은 사람' '화장을 한 사람' '염색을 한 사람')을 사랑한다고 이야기하면 집단성원들 가운데, 그에 해당되는 사람은 모두 자리를 바꿔 앉아야 한다. 이때 술래는 재빨리 자리에 앉아야 한다. 역시 자리에 앉지 못한 사람이 다음 술래가 된다.

변형 1

집단성원의 수가 비교적 적을 때(10~20명 내외)는 약간 다르게 변형할 수 있다. 이전과 같은 방식으로 술래가 한 사람을 지목하여 "당신은 이웃을 사랑하십니까?"라고 묻고 지목받은 사람이 "예."라고 하면, 양쪽에 있는 사람이 바꿔 앉는 것은 같다. 그러나 "아니요."라고 했을 때 술래가 "그럼 어떤 이웃을 사랑하죠?"라고 묻고, 지목받은 사람이 "빨간 옷을 입은 사람이요."라고 했다면, 술래는 빨간 옷을 입은 사람에게 가서 악수(이성인 경우)를 하거나 포옹(동성인 경우)을 해 주고 그 자리에 앉는다. 물론 빨간 옷을 입은 사람이 여러 사람일 경우에는 술래는 그중 한 사람을 선정해 악수를 하거나 포옹을 하면 된다. 빨간 옷을 입은 사람들은 이동하지 않아도 된다. 다만 술래에게 악수나 포옹을 받은 사람이 다음 술래가 된다.

변형 2

집단이 둥글게 앉을 수 없는 상황일 때, 즉 극장식 의자에 앉아 있을 때 자리를 배치하는 방법으로 "당신은 이웃을 사랑하십니까?"를 변형해서 실시할 수 있다. 객석에 사람들이 밀집되지 않았거나 극장식 의자에 앉아 있는 경우, 술래가 무대 앞으로 나와 어떤 특정한 사실, 예컨대, "나는 오늘 이를 닦았습니다." "지금 나는 행복합니다." "나는 안경을 썼습니다." 등으로 이야기를 한다. 그러면 그에 해당되는 사람은 얼른 다른 자리에 이동해서 앉는다. 이때는 가장 늦게 앉는 사람이 다음 술래가 된다.

25 손님 초대하기

이 활동은 '당신은 이웃을 사랑하십니까?'와 같이 집단성원들이 놀이를 통해 친밀감을 갖도록 하며, 서로에게 중요한 인물이 되어 보는 경험을 하게 한다. 집단성원의 수는 적어도 20~30명 내외가 좋다. 우선 집단성원들을 원으로 둘러앉게 한 다음, 손님이 앉을 수 있는 빈 의자를 하나 놓는다. 일종의 즐겁게 자리를 바꾸어 앉는 놀이다. (초 1~6/청소년/성인)

"전체가 원으로 빙 둘러앉으세요. 그리고 누군가의 옆 자리에 빈 의자를 하나 둘테니까 거기에는 앉지 마세요. 지금 빈 의자 양쪽에 있는 두 사람은 다른 쪽에 가서 빈 의자에 앉힐 손님을 한 분 초대해 와야 합니다. 이때 두 사람은 손을 잡고 가고…… 손님을 한 분 모시고 올 때는 손님의 손을 양쪽에서 잡고 정중히 모셔 옵니다. 그리고 여러분이 앉을 때는 모두가 손을 놓지 말고 그대로 앉으십시오. 손님은 가운데, 두 사람은 자리가 바뀌었을 겁니다. 손님이 빠진 자리에는 다시 그 옆 사람이 두 손을 잡고 다른 곳으로 가서 또다른 손님을 모시고 와야 합니다. 이런 식으로 손님을 초대하게 되면 자리는 점점 바뀌게 됩니다."

이 놀이가 어느 정도 익숙해지면 집단리더는 음악을 들려주고, 음악이 끝날 때 자리에 앉지 못한 사람들에게 가벼운 벌칙을 주도록 한다. 노래를 들려주게 되면 노래가 끝날 무렵에 속도가 점점 빨라지면서 흥미를 유도할 수 있다.

26 걷기, 바닥, 벽, 사람

이 놀이는 집단성원들에게 네 가지 활동을 통해 극적 훈련을 유도하고, 집단성원들과 친밀감을 촉진하는 매우 효과적인 방법이다. 그리고 집단성원들이 자연스럽게 활동을 변형하도록 하여 자발성을 촉진할 수 있다. 집단성원의 수는 20~30명 내외가 적절하다. (초 4~6/청소년/성인)

"지금부터 제가 집단성원 여러분에게 네 가지 주문을 할 거예요. 첫 번째는 '걷기'인데, 제가 '걷기!'라고 외치면 여러분은 자연스럽게 걸어 다녀야 합니다. 두 번째는 '바닥'인데, 제가 '바닥!'이라고 외치면 걸어 다니다가 멈춰서 바닥을 두 손으로 두드리고 있어야 합니다. 세 번째는 '벽'인데요. 제가 '벽!'이라고 하면 여러분은 하던 활동을 멈추고 얼른 벽으로 가서 벽에 두 손을 대고 몸을 움직여 춤을 춰야 합니다. 마지막으로 네 번째는 '사람'인데, 제가 '사람!'이라고 하면 두 사람이 만나 악수를 한 다음 서로 손을 잡아당기는 활동을 해야 합니다. 처음에는 제가 리더로서 주문을 하겠지만, 조금 익숙해지면 여러분이 변형해서 자유롭게 주문할 수 있습니다. 그때는 누구든지 앞의 네 가지를 할 수도 있지만 다른 식으로 주문을 외쳐도 됩니다. 예컨대, 누군가가 '두 사람씩 만나 서로 말로 싸우기!' '구르기!' '걸어 다니면서 아~ 하고 소리 지르기!' 등으로 주문하면, 여러분은 하던 활동을 멈추고 얼른 주문한 대로 따라 해야 합니다."

변형

집단리더가 집단성원들에게 좀 더 깊은 주제를 탐색하도록 다음과 같은 내용을 덧붙일 수 있다. "지금부터 제가 변형해서 진행하겠습니다. 다시 한번 '걷기!'를 하세요." 이때 집단성원들이 천천히 걷고 있으면, 다시 "이제는 나랑 가장 잘 통할 것 같은 사람 만나기!"를 외친다. 그런 다음 두 사람이 만나면, "두 사람이 어렸을 때 가장 재미있는 기억을 소개하기!"라고 주문한다. 이런 식으로 두 사람, 세 사람, 네 사람 등으로 요청해서 서로 '가장 슬펐던 기억' '가장 억울했던 기억' '자신의 꿈' '가장 고마운 사람' '가장 미운 사람' 등을 이야기하도록 할 수 있다. 이 외에도 집단리더는 상황이나 집단의 특성에 맞게 주문해서 내면의 깊은 나눔을 할 수 있도록 한다.

이런 놀이 이후에 자연스럽게 집단상담으로 유도할 수 있고, 주인공을 선정하여 심리극을 진행하는 것도 가능하다. 집단상담으로 진행할 경우 두 사람씩 만나 슬펐던 기억을 나누게 했다면, 소집단으로 혹은 집단 전체가 만나 슬펐던 기억을 나누는 집단상담을 진행할 수 있다.

이 활동은 두 사람이 서로 관심을 갖도록 하여 상호신뢰와 친밀감을 촉진하는 놀이다. 특별한 짝과 의미 있는 만남을 갖도록 하는 것은 집단 초기에 유용한 활동이다. 집단성원의 수는 제한이 없다. (초 4~6/청소년/성인)

집단리더는 집단성원들에게 다음과 같은 내용이 적혀 있는 질문지와 필기도구를 나눠 준다. 그리고 다음과 같이 안내한다.

"둘씩 만났지요? 짝이 된 사람과 서로 인사를 하세요. 제가 여러분에게 짝에 대한 질문내용들을 적은 질문지를 한 장씩 나눠 줬습니다. 서로 자기 짝에 대해 추측을 하면서 질문에 대한 답을 적어 봅니다. 서로 말을 해서는 안 됩니다. 10개 정도 질문을 할 거니까 적어 보시고, 나중에 서로 확인해 보시기 바랍니다. 지금부터 시작합니다."

질문의 내용은 다음과 같다.
① 내 짝의 키는?
② 내 짝이 좋아하는 색깔은?
③ 내 짝이 학창시절에 가장 싫어했던 과목은?
④ 내 짝의 취미는?
⑤ 내 짝이 좋아하는 계절은?
⑥ 내 짝이 좋아하는 노래유형은? (힙합, 트로트, 록, 재즈, 발라드 등)
⑦ 내 짝의 고민은?

⑧ 내 짝이 좋아하는 음식은?

⑨ 내 짝의 성격은?

⑩ 내 짝이 가장 가고 싶어 하는 여행지는?

28 짝 바꿈

　　이 활동은 집단 초기에 집단성원들이 서로 친밀해지도록 유도하는 매우 효과적인 방법이다. 집단성원의 수는 20~30명 내외가 적절하다. 집단리더는 집단성원들을 둥글게 서도록 하고 다음과 같은 내용으로 안내한다. (초 4~6/청소년/성인)

　　"둥글게 서 있는 상태에서 전체가 서로 인사하도록 하지요. 모두 안녕하세요? 이제는 이 프로그램에 참여하기 전부터 이미 알고 있는 분들끼리 모여 보세요. ⋯⋯ 혼자 참여한 분도 있지만 이미 서로 알고 있는 분들도 있군요. 이제 여러분에게 한 가지 요구할 게 있습니다. 지금 서로 알고 있는 분들은 서로 짝이 되어서는 안 됩니다. 가능하다면 오늘 처음 만난 분들과 짝이 되어야 합니다. 그래서 이미 알고 계신 분들은 지금부터 이별을 하시고⋯⋯ 다시 둥글게 서 보세요. 지금부터 제가 어떤 조건을 이야기하면 그 조건에 해당되는 사람과 짝이 되는 겁니다. 짝을 만날 때는 적어도 2~3m 떨어져 있는 사람을 만나야지 옆에 있는 사람은 만나지 않도록 주의해 주세요. 지금부터 제가 '나랑 해변가에 놀러가고 싶은 사람!'이라고 외치면 얼른 가서 그 사람을 만나는 겁니다. 어떤 사람은 누군가 다가오기를 바라는 사람이 있고, 어떤 사람은 먼저 다가가고 싶은 사람이 있을 거예요. 먼저 다가가기를 결정한 사람은 적어도 2~3명을 마음에 두고 다가가세요. 내가 생각한 사람을 다른 사람이 먼저 선택하면 차선책으로 다른 사람을 찾아가야 하니까 말입니다."

　　이런 식으로 '등산을 같이 가고 싶은 사람' '찜질방에 같이 가고 싶은 사람' '내 고민을 가장 잘 들어줄 것 같은 사람' '소풍 갈 때 옆자리에 앉아 같이 가고 싶은 사람' 등 몇 가지 조건을 제시해서 그 짝을 만나도록 한다. 짝을 만난 다음에는 왜 선택을 했는지 서로 이야기할 시간을 잠시 준다.

변형

짝과의 만남을 다한 이후, 복습 시간을 가질 수 있다. 여러 조건에 해당되는 짝을 만난 이후, 앞에서 언급했던 '해변가에 놀러 가고 싶은 사람' '찜질방에 같이 가고 싶은 사람' 등을 불러 다시 만나도록 한다. 이렇게 다시 만나게 할 경우, 자신들의 짝을 다시 찾는 과정에서 신체적인 활동과 함께 흥미를 유발할 수 있다. 또한 이들이 다시 만남으로써 친밀감을 더 갖게 되어 구조화된 집단상담을 진행할 수도 있고, 심리극 주인공을 선정하거나 역할극(사회극) 관련 주제를 선정하는 데 매우 유용할 수 있다.

29 나의 분신 찾기

이 활동은 자신과 유사한 특징을 갖는 사람들을 찾도록 함으로써 친밀감과 신뢰관계를 촉진하는 매우 유용한 방법이다. 집단성원의 수는 20~30명 내외가 적절하다. (초 4~6/청소년/성인)

집단리더는 집단성원들에게 10가지 질문이 기록된 질문지와 필기구를 나눠 주고 답변하도록 한 다음, 집단성원들 중에서 자신의 답변과 같은 사람을 찾아 그의 이름을 받아 오도록 하는 것이다. 이때 이름을 가장 많이 받아 오는 사람이 그 집단에서 '마당발'이라 할 수 있는데, 이 사람에게 적절한 보상(칭찬)을 해 주는 것도 좋다(전국재, 1995).

질문 내용	나는?	분신 이름
1. 좋아하는 운동은?		
2. 나의 취미나 특기는?		
3. 내 신발의 사이즈는?		
4. 생일이 낀 달은?(양력/음력)		
5. 좋아하는 음식은?		
6. 태어난 도(도시)는?		
7. 좋아하는 색은?		
8. 가장 좋아하는 과목은?		
9. 나의 몸무게는?		
10. 좋아하는 가수는?		

30　우리는 영원한 짝

　이 활동은 집단성원들에게 서로 친밀감, 소속감 및 집단응집력을 증진시키는 매우 유용한 놀이다. 특히 이 놀이는 학교에서 따돌림의 문제가 있거나 조직에서 소속이 어려운 성원들이 있을 때 의미 있는 프로그램이 될 수 있다. 집단성원의 수는 15~20명 내외가 적절하며, 공간은 자유롭게 움직일 수 있도록 넉넉해야 한다. (초 1~6/청소년/성인)

　집단성원들은 무대 공간에 자유롭게 마음대로 돌아다닌다. 집단리더가 호루라기를 불고 '둘씩 짝!' 하게 되면 두 사람이 서로 만난다. 그리고 두 사람은 서로 새끼손가락을 걸고 헤어지지 않겠다고 약속한다. 그런 다음 두 사람은 손을 잡고 무대 공간을 자연스럽게 돌

아다닌다. 이때 집단리더가 다시 호루라기를 불고 '셋씩 짝!' 하고 요구한다. 이때 두 사람은 자신의 짝을 놓치지 않도록 하고 다른 짝의 한 사람을 데려와야 한다. 수가 늘어나더라도 끝까지 처음 만난 자신의 짝과 헤어지지 않도록 하다 보면 서로 누군가에게 필요한 사람이라는 경험을 하게 된다.

"지금 이 놀이의 규칙은 처음에 만난 자신의 짝과 절대 헤어져서는 안 된다는 것입니다. 그렇지만 불가피하게 수가 늘어날 것입니다. 이때 자신의 짝을 끝까지 지킨 사람에게 가벼운 선물(예: 사탕)을 줄 겁니다. 자, 지금부터 무대에 돌아다니세요. …… 제가 '둘씩 짝!'이라고 하면 누구든 두 사람이 만나는 것입니다. '둘씩 짝!' …… 두 사람이 만났으면 두 사람이 손을 잡고 다시 무대에 돌아다니면서 서로에게 마음의 선물, 즉 칭찬을 하나씩 해 주세요. 그리고 서로 헤어지지 않겠다는 약속을 하시기 바랍니다. …… 다시 천천히 무대에 걸어 다녀 봅니다. 이번에는 '셋씩 짝!'……."

이렇게 3, 5, 7명으로, 홀수로 늘리면 불가피하게 누군가와 헤어질 수밖에 없다. 어떤 경우에는 모두 자신의 짝을 만날 수 있도록 짝수로 해 주는 것도 가능하다. 마지막에 짝수(예: 6명, 8명)로 한다면 모두가 자신의 짝을 만나도록 할 수 있다. 끝까지 자신의 짝을 지키도록 하는 과정에서 성공적인 경험은 서로에게 만족감을 주기도 한다.

31 몸 풀기

몸 풀기는 두 사람이 조화를 이루면서 하는 것이 특징이고 실제적인 운동효과는 혼자 하는 것보다 적지만, 재미와 흥미를 유발하여 집단의 분위기를 부드럽게 유도할 수 있다. 음악을 들으면서 두 사람이 짝이 되어 신나게 몸 풀기를 한다면 집단성원들 간의 유대가 깊어질 것이다. 집단성원의 수는 공간이 넉넉하다면 제한이 없다. (청소년/성인)

1) 마주 보고 손뼉 치기

두 사람이 마주 보고 손바닥을 쳐 줌으로써 장기를 자극한다. 견갑골을 풀어 주며 팔과 손의 순환에 효과가 있다. 이때 다리는 어깨너비로 벌리고 두 사람 사이는 약 30cm 정도 떨어져 마주 보고 선다. 손바닥을 마주 대며 박수를 친다. 박수를 칠 때 숨을 내쉰다. 또 다른 방법은 두 사람 사이를 약 1m 정도(손을 뻗었을 때 두 사람의 손이 10cm 정도 교차될 만큼)로 넓힌 상태에서 머리 높이에서 아래로 뿌리듯이(인사하듯이) 박수를 친다.

2) 돌아서서 손뼉 치기

삼두박근에 자극을 주어 긴장을 풀어 주고, 견갑골과 어깨를 풀어 준다. 방법은 두 사람의 간격을 30cm 정도로 하여 등을 대고 선다. 다리는 어깨너비로 벌리고, 양발은 11자 모양을 취한다. 그리고 두 손을 위로 했다 밑으로 내리면서 뒤에 있는 짝과 손뼉을 마주 친다. 이때 리더는 '하나' '둘' '셋' '넷' '다섯' '여섯' 등으로 수를 세면서 손뼉의 박자를 맞춰 준다.

3) 돌아서 엇갈려 손뼉 치기

이는 가볍게 허리를 풀어 주는 운동이다. 방법은 두 사람의 간격을 60~70cm 정도로 하여 등을 대고 선다. 무릎을 살짝 구부린 상태에서 서로 오른쪽으로 방향을 돌리게 하고, 서로 엇갈리게 해서 허리를 틀어 마주 보며 손뼉을 친다. 이때 발은 11자로, 약 30cm 정도 벌린 상태에서 발바닥이 돌아가지 않도록 한다.

4) 등 대고 팔짱 끼고 앉았다 일어나기

이는 하체를 튼튼하게 단련시키는 것으로, 두 사람의 힘의 균형이 맞아야만 할 수 있다. 따라서 이 동작을 통하여 두 사람은 서로를 이해하는 마음과 조화를 이루려는 마음을 가질 수 있다. 방법은 앉은 상태에서 서로 등을 맞대고 팔짱을 낀다. 그리고 두 사람이 동등하게 힘을 주며 서로의 등에 의지하여 앉았다 일어나기를 반복한다.

5) 손을 잡고 앉았다 일어나기

이는 다리근육을 단련시키고 팔의 지구력을 길러 준다. 방법을 보면, 다리는 어깨보다 좁게 벌리고, 무릎을 구부렸을 때 두 사람의 무릎 사이가 주먹 하나 들어갈 정도의 간격으로 마주 보고 선다. 그런 다음 서로 손을 마주 잡고 상체를 약간 뒤로 젖히면서 앉았다 일어나기를 계속한다.

6) 한손 잡고 넘어뜨리기

이 방법은 팔의 힘을 강화시킨다. 두 사람의 다리는 일자 자세로 하고, 한 발은 앞으로 다른 발은 뒤로 하여 서로 마주 본다. 앞으로 내민 발은 두 사람이 맞댄 상태에서 서로 한 손을 잡아 서로 자기 몸 안쪽으로 잡아당긴다. 이때 발이 떨어져 넘어간 사람이 지는 것으로 하게 되면 재미있는 게임이 될 수 있다.

7) 옆구리 신전운동

옆구리와 늑골을 늘려 펴 줌으로써 근력을 강화하고 디스크를 예방한다. 방법은 두 사람이 옆으로 서서 한 발을 맞댄다. 두 사람이 한 손은 밑으로 하여 잡고 다른 손은 머리 위로 잡는다. 바깥쪽에 있는 다리는 구부리고 안쪽에 있는 다리는 펴면서 서로 같은 방향으로 손을 당긴다. 발을 바꾸어도 좋다.

8) 인간 시소

두 삶이 서로 마주 보고 서서 발끝을 맞댄다. 서로가 두 손을 마주 잡고 한 명은 바닥에 앉고 다른 한 명은 서게 된다. 서로 약간씩 당기면서 무릎이 닿지 않도록 한다. 만일 서로 간의 힘의 분배가 정확하지 않으면 두 사람은 일어서고 앉는 움직임이 부드럽지 못하거나 넘어질 수 있다. 반드시 두 사람은 발끝을 붙여야 하고 힘의 균형을 유지한 상태에서 시소를 타듯이 서로 번갈아 가며 앉았다가 일어나기를 반복한다.

32 내가 만난 짝

이 활동은 짧은 시간에 많은 사람을 소개할 수 있어 집단 초기에 친밀감과 신뢰관계를 유도하는 데 매우 효과적이다. 집단성원의 수는 제한이 없으나 성원들이 자유롭게 움직일 수 있는 넉넉한 공간이 좋다. (청소년/성인)

두 사람이 만나 간단히 자기를 소개하고, 점차 새로운 짝을 만나면서 이전에 만났던 짝을 소개해야 하기 때문에 집중해서 상대방의 이야기를 들어야 한다.

"지금부터 두 사람이 만나 서로 자신을 소개할 겁니다. 서로 소개를 마치고 나면 다시 새로운 짝과 만날 겁니다. 이때 첫 번째 만난 짝을 두 번째 만난 짝에게 소개한 다음 다시 서로를 소개합니다. 그런 다음 다시 새로운 짝을 만나면, 첫 번째 짝, 두 번째 짝에 대해 소개하고 다시 자신을 소개합니다. 새로 만난 짝에게는 이전에 만난 짝을 계속 소개해야 하기 때문에 가능하면 집중해서 상대의 이야기를 경청하시기 바랍니다. 지금부터 두 사람씩 짝을 만납니다. 시작~."

이때 이전에 만난 사람은 만나지 않도록 한다. 집단리더는 서로 소개하는 시간이 충분하다고 생각되면 신호를 보내 마무리하고 새로운 짝을 만나도록 적절히 시간을 안내해야 한다.

33 최면놀이

이 활동은 친밀감과 관계증진을 위한 놀이이며, 경쾌한 활동으로 진행할 수 있기 때문에 참여동기와 자발성을 증진시키는 효과가 있다. 집단성원의 수는 제한이 없으나 자유롭게 움직일 수 있는 넉넉한 공간이 필요하다. (초 4~6/청소년/성인)

두 사람이 서로 마주 보고 손과 얼굴이 하나가 되는 활동이다. 집단성원의 수와 관계없이 가능하며, 두 사람이 짝이 되어 한 사람은 최면가, 다른 사람은 피최면가가 된다.

가위바위보를 해서 이긴 사람이 최면가, 진 사람이 피최면가가 되도록 한다. 최면가가 한 손으로 피최면가의 얼굴을 향해 '레드 선!' 하면, 최면에 걸린 것으로 한다. 최면가의 손바닥과 피최면가의 얼굴이 30cm 정도 거리에서 최면가가 손바닥을 움직이면 피최면가는 30cm 이상 벗어나지 않는 상태로 같이 움직여야 한다. 이때 경쾌한 음악과 함께하면 놀이는 더욱 흥미롭다. 이렇게 한 다음, 역할을 바꿔서 진행한다.

변형

이 놀이는 3인이 진행할 수 있다. 3인이 진행할 경우에는 한 사람이 최면가가 되고, 두 사람은 최면가의 왼손과 오른손에 최면에 걸린 것으로 할 수 있다. 최면가가 경쾌한 음악과 함께 왼손과 오른손을 움직이면 두 사람은 피최면가가 되어 활동에 참여하게 된다. 또 다른 방법은 한 사람의 최면가가 무대 앞으로 나와 집단성원 전체를 대상으로 최면놀이를 할 수 있다. 무대에 나온 최면가가 집단성원 전체에게 손바닥으로 최면을 걸어 좌, 우, 전, 후로 움직이면서 집단을 이끌 수 있다.

34 청개구리 대화, 앵무새 대화

　이 활동은 집단성원들에게 두 가지 방식의 대화를 통해 의사소통의 중요성을 알게 하고, 적절한 소통을 통해 상호 친밀감과 관계를 증진시키는 놀이다. 둘이서 하는 활동이기 때문에 집단성원의 수는 제한이 없다. (초 4~6/청소년/성인)

　집단성원들을 2인 1조가 되게 한다. 이때 한 사람은 말하는 사람(화자), 한 사람은 듣는 사람(청자)이 되는데, 역할을 교대로 하여 진행하게 된다.

　"여러분! 청개구리 아시죠? 청개구리는 말을 잘 안 듣는 것을 말합니다. 한마디로 딴짓을 하는 경우를 말하죠. 이 게임은 우리가 청개구리가 되어 보는 겁니다. 먼저 청개구리가 되어 본 다음, 나중에 그와 정반대로 상대의 이야기를 아주 진지하게 관심을 갖고 들어 주는 역할을 해 볼 거예요. 화자는 청자에게 오늘 있었던 일들을 이야기하면 청자는 엉뚱하게 딴짓을 하는 청개구리가 되는 겁니다. 그렇게 한 다음 다시 역할을 바꾸어 청자가 화자가 되어 같은 방식으로 하는 겁니다. 알았죠?"

　이렇게 해서 두 사람 모두 청개구리가 되어 보게 한 다음, 다시 앵무새 대화를 하게 한다.

　"이번에는 청개구리가 아니라, 아주 말을 잘 들어 주는 앵무새 대화를 해 보는 겁니다. 화자가 앞에서 했던 이야기를 다시 하면 청자는 정말 진지하게 관심을 갖고 앵무새처럼 화자가 한 말을 따라 하는 겁니다. 이것이 정말 경청을 잘하는 대화랍니다. 이때 청자는 몸을 화자 쪽으로 기울이고 눈도 화자를 응시하는 반응을 보이겠죠? 두 사람 다 경험해 보세요."

이 놀이는 대화에서 경청의 중요성을 이해시키는 것이지만, 조금 더 즐겁게 시도해 보면 놀이처럼 될 수 있다. 집단리더는 이 경험을 다 하고 난 다음, 집단성원들에게 서로의 느낌을 나누도록 할 수 있다.

35 좀 난처하네요!

    이 방법은 집단성원들이 서로 친숙해질 때 적용하는 방법으로, 집단의 응집력을 향상시키는 데 효과적인 방법이다. 집단성원의 수는 약 20명 내외가 좋다. 준비물은 다음의 내용이 적혀 있는 종이를 각자에게 나눠 준다. (청소년/성인)

    집단리더는 다음 10가지 지시가 적혀 있는 종이를 집단성원들에게 나누어 준다. 그런 다음 종이에서 지시하는 내용을 그대로 실천하게 한 후 확인(사인)을 받아 오도록 한다. 이때 가장 빨리 사인을 받아 온 사람에게 간단한 보상(선물)을 줄 수 있다(전국재, 1995).

---

1. 아무에게나 붙잡고 강제로 팔굽혀펴기를 10번 시키고 사인을 받아 오십시오.
2. 다른 사람의 종아리 털을 딱 한 개 뽑아 오고 확인을 받아 사인을 받아 오십시오.
3. 아무에게나 붙잡고 동요 〈산토끼〉를 1절 크게, 빨리 부르도록 한 다음 사인을 받아 오십시오.
4. 다른 사람의 등에 올라타고 매미가 되어 '맴-맴' 하고 열 번 울고 사인을 받아 오십시오.
5. 앉았다가 일어서기를 20번 한 다음 다른 사람으로부터 확인을 받아 오십시오.
6. 다른 사람이 보는 앞에서 재주넘기(뒹굴기)를 두 번 하고 확인을 받아 오십시오.
7. 오리걸음으로 15걸음을 걸은 다음 확인을 받아 오십시오.
8. 고무밴드를 2개씩 가지고 다른 사람의 머리를 우스꽝스럽게 치장해 주십시오.
9. 남의 양말을 벗기고 다시 뒤집어 신기십시오.
10. 아직 인사를 나누지 못한 다섯 사람을 찾아가서 인사를 나누고 사인을 받아 오십시오.

---

36 발끝 대고 일어서기

이 활동은 집단성원들이 협력적인 관계에서 이루어져야 하는 활동으로, 관계를 증진하는 데 매우 효과적이다. 공간은 집단성원들이 자유롭게 앉았다 일어날 정도로 넉넉해야 하며, 집단성원의 수는 제한이 없다. (초4~6/청소년/성인)

두 사람이 서로 마주 보게 한 후 서로 손을 잡은 상태에서 발가락 끝을 대고 앉게 한다. 이때 두 사람은 서로 양손을 잡고 동시에 일어나야 한다. 넘어지거나 자세가 흐트러지는 경우에는 다시 실시한다. 처음에는 두 사람, 네 사람, 여섯 사람 등 인원을 늘려 가면서 진행할 수 있다. 이때 옆 사람의 손을 잡고 옆 사람의 발을 붙여서 앉았다 일어서게 된다. 한 조의 인원이 6인 이상 초과하게 되면 일어서기 힘들게 된다. 그럼에도 집단성원들에게 같은 조건에서 일어나도록 했을 때 서로 우왕좌왕하게 되고 방법을 찾게 된다. 이렇게 인원이 늘어나게 되면 바로 옆 사람의 손을 잡지 않고 한 사람 건너서 손을 잡게 되면 쉽게 일어날 수 있다.

변형

서로 발끝을 대고 일어나는 것과 다르게, 서로 등을 대고 일어나는 방법도 있다. 처음에는 두 사람이 팔짱을 끼고 등을 대고 앉았다 일어나지만 점점 네 사람, 여섯 사람 등으로 인원을 늘려 간다. 4인의 경우에도 뒤로 돌아서 팔짱을 끼되 옆 사람의 어깨를 대고 앉아야 한다. 인원수가 늘어날수록 원의 공간은 점점 커지게 된다. 잘 일어날 수 있는 방법은 서로 옆 사람의 어깨를 밀착시키면서 발바닥이 밀리지 않도록 하는 것이다.

37 방석 술래

 이 활동은 '짝 바꿔'와 유사하다. 그러나 특정한 사람들이 함께 모이도록 하기 때문에 자연스럽게 다양한 성향의 사람들과 친밀해지고 관계를 향상시키는 효과가 있다. 집단성원의 수는 20~30명 내외가 적당하며, 공간은 의자가 없이 방석이 깔려 있는 방이 좋다. 준비물은 술래만 앉을 수 있는 방석 한 개만 있으면 된다. (청소년/성인)

 "우선 제가 술래가 되겠습니다. 술래만 방석에 앉을 수 있답니다. 방석에 앉아 있는 제가 어떤 특정한 조건을 말하면 여러분은 그 조건에 해당되는 사람들끼리 서로 짝이 되어 주셔야 합니다. 짝을 못 찾은 분은 제가 방석을 줄 것입니다. 그러면 그 사람이 술래가 되는 겁니다. 물론 술래도 얼른 짝이 되어야 합니다. 지금부터 시작합니다. 안경 쓴 사람 1명, 안경 안 쓴 사람 3명!(서로 모일 수 있는 시간을 주고) 자, 두 사람 빼고 대부분은 조건에 맞는 4명이 모였으니 4명에서 서로 자신들을 소개해 주세요."

 이렇게 했을 때 해당되는 사람 4명이 모인 사람들은 성공한 것이지만 그렇지 못한 사람들은 따로 모여 앉게 된다. 집단성원들이 특정한 조건(예: 여자 2명과 남자 3명 / 40대 이상 1명에 40대 미만 2명 / 공부하기 싫은 사람 2명에 공부하고 싶은 사람 1명 / 좋아하는 계절이 겨울인 사람 2명과 봄인 사람 1명 등)에 해당되는 사람들끼리 모이게 되면, 집단리더는 서로 소개하거나 주제를 주고 서로 나누기를 할 수 있는 시간을 준다. 만일 4명이 되지 못해 3명이 짝을 찾지 못했다면 3명이 서로 가위바위보를 해서 진 사람이 술래가 된다. 이렇게 해서 술래가 정해지면 리더는 술래를 방석에 앉게 하고, 술래가 다시 어떤 조건을 말하도록 한다. 이때 술래는 모이는 수를 자유롭게 선택할 수 있다.

38 풍선놀이

　풍선을 이용한 활동적인 놀이는 집단성원들이 자연스럽게 친밀해지고 관계를 촉진하는 협동놀이다. 집단성원의 수는 20~30명 내외가 적당하며 조별로 움직일 수 있을 정도의 넓은 공간이 필요하다. 준비물은 풍선이다. 주의할 점은 발을 쓰지 않도록 하는 것인데, 이는 다칠 수 있기 때문이다. (초 4~6/청소년/성인)

　처음에는 두 사람이 짝이 되어 서로 손을 잡는다. 집단리더는 불어진 풍선을 하나씩 주고 두 손과 머리로만 풍선을 떨어뜨리지 않도록 한다. 조금 익숙해지면 다시 4명씩 모여 한 개의 풍선을 손과 머리만 써서 떨어뜨리지 않도록 한다. 4명이 풍선놀이에 조금 익숙해지면 다시 8명씩 모여 풍선놀이를 한다. 이때 집단리더는 각 조에 풍선을 1개만 주다가 점차 2개, 3개로 늘려 준다. 가장 오랫동안 떨어뜨리지 않는 조에게는 가벼운 보상을 줄 수 있다.

변형

　풍선을 활용하는 놀이는 다양하다. 두 팀으로 나누어 앉아서 하는 풍선배구와 서서 하는 풍선족구도 가능하다. 또한 풍선폭탄놀이는 전체가 빙 둘러앉아 서로 노래를 부르면서 풍선을 오른쪽으로 돌리도록 한다. 이때 노래가 끝났을 때 풍선을 갖고 있는 사람은 풍선을 폭탄처럼 터뜨리게 된다.

39 활주로 놀이

이 활동은 집단성원들에게 친밀감과 신뢰관계를 향상시키는 흥미로운 활동이다. 활주로를 통해 목표를 달성하는 과정에서 불가피한 난관이나 역경이 있을 수밖에 없다는 현실을 이해시키는 데도 효과적이다. 집단성원의 수는 20~40명 내외가 적당하다. 공간은 앉아 할 수 있는 비교적 넓은 무대나 방이 필요하다. (초 4~6/청소년/성인)

"지금부터 우리는 활주로 놀이를 시작하겠습니다. 비행장 활주로에는 무엇이 있죠? 하나는 관제탑이 있고 다른 하나는 비행기가 있습니다. 지금부터 여러분은 두 줄로 앉아 활주로를 만들 겁니다. …… 두 줄로 길게 앉아 약 1m의 거리를 두고 서로 마주 봅니다. 여러분이 만든 두 줄 사이가 바로 활주로입니다. 이제 관제탑에는 관제사가 있고 비행기에는 조종사가 있습니다. 지금부터 조종사 한 명과 관제사 한 명이 필요합니다. 여러분 모두가 조종사와 관제사가 될 수 있으면 좋겠지만 몇 개의 조만 진행하려고 합니다. 자, 누구든 조종사와 관제사가 될 수 있습니다. …… 좋습니다. 첫 번째 조가 나왔군요. 한 사람은 조종사, 한 사람이 관제사가 되십시오. 관제사는 맨 앞쪽에 있는 의자 위에 서서 관제를 할 것이고, 조종사는 맨 뒤쪽에 천으로 눈을 가린 상태로 있을 것입니다. 그런데 활주로에는 불가피하게 장애물이 있습니다. 이 활주로에는 우선 2개의 장애물이 있습니다. 활주로에 있는 여러분은 지금부터 발로 2개의 장애물을 만들어 주세요. (이때 활주로 역할을 한 2명이 거리를 두고 발을 뻗는다.) 조종사는 눈을 가렸고, 관제사는 의자에서 내려와 한번 돌아보시고 어떻게 관제를 할 것인지 확인하세요. …… 자, 되셨지요. 지금부터 관제사가 눈을 가린 조종사를 말로 안내를 할 것인데, 관제를 잘 못해서 옆에 있는 활주로나 장애물에 닿게 되면 비행은 폭발하는 것으로 합니다. 또 하나 중요한 것은, 시작하면 활주로 역할을 하는 여러분은 절대 움직여서는 안 됩니다. 조종사는 말을 못합니다. 그저 관제사가 말한 대로 움직여서 활주로 앞쪽까지 무사히 와야 비행을 성공한 것이 됩니다."

이때 장애물을 2개에서 3개나 4개로 늘릴 수 있고 발이 아닌 다른 형태로 만들 수 있다. 이렇게 해서 몇몇 조가 관제사-조종사 역할을 하고 나면, 집단성원들은 자신의 삶의 장애물에 대해 소감을 나누도록 한다. 이후 심리극이나 역할극을 실시할 수 있다.

원 안에서 넘어지기

이 활동은 집단성원들에게 서로 신뢰와 친밀감을 촉진하는 매우 의미 있는 방법이다. 집단성원의 수는 20~30명 내외가 적절하다. 집단성원을 7~8명씩 한 조가 되게 하여 몇 개의 조로 나누어 진행할 수 있다. (청소년/성인)

시작에 앞서 두 사람이 한 조가 되게 한다. A가 눈을 감고 발을 모아 뻣뻣한 자세로 팔짱을 끼고 서 있으면, B는 A의 등 뒤에서 50~70cm 정도 떨어져 오른발이나 왼발을 뒤로 해서 두 손을 들고 서 있게 된다. 이때 A가 뻣뻣하게 뒤로 넘어지면 B는 두 손으로 A의 등을 붙잡아 넘어가지 않도록 하는 연습을 하게 된다. 서로 역할을 바꾸어 연습을 하게 한 후 조별로 실시한다.

이어서 7~8명씩 한 조가 되게 하고, 집단성원들이 서로 어깨가 닿지 않도록 하여 작은 원을 만든다. 차례로 술래가 되어 원 안 중심에 들어가 눈을 감고 팔짱을 끼고 뻣뻣한 자세(통나무처럼)로 발을 모으고 선다. 술래가 마음대로 천천히 이곳저곳으로 방향을 돌려 3~4번 정도 뒤로 넘어지면 다른 집단성원들은 술래가 땅에 닿지 않도록 잘 받쳐 줘야 한다. 받쳐 줄 때는 적어도 두 사람 이상이 한 발은 앞으로 한 발은 뒤로 하여 넘어지는 술래를 절대 바닥에 쓰러지지 않도록 해야 한다. 술래는 다른 사람들이 자신을 받쳐 줄 것이라는 믿음을 가져야 한다. 즉, 자신의 의지에 의해서가 아니라 몸이 일직선을 유지한 상태에서 중력의 법칙에 따라 아무런 저항이 없이 그대로 쓰러져야 한다. 이때 신뢰감이 낮은 사람은 주저주저하게 되는데, 집단성원들이 전부 술래를 경험한 다음 소감을 나누는 게 중요하다.

변형 1

유사한 방법이 '원뿔 돌리기'다. '원뿔 돌리기'는 위와 같은 방식으로 진행하되 원 안에 있는 술래는 팔짱을 끼고 마치 통나무처럼 넘어가게 된다. 이때 원에서 술래를 받쳐 주고 있는 사람들은 통나무가 된 술래를 여기저기로 돌려줘야 한다. 이렇게 1~2바퀴 돌면 술래를 바꾸어 진행한다.

변형 2

집단성원들의 신뢰감을 형성하고, 집단에 대한 심리적 안정감을 유도할 수 있는 또 다른 방법이 있다. 집단성원들을 7~8명의 소집단으로 나눈 다음, 각 집단을 원으로 만든다. 각 집단에서 원을 만든 사람들은 무릎은 편 상태로, 발끝을 모두 모아 원형으로 둘러앉는다. 원뿔 돌리기와 마찬가지로 한 집단성원이 술래가 되어 집단성원들의 발끝이 모아진 원 중심으로 들어가 눈을 감고 두 발을 모으고 꼿꼿이 선다. 그런 다음 통나무처럼 어느 쪽으로든지 쓰러진다. 앉은 사람들은 넘어지는 술래를 적어도 2~3명이 두 손으로 잘 받아서 옆 사람에게 잘 넘긴다. 이때 집단성원들 모두가 돌아가면서 술래를 경험한다.

41 이름에 얽힌 사연

이 활동은 심리극이나 집단 프로그램을 시작할 때 집단성원들에게 상호 친밀감과 신뢰감을 갖도록 한다. 집단성원의 수는 10~30명 정도가 적절하다. 이름표를 달고 하는 것도 가능하다. (청소년/성인)

집단 초기에 이름만 소개하지 않고 이름에 얽힌 사연을 소개함으로써 집단성원들이 서로의 이름을 더 잘 기억하도록 돕는다. 또한 이름을 소개하는 성원은 자신의 이름에 얽힌 사연을 떠올려 자신에 대해 새롭게 이해하는 기회를 가질 수도 있다.

"이번 시간은 각자 돌아가면서 자신의 이름에 얽힌 사연을 소개하도록 합니다. 자신의 이름을 누가 지었고, 이름의 의미가 무엇이며, 태어날 때 가족은 어떻게 구성되어 있었고, 가족들은 자신을 환대했는지 등에 대해 이야기를 해 주시면 됩니다."

이때 이름에 얽힌 사연을 잘 모르는 집단성원들에게는 스스로 이름의 의미를 찾아보도록 유도한다.

42 바닷가에서 생긴 일: 의인화 게임

이 활동은 집단성원들에게 상상력을 풍부하게 해 주고, 자신의 성격을 이해하게 할 뿐만 아니라, 상상 속에서 자유로움을 만끽하게 해 준다. 또한 마음의 안정을 통해 서로에게 신뢰감을 갖게 해 준다. 집단성원의 수는 20명 내외가 적절하다. (청소년/성인)

우선 잔잔한 음악을 들려준다. 공간은 어둡게 하는 게 좋으며, 밤이면 조명을 약하게 하는 게 더 좋다. 집단성원 전체가 무대나 바닥에 편하게 눕도록 한다. 그리고 집단리더는 다음과 같이 이야기한다.

"이제 여러분은 바닷가에 있는 사물이 될 겁니다. 그런데 이 사물은 말을 할 수 있습니다. 마음대로 상상의 나래를 펴시고 바닷가에 있는 그 무엇이 되어 보세요. 물론 같은 것이 있으면 안 됩니다. 지금부터 자신이 누군지 소개해 봅시다."

이때 집단성원은 자신을 '바위' '조개' '모래' '숭어' '부표' '통통배' '구름' '갈매기' '꽃게' 등으로 소개할 수 있다. 예컨대, 집단성원이 자신을 '바위'라고 소개할 때 마치 자신이 바위가 된 느낌으로 "얘들아, 안녕! 난 바위야. 이렇게 만나서 반가워. 나랑 많이 놀자."라는 식으로 소개한다. 이런 식으로 각자가 자신을 소개 한 다음, 각각의 사물들이 서로 자유롭게 이야기하면서 상상의 놀이를 하도록 한다.

약 5~10분 정도 여행을 마치고 나면, 집단성원들이 원으로 둘러앉아서 자신이 왜 그 사물을 선택했는지, 그 사물과 자신이 어떤 연관이 있는지를 서로 이야기한다. 이 과정에서 심리극의 주인공이 등장할 수 있다. 선택된 주인공이 바다여행을 더 하고 싶다면, 심리극의 첫 장면에서 바다여행을 더 할 수 있게 해도 좋다. 이 여행을 통해 주인공이 자유를 만끽하게 되면 내적인 에너지가 상승하여 자발성이 높아질 수 있다.

변형

'바닷가의 여행' 외에도 집단성원들이 원하는 곳을 선택할 수 있다. 예컨대, 숲속, 호숫가, 바닷속 등으로도 가능하다. 이 과정에서 자연물이 되었을 때 이를 음성으로 표현하게 할 수 있다. 예컨대, 갈매기는 '끼룩, 끼룩', 바람은 '쉬-이익~', 비바람은 '쉬-- 쏴-' 하고 말이다. 바닷속 여행에서 각 집단성원들은 자신이 어떤 물고기인지 소개하도록 하고 물고기가 되어 서로 놀이를 하도록 한다.

43 눈으로 말해요

이 활동은 집단 초기에 실시하는 게 적절하며, 집단성원들 전체가 서로 눈으로 마음을 나누도록 하기 때문에 상호 신뢰감을 촉진시킨다. 이때 무대 조명은 약하게 한 상태로 실시한다. 인원은 10~20명 내외가 적절하다. (청소년/성인)

집단성원들에게 조용하고 잔잔한 음악을 들려주면서 한적한 바닷가를 연상하도록 한다. 이때 집단성원들은 눈을 살짝 뜨고 무대에서 자유롭게 오가면서 자신이 바닷가 백사장에서 아주 편안하고 즐거운 시간을 만끽하고 있다고 상상하게 한다.

"자, 여러분은 지금 아주 한적한 바닷가에 와 있습니다. 모든 근심과 걱정에서 벗어나 아주 편안하고 여유 있는 시간을 갖고 있습니다. …… 여러분이 백사장을 거닐고 있는 동안 가끔씩 사람들을 만나게 될 것입니다. 여러분의 옷깃을 스치는 어떤 사람을 만나게 되면 눈을 살짝 뜨고 그 사람과 눈으로 10초 정도 이야기를 나누세요. …… 그리고 다시 바닷가를 연상하고 아주 천천히 거닐어 보세요. …… 또 누군가를 만났을 때는 다시 눈을 살짝 뜨고 10초 정도 눈으로 이야기를 나누세요. …… 제가 '그만' 하라고 할 때까지 서로 인사를 나누면서 바닷가를 거닐어봅니다."

변형

집단리더는 '눈으로 말해요'를 경험한 집단성원들에게 '차 한잔 마시고 싶은 사람' '여행을 같이 가고 싶은 사람' '내 이야기를 가장 잘 들어 줄 것 같은 사람' 등을 만나도록 한다. 두 사람이 만나 서로 눈을 바라보면서 눈으로 이야기를 나눈 다음, 이어서 자연스럽게 하고 싶은 이야기를 나누게 한다. 또 주인공이 된다면 어떤 주제를 다루고 싶은가를 이야기하게 할 수도 있다.

이건 모두 너 때문이야!

　이 활동은 집단성원들이 친밀하고 신뢰관계가 형성되었을 때 실시한다. 이 과정에서 집단성원들은 감정을 마음껏 발산하여 감정의 정화와 깊은 협력적 관계를 갖는 효과가 있다. 주의할 것은 절대 장난을 치지 않고 진지하게 하도록 해야 한다. 집단성원의 수는 20~30명 내외가 적절하다. 진행과정을 보면 다음과 같다. (청소년/성인)

　집단성원들을 같은 수로 하여 두 집단으로 나눈다. 그리고 두 개의 원을 만들어 하나의 원은 안쪽에 배치하고, 다른 원은 바깥쪽에 배치한다. 이때 안쪽에 있는 사람과 바깥쪽에 있는 사람은 약 100cm 정도 떨어져 서로 바라보고, 옆 사람과는 약 50cm 정도 떨어져 있

도록 한다. 안쪽 사람과 바깥쪽 사람은 서로 눈을 바라보고 선다. 본격적으로 바깥쪽에 있는 사람은 무릎을 약간 굽히고 두 손을 위에서 아래로 뿌리면서 "이건 모두 너 때문이야!"라고 크게 외친다. 한 사람에게 3번 정도 실시한 다음, 바깥쪽 사람이 오른쪽으로 한 칸 옮긴다. 다시 앞사람의 눈을 보고 같은 방식으로 "이건 모두 너 때문이야!"라고 3번 외친다. 이런 식으로 오른쪽으로 한 바퀴 돌아 제자리로 돌아오면, 안쪽과 바깥쪽이 서로 바꾸어 같은 방식으로 진행한다.

이렇게 하여 두 집단 모두 감정을 분출하고 나면 서로 돌아가며 안아 주면서 응원과 격려를 해 준다.

45 인기 있는 공

이 활동은 집단 초기에 서로에 대해 아는 것이 거의 없을 때 서로를 이해하고 상호신뢰를 촉진하도록 하는 효과가 있다. 집단성원들의 수는 20~30명 내외가 적절하다. 집단리더는 공을 하나 준비하고 집단성원들을 둥글게 앉게 한 다음, 다음과 같이 안내를 한다. (초 4~6/청소년/성인)

"이제 좀 더 여러분을 이해할 수 있는 시간을 가져 볼까 합니다. 지금 제 손에 공이 하나 있죠? 제가 이 공을 어떤 사람에게 주겠습니다. 받은 사람은 자기소개를 잠시 해 주시고, 이어서 제가 몇 가지 질문을 할 것입니다. 공을 받은 사람은 저의 질문에 답변을 해 주고, 답변이 다 끝나면

집단성원들 중에서 궁금한 사람에게 이 공을 다시 주면 됩니다. 또 받은 사람은 자신을 간단히 소개하고 공을 준 사람의 질문에 답변을 하시면 됩니다."

이렇게 모든 사람이 돌아가면서 공을 받아 자신을 소개하고 나면 마무리한다.

변형

이때 공 대신에 천이나 손수건, 마이크, 특별한 사물 등을 사용해도 좋다. 집단리더가 손수건을 사용한다면, 손수건을 받은 사람은 자기소개를 간단히 하고 손수건을 준 사람의 질문에 적절히 답변하도록 한다. 이 놀이는 집단 프로그램이 끝나 서로 소감을 나눌 때도 같은 방법으로 활용할 수 있다. 순서대로 돌아가면서 자기를 소개하거나 소감 나누기를 할 때 마음의 준비를 하느라 불편할 수 있는 사람이 있다. 순서에 관계없이 누군가에게 선택받을 때 집단성원들은 좀 더 편안하게 느낄 수 있다.

시각장애인 여행

　이 활동은 상대를 의지해야 할 수밖에 없는 의도된 상황에서 타인에 대한 신뢰를 촉진하는 방법이다. 집단성원의 수는 제한이 없으나 활동공간이 넉넉해야 한다. (청소년/성인)

　'시각장애인 여행'은 야외에서 해도 좋고, 실내에서 해도 좋다. 실내에서 할 때도 야외에서 할 때처럼, 두 사람씩 짝을 지어 서로 교대로 시각장애인과 안내자의 역할을 한다. 안내자는 눈을 감은(혹은 수면안대를 낀) 시각장애인이 무대나 객석을 돌아다니면서 사물들을 만지고 느껴보도록 유도하는 게 좋다. 가능하면 말을 하지 않도록 하고, 시각장애인으로서 충분히 느껴 보도록 안전하게 안내하는 게 필요하다. 그리고 안내자는 이 과정에서 시각장애인이 신뢰감을 갖도록 매우 신중하게 안내해야 한다. 이 과정이 끝나면 역할을 바꿔서 같은 방식으로 진행한다.

　두 사람 모두 이 경험을 한 다음, 4~6명 정도 모여 시각장애인으로서 느낌, 안내자로서의 느낌을 함께 나누도록 한다.

비언어적 의사소통 게임

　이 활동은 집단성원의 수와 관계없이 가능하며, 많은 비언어적 요소가 우리의 의사소통에 포함되고 있다는 것을 이해하는데 도움이 된다. 또한 두 사람이 비언어적인 대화를 통해 소통하도록 하여 상호신뢰 관계를 촉진시킬 수 있다. 2인씩 하기 때문에 집단성원의 수는 제한이 없다. (청소년/성인)

　집단성원들을 2인 1조가 되게 한다. 두 사람은 말을 절대 하지 않고 눈, 얼굴 표정, 제스처 등으로 서로 의사소통을 한다.

　"지금부터 비언어적 의사소통 게임을 해 볼까 합니다. 비언어적 의사소통이란 손짓, 눈짓, 발짓은 다 할 수 있어도 말은 못하는 것입니다. 두 사람이 한 조가 되었으니까 두 사람은 자신이 하고 싶은 이야기를 하는데, 말은 절대 사용하지 않고 손과 얼굴표정 등 모든 제스처를 사용하여 이야기를 나눠 보시기 바랍니다."

　이렇게 비언어적인 방법으로 의사소통을 하도록 한 후, 서로 느낌을 나누게 한다.

변형 1

　앞의 방법처럼 처음에는 음성 언어가 없는 방식으로 손짓과 발짓, 표정만으로 의사소통을 하도록 한다. 그다음 새로운 짝을 만나 의미가 없는 음성(아, 어, 음, 이 등)을 포함하여 손짓, 발짓, 표정으로 의사소통을 했을 때 어떤 차이가 있는지를 느끼도록 한다.

변형 2

　앞의 방법처럼 주제가 없이 비언어적으로 의사소통을 하도록 하는 방법과 다르게 리더가 특정한 주제를 줄 수 있다. ① 좋아하는 계절, ② 가장 좋아하는 여행지, ③ 가장 싫어하는 사람, ④ 가장 좋아하는 음식, ⑤ 자신의 가족을 소개하기 등이다. 다 끝나고 나면 서로 상대의 이야기를 잘 이해했는지를 확인하도록 한다.

48 실내 짝 체조

실내에서 하는 이 짝 체조는 신체 동작을 통해 신체를 이완시키며, 집단성원들이 서로 친밀감을 갖도록 하는 데 유용하다. 집단성원의 수는 10~30명 내외가 적절하며, 활동하기에 적절한 공간이라면 인원은 제한이 없다. 리더는 음악을 준비하는 게 좋다. 실내체조의 종류는 다음과 같다. (초 4~6/청소년/성인)

① 달리기(개인): 실내에서 음악에 맞추어 제자리 달리기를 한다.
② 앞으로 구르기(개인): 타이밍을 맞추어 동시에 구른다. 앞으로 구르기를 한 다음 점프를 하고 공중에서 두 손을 마주 친다.
③ 발 흔들기(2인): 두 사람이 서로 마주 보고 서서 두 손을 마주 잡고 한쪽 발로 선 다음, 다른 한쪽 발을 옆으로 크게 흔든다. 또 앞뒤로 크게 리듬에 맞춰 같은 템포로 흔든다.
④ 굽히기(2인): 두 사람이 서로 마주 보고 앉아서 다리를 벌리고 발바닥을 서로 맞댄다. 두 손을 서로 잡고 교대로 앞으로 굽혔다가 뒤로 젖힌다. 가능하면 동작을 크게 한다.
⑤ 뒤로 물건 건네기(2인): 두 사람이 약 50cm 정도 거리를 둔 다음 반대를 보고 서게 한다. 두 사람은 몸을 뒤로 젖혀 손에 물건이 있다고 상상하고 그 물건을 뒤에 있는 사람에게 건네준다. 그다음 몸을 앞으로 굽혀 손바닥을 지면에 닿게 한다. 차츰 간격을 넓히면서 반복한다.
⑥ 접시 돌리기(혼자): 양발을 어깨너비로 벌리고 오른손 손바닥에 접시가 놓여 있다고 상상하도록 하고, 접시를 올린 오른손을 몸 안쪽으로 감아 한 바퀴 돌려 바깥쪽으로 돌리되, 아래에서 위로 돌려 올라간다. 이렇게 한 다음 왼손도 똑같이 한다. 다 하고 나면 양손으로 한꺼번에 접시 돌리기를 한다.

49 꿀 샤워

이 활동은 집단성원들 간의 진정한 만남과 자존감을 향상시켜 집단성원들이 서로 신뢰할 수 있도록 할 수 있다. 집단성원의 수는 제한은 없으나 소집단으로 8~10명이 되게 하여 운영할 만큼 공간이 넉넉해야 한다. (초 4~6/청소년/성인)

1단계는 먼저 2인 1조가 되게 하여 두 사람이 서로 자신의 장점을 소개한다. 그리고 집단성원들을 8~10명 정도 모이도록 한 다음, 두 사람이 한 조가 되어 서로 자신의 짝을 다른 사람들 앞에서 간단히 소개한다. 이렇게 하여 모두 서로를 소개하도록 한다.

2단계는 1단계에 참여한 8~10명 모두를 둥글게 앉도록 한 다음, 원의 한가운데에 빈 의자를 하나 놓는다. 이 의자가 '꿀 샤워' 자리가 된다. 꿀 샤워 자리에 돌아가면서 한 사람씩 앉게 되면, 나머지 7~9명은 가운데 앉은 사람을 위해 평소 혹은 집단에 참여하면서 느꼈던 장점이나 좋은 점을 하나씩 선물한다. 한 사람이 끝날 때 마지막에는 모든 사람들이 두 손으로 물이 흐르는 것처럼 위에서 아래로 흘러 내리게 하면서 '쏴아~~' 하고 꿀 샤워를 해 준다. 이런 식으로 모든 사람들이 꿀 샤워를 받으면 마친다.

2단계를 모두 마친 후 집단성원들은 '꿀 샤워' 자리에 앉아 선물을 받을 때의 기분과 타인에게 선물을 줄 때의 기분을 서로 나누기 하도록 한다.

변형

집단성원의 수만큼 종이를 준비한다. 집단성원들에게 종이를 한 장씩 나누어 주고, 전원이 자신의 이름을 종이 상단에 적도록 한다. 자신의 이름이 적힌 종이를 옆 사람에게 주면, 옆 사람은 종이 위에 적힌 사람의 장점을 찾아 기록한다. 이렇게 해서 옆 사람에게 준 자신의 종이가 제자리로 돌아오면, 각자는 집단성원 전체가 기록해 준 장점을 볼 수 있을 것이다. 이렇게 한 다음, 차례로 자신의 장점을 전체 앞에 소개한다. 시간이 부족하면 그 중에 3~5개만 선정하여 소개한다. 이것을 '롤링 페이퍼'라고 부르기도 한다.

50 나는 왕이로소이다

이 활동은 집단성원들에게 자신감을 갖도록 하여 집단에 대한 신뢰와 자발성을 높여 준다. 집단성원의 수는 10~20명 내외가 적당하며, 많을 경우에도 가능하다. (초 4~6/청소년/성인)

집단을 원으로 둘러앉게 한 다음, 원 안에 의자를 하나 놓는다. 집단리더는 집단성원들이 이 놀이를 연극놀이처럼 재미있게 하도록 유도한다.

"지금부터 여러분은 왕이 되어 보는 겁니다. 아마 평생 처음 있는 일이겠죠. 평소에 남들 앞에 나서는 것이 불편한 사람들은 더 없이 좋은 기회라고 생각합니다. 자, 여기에 의자(특별히 밝은색의 천을 올려놓은)가 보이죠. 누구든 나와서 이 의자에 앉으면 왕이 되는 겁니다. 그런데 나머지는 바로 신하가 되는 겁니다. 물론 신하는 머리를 조아리고 왕을 찬양해야겠지요. 예컨대, 왕이 '여봐라~.'라고 하면, 신하는 '네이~.' 하고 대답을 할 것입니다. 이 의자에 앉은 왕께서는 신하들에게 어떤 명령을 내려도 좋습니다. 그러면 우리 신하들은 왕의 명령을 거역하지 않고 그대로 따를 것입니다. 자, 누구든 이 자리에 앉아 왕이 되어 보십시오. 아마 평생 잊지 못할 경험이 될 것입니다. 전하! 하교하여 주시옵소서."

이런 경험을 진지하게 하고 나면, 집단성원들은 무대에 대한 두려움이 완화해지고 자신감을 갖게 될 것이며, 모두 즐거움을 만끽할 수 있을 것이다.

51 등으로 댄스 댄스!

이 활동은 활동적인 춤을 통해 서로에 대한 불편감을 줄이고 상호신뢰와 친밀감을 촉진하도록 한다. 다만 등을 통한 신체적 접촉을 불편해하는 집단성원들이 있다면 짝을 동성으로 한다. 집단성원의 수는 공간이 넉넉하다면 수와 관계없이 진행할 수 있다. 준비물은 잔잔한 음악부터 경쾌한 음악까지 다양하게 준비한다. (청소년/성인)

적당한 공간에 두 사람씩 등을 마주 대고 서로의 신체를 느껴 보게 한다. 그리고 서로 등을 기댄 채 팔짱을 끼게 하고, 잔잔한 음악을 들려주면서 음악에 맞춰 조금씩 움직여 보도록 한다. 두 사람은 등을 기댄 채 자유롭게 무대를 돌아다니다가, 조금 빠른 음악과 함께 리더가 '댄스 댄스!' 신호를 보낸다. 어느 정도 춤을 추면, 리더는 부드러운 음악, 신나는 음악, 시끄러운 헤비메탈 음악 등 다양한 종류의 음악을 들려주면서 등을 기댄 채 춤을 추게 한다. 어느 정도 분위기가 고조되면 다음과 같이 안내한다.

"자, 지금부터는 새로운 짝을 만납니다. 자, 새로운 짝을 만나세요. 시작! 다시 새로운 짝이 한 조가 되어 등을 기대고 팔짱을 낍니다. 더 신나게…… 이제는 헤어지시고 다시 새로운 짝을 만납니다. 시작! 새로운 짝을 만났으니 더욱 신나게, 음악의 리듬에 맞춰 춤을 춥니다."

변형

분위기에 따라 '3명' '5명' '10명' '혼자' 등으로 주문해서 그 상황에 맞게 춤을 추도록 한다. 또한 '서로 마주 보고!' '앞사람의 어깨 위에 두 손을 올려서!' '다시 서로 등 대고!' 등으로 주문할 수 있다. 이때 리더는 다양한 음악, 예컨대 블루스, 디스코, 테크노, 트로트, 고고 등의 음악을 준비하는 게 필요하다.

52 인간 실타래 풀기 1

　이 활동은 집단 초기에 집단성원들이 서로 친밀해지도록 하고 문제를 해결할 수 있는 기회를 제공하는 매우 효율적인 방법이다. 집단성원의 수는 제한이 없으며 집단성원의 수가 많을 경우에는 몇 개의 소집단(8~10명)으로 나누어 실시할 수 있다. 인간 실타래 풀기 1에서 4는 모두 이어서 실시할 수 있다. (초 4~6/청소년/성인)

　이 활동을 진행하면서 인원수를 점차 늘려 가면서 할 수 있는데, 예를 들어 처음에는 6~8명, 그다음은 12~16명 등으로 늘려 갈 수 있다. 마지막에는 집단 전체 혹은 30~40명을 대상으로 할 수 있다. 일반적으로 '진돗개 박수'(2인, 4인, 8인)로 시작해서 자연스럽게 '인

간 실타래 풀기'로 진행할 수 있다.

"자 여러분, 지금부터 6~8명씩 짝을 지어, 동그랗게 원을 만들어 보세요. 그리고 왼손을 위로 하고 오른손을 아래로 해서 양손을 교차시켜 보세요. 그런 다음 옆 사람의 손을 잡으세요. 이러면 모두 하나가 되겠죠? 이런 상태에서 손을 절대 놓지 말고 교차된 손을 풀어 보는데, 중요한 것은 밖을 보는 게 아니라 지금처럼 서로 안쪽으로 바라보고 있어야 된다는 겁니다. 자, 이제 풀어 보세요."

이 실타래 풀기의 방법은 두 사람이 손을 위로 올려 문을 만들면 나머지 사람들이 차례로 그 문 안으로 들어가면서 한 바퀴 돌면 자연스럽게 풀리게 된다. 몇 개의 집단으로 할 경우 가장 빠르게 푼 집단에 박수를 보내는 것도 좋다. 그리고 집단성원들이 인간 실타래를 다 풀고 나면 몇 개의 소집단으로 다시 묶어 조금 더 큰 집단을 만들어 실시하고, 최종적으로 집단 전체에게 실시할 수 있다.

53 인간 실타래 풀기 2

이 활동은 '인간 실타래 풀기 1'에서 집단성원들이 손을 푼 상태에서 서로 마주 보고 있을 때, 그 상태에서 손을 놓지 않고 밖을 보도록 지시한다(원 밖을 보기). 이때도 같은 방식으로 두 사람이 문을 만들고 나머지가 밖으로 빠져나오면 모두 원 밖을 보게 된다. 이때 집단성원들은 여전히 원 상태에서 옆 사람의 손을 그대로 잡고 있어야 한다. (초 4~6/청소년/성인)

그다음 집단성원들은 손을 그대로 잡고 있는 상태에서 몸이 원 안쪽으로 향하게 하면서, 손이 꼬이지 않고 그대로 옆 사람의 손을 잡고 있도록 요구한다(원 안을 보기). 해결방법은 역시 '인간 실타래 풀기 1'과 같은 방식으로 하면 된다.

인간 실타래 풀기 3

이 활동은 집단성원이 많을 경우에는 어려우며, 10명 내외가 가장 적당하다. 인원수가 많을 경우에는 10명 내외로 소집단을 구성하여 실시한다. 이 방법은 두 가지 원칙이 있다. 하나는 절대 옆에 있는 사람의 손을 잡아서는 안 된다는 것, 또 하나는 한 사람의 두 손을 잡아서는 안 된다는 것이다. (초 4~6/청소년/성인)

이런 원칙을 갖고 앞 혹은 양쪽 건너 건너에 있는 사람들의 손을 잡는다. 아마 손이 교차되면서 손이 복잡하게 얽혀 있게 될 것이다. 그 상태에서 모두 손을 놓지 않고 복잡하게 얽혀 있는 손을 푸는데, 몸을 이용해야 풀릴 수 있다. 다 풀리고 나면 손은 둥글게 잡고 있지만 사람의 방향은 다를 수 있다. 이 방법은 집단성원들에게 문제해결을 통해 자발성과 친밀감을 갖게 할 뿐만 아니라, 집단성원들로 하여금 창조성을 발휘할 수 있도록 하는 효과가 있다.

55 인간 실타래 풀기 4

　이 활동은 집단성원 전체가 서로 손을 잡고 한 줄로 서도록 한다. 그런 다음 집단성원들은 모두 손을 잡고 신나는 노래를 부르면서 맨 앞에 있는 사람(머리)이 이끄는 대로 따라다닌다. 맨 앞에 있는 머리가 집단성원들 사이사이로 돌아다니는데, 나중에는 집단이 엉켜 더 이상 움직일 수 없게 된다. 이때 집단리더는 '그만' 하고 엉켜진 상태에서 머리가 맨 마지막에 있는 꼬리의 손을 잡도록 한다. (초 4~6/청소년/성인)

　이렇게 되면 인간 실타래처럼 꼬이게 된다. 이 실타래를 풀 수 있는 좋은 방법은 집단성원 중에 한 명(맨 앞 혹은 맨 뒤에 있는 사람)을 선정해서 차근차근 풀게 한다. 푸는 방법은 집단성원들을 모두 앉게 한 다음, 차례로 한 사람씩 일어나 이동해서 푸는 게 좋다.

56 양탄자 날다

이 활동은 양탄자(천)에 누워 있는 사람이 마치 날고 있는 것처럼 느끼게 하여 존중받는 경험과 사람들을 신뢰하는 기회를 갖게 한다. 집단성원의 수는 공간에 맞게 구성되어야 할 것이다. 집단성원의 수는 10~20명 내외가 적절하다. 준비물은 두 사람에게 하나의 천 (크기는 2마 이상)이 필요하다. (청소년/성인)

몸무게가 비슷한 사람끼리 2인 1조가 되게 한다. 각 조에 하나씩 천을 주고, 한 사람은 눕고 다른 한 사람은 천을 끄는 역할을 하도록 한다. 이때 양탄자에 탄 사람이 충분히 이완되도록 조용한 음악을 들려줄 수 있다. 그러나 양탄자에 탄 사람이 끌리면서 나는 천의

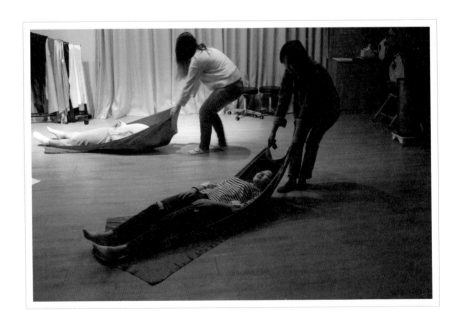

소리에 몰입하도록 음악 없이 진행하는 것도 특별한 경험이 될 수 있다. 집단성원 전체가 무대나 방을 1~2바퀴 정도 돌도록 하는데 천을 끄는 사람은 아주 천천히 정성껏 끌어 주는 게 중요하다. 만일 한 사람이 천을 끄는 것이 힘들 때는 3인 1조가 되어 서로 돌아가면서 진행하는 것도 무난하다. 이렇게 하여 번갈아 가면서 양탄자 놀이를 마치고 나면 두 사람이 번갈아 누워 목을 풀어 줄 수 있다. 목을 풀어 줄 때 어깨 밑을 두 손으로 넣어 어깨를 풀어 주는 것도 좋다. 이 경험을 하고 난 이후 두 사람은 서로에게 고마움을 전하고 소감을 나눈다.

구름여행

　이 활동은 하늘에 '붕' 떠서 마치 구름을 타고 있는 듯한 느낌을 갖게 하는 놀이다. 집단성원들의 손에 들려 마치 푹신 푹신한 구름을 타고 있는 이 경험은 타인들로부터 보호받는 매우 특별한 경험이 될 것이다. 집단성원의 수는 제한이 없으나 가능하면 활동하기에 적절한 무대나 공간이 필요하다. 준비물은 소집단별로 천(2마)이 하나씩 필요하다. 이 활동은 가능하면 동성끼리 하도록 하는 것이 좋지만, 혼성일 경우 천을 들어 올려서 진행할 수 있다. (청소년/성인)

　"안녕하세요? 지금부터 10명씩 한 조로 만들어 주세요. 10명이 둥글게 앉아 주시고, 제가 하나씩 나눠 준 천을 가운데 넓게 깔아 주세요. …… 지금부터 한 사람씩 술래가 되어 천에 누워 주

세요. …… 그러면 원 밖에 있는 사람은 천과 함께 누워 있는 술래를 머리부터 발끝까지 두 손으로 들어 올려 줍니다. 천 위에 누워 있는 술래는 눈을 감고 마치 내가 구름 위를 나는 것 같은 특별한 느낌을 가져 보십시오. 약 1분 정도 특별한 구름여행을 마치면, 그다음 사람이 같은 방식으로 구름여행을 합니다."

소집단 10명 모두가 구름여행을 마치고 나면 소집단으로 모여 활동에 대한 느낌을 나누도록 한다. 이후 주인공을 초대하여 심리극을 진행할 수 있으나 이 활동만으로도 의미 있는 인간관계 훈련이 될 수 있다.

58 격려의 박수

이 활동은 전체 집단과정을 효과적으로 시작하기 위한 도입단계로, 유쾌한 분위기에서 집단성원 모두가 서로에 대해 보다 긍정적인 느낌을 가질 수 있도록 하여 신뢰관계를 촉진한다. 또한 참여동기와 자발성을 향상시킬 수 있다. 집단성원의 수는 15~20명 이내가 좋다. (초 4~6/청소년/성인)

먼저 원으로 둘러앉는다. 한 명씩 차례로 삶의 주인공이 되어 가운데로 나가 큰 소리로 자기 이름을 외치면, 나머지 사람들은 박수갈채를 보내며 환호한다. 자기 이름을 외친 주인공은 손을 흔들거나 제스처를 만들어 답례를 하고 제자리로 돌아간다. 이렇게 집단성원

들 모두가 주인공 경험을 하고 마친다.

　무대연출이 가능하다면, 천으로 카펫을 길게 만들고 그 곳으로 주인공이 천천히 걸어가면 집단성원들이 환호와 갈채를 보내는 방법도 가능하다. 끝나고 나면 집단성원들은 전체 과정을 통하여 자신에 대해 느낀 것이나 새롭게 이해된 것에 대하여 경험을 나눈다.

　집단리더는 활동이 장난스럽게 흐르지 않도록 유의해야 한다. 또한 집단리더는 집단성원들이 다른 활동에서 서로를 향해 충분한 지지와 격려를 보내지 못했다면, 이 활동을 통해 서로에게 진심 어린 환호와 박수를 전하도록 이끈다.

59 요람 타기

　이 활동은 집단의 초반에 사용되는 '구름여행'과 함께 사용할 수 있다. 이는 집단성원들에게 서로 이해하고 상호신뢰를 촉진하도록 하는 효과가 있다. 집단성원의 수는 20~30명 이내가 좋다. 단, 동성으로 운영할 때 가능하며 절대 장난을 치지 않도록 해야 한다. (청소년/성인)

　"이제 20명이 두 줄로 서세요. 서로 마주 보고 앞사람끼리 손을 마주 잡습니다. 손을 잡을 때는 두 손을 잡는 것도 좋지만 서로 상대방의 팔목을 잡는 것도 좋습니다. 이제 여러분 중 한 사람(술래)이 여러분의 손 위에 누울 것입니다. 그러면 여러분은 누워 있는 술래를 조심스럽게 뒤쪽

끝까지 넘겨 보낼 것입니다. 차례대로 모두 술래 경험을 할 것인데 절대 장난을 쳐서는 안 됩니다. 술래가 마치 요람에 타고 있듯이 부드럽게 보내야 합니다. 그럼 요람에 누워 있는 술래는 조금 어색하겠지만 스스로 편안히 즐기면 좋겠습니다. 이제 첫 번째 술래는 의자 위로 올라가서 집단성원들의 손 위에 누우면 됩니다."

이렇게 하여 모두 마치고 나면, 둘러앉아 술래가 될 때의 느낌과 요람이 될 때의 느낌을 서로 나누도록 한다. 리더는 이런 경험이 자신의 삶과 어떻게 연결되는지를 질문해도 좋다.

60 칭찬의 원

집단성원들이 서로를 칭찬해 주는 시도는 집단성원들에게 신뢰와 친밀감을 갖게 하는 좋은 기회가 될 수 있다. 이 활동에 참여 가능한 집단성원의 수는 20~30명 내외가 적절하다. '칭찬의 원'을 진행할 때는 이전에 집단놀이를 통해 서로 조금씩 만나는 기회를 가진 다음에 할 때 원활해진다. (초 4~6/청소년/성인)

"지금부터 두 사람씩 가위바위보를 합니다. (가위바위보를 하게 함.) 이제부터 두 개의 원을 만들 건데, 진 사람은 원 밖으로, 이긴 사람은 원 안으로 들어가 서로 마주 보고 섭니다. 앞사람과 서로 인사하고 이름(별칭)을 소개해 주세요. …… 지금부터 바깥 원에 있는 사람은 안쪽 원에 있는 사람에게 한 가지씩 칭찬을 해 줄 겁니다. 그리고 칭찬을 들은 사람은 '감사합니다.'라고 말하고 악수를 하거나 칭찬의 보답을 짧게 해 줍니다. 그런 다음, 바깥 원의 사람들은 오른쪽으로 한 칸씩 건너가 같은 식으로 반복합니다. 평소에 주의를 기울였다면 상대방을 칭찬하기가 좀 쉬웠을 겁니다. 지금부터 상대에게 관심을 기울여 상대의 칭찬 거리를 찾아보시기 바랍니다. 자, 시작하십시오. (이렇게 하여 한 바퀴 다 돌게 되면) …… 이렇게 한 바퀴를 다 돌았습니다. 모두 수고하셨어요. 이번에는 같은 방식으로 원 안에 있는 사람이 바깥 원에 있는 사람에게 칭찬을 해 주고 바깥 원에 있는 사람은 '감사합니다.'라고 말하고 칭찬에 대한 보답을 짧게 해 주면 됩니다. 다시 시작합니다."

이렇게 서로 칭찬을 주고받으면서 느낀 소감을 전체 집단성원이 둘러앉아 소감을 나눌 수 있다.

정말 그래요

　이 활동은 집단성원들이 타인을 통해 자신의 긍정적인 측면을 확인받을 수 있는 특별한 경험을 안내한다. 두 사람이 만나 서로의 장점을 찾아 인정해 줄 때 부정하지 않고 오히려 그러한 장점의 근거를 찾도록 할 때 자신을 새롭게 이해하게 된다. 이런 과정에서 집단에 대한 신뢰와 친밀감을 갖게 된다. 집단성원의 수는 제한이 없고, 두 사람이 하는 놀이지만 점차 새로운 사람으로 확장할 수 있다. (청소년/성인)

　"둘씩 만나 서로 눈을 바라봅니다. 이때 서로를 바라보면서 보이는 것이든 보이지 않는 것이든 서로의 장점을 찾도록 해 보세요. (2~3분 정도 시간이 흐른 후) …… 이제 두 사람이 번갈아

가면서 서로의 장점을 이야기 해 주면 됩니다. 그런데 장점을 들은 사람은 '정말 그래요, 사실 저는 _____ 때 그런 점이 있다는 것을 알았어요.'라고 말을 해야 합니다. 즉, 자신의 장점이 사실이라는 증거를 대야 합니다. 예를 들어, A가 '당신은 눈이 너무 예뻐요.'라고 말을 하면, B는 '정말 그래요. 친구들한테 그런 말을 많이 들었어요.'라고 말을 해야 합니다. 이때 주의할 점은 자신의 장점이 아니라고 생각해도 무조건 받아들여야 합니다. 서로 주고받으면서 교대로 그만할 때까지 하시고, 다음엔 또 다른 사람과 만날 겁니다. 자, 시작하세요."

집단성원들이 몇 사람씩 모여, 돌아가면서 서로를 칭찬하고 칭찬받으면서 느낀 소감을 나누도록 한다. 그럼에도 칭찬에 대해 어색한 사람이 있을 수 있기 때문에 다시 전체가 함께 소감을 나누는 시간을 갖는다.

집단상담과
심리극을
위한
웜업 북

제**4**부

자기이해 및 주인공 선발 웜업

제7장

나를 이해하기

우리가 잘 산다는 것은 삶을 주체적으로 살아갈 때 하는 말이다. 주체적인 삶을 살아가는 사람은 자신을 바로 알기 때문에 자신에게 내재된 심리적인 문제도 적절히 극복해 나갈 수 있다. 즉, 잘 산다는 것은 내가 누구인지, 내가 원하는 삶이 무엇인지, 어디를 향해 가고 있는지를 분명히 알고, 나를 있는 그대로 수용하는 것이다.

그러나 우리는 살아가고 있는 동안 크건 작건 아주 많은 일들을 경험하고 살아간다. 이러한 경험들을 통해 내면의 심리적인 주제를 갖게 되는데, 간혹 내가 누구인지, 어디를 향해 가고 있는지를 알 수 없을 만큼 혼란스러울 때가 있다. 이때 자신을 바르게 아는 것은 문제를 풀어 가는 데 매우 중요한 토대가 된다. 내 안의 심리적인 주제가 무엇이며, 어떤 경험이 나를 혼란스럽게 하고 있는지를 알게 될 때 문제를 풀어 가는 것은 좀 더 쉬워진다.

나를 알기 위해서는 살아온 지난 삶을 이해하는 것이 필요하다. 구체적으로 말하면, 살아오면서 겪어 왔던 행복했거나 불행했던 사건들, 나를 양육했던 부모님의 삶, 자주 느껴 온 감정, 자주 떠올린 생각, 반복적으로 하고 있는 행동을 발견하는 일이다. 우리가 살아오는 동안 특별하거나 반복적인 사건들, 그로 인해 자주 떠올린 생각과 자주 느껴 온 감정은 우리의 행동을 결정한다. 따라서 나를 잘 이해하는 일은 살아오면서 겪어 왔던 여러 사건들과 패턴화되어 빈번히 나타나는 생각, 감정, 행동을 잘 아는 것이다.

자기이해를 위한 웜업이나 자기를 표현하는 웜업의 기회를 갖게 되면 심리극의 주인공을 선발하기가 수월하며, 집단상담에서 집단성원들이 좀 더 쉽게 자기를 표현하거나 자기노출을 하게 된다. 웜업을 통해 집단성원들에게 참여동기나 자발성을 충분히 유도했어도 막상 심리극의 주인공을 선발하려고 했을 때 자기이해의 과정이 생략되면 주인공을 선발하기가 쉽지 않다. 나를 이해하는 웜업은 심리극의 주인공의 선발 외에도 자기성장이나 자기통찰을 위한 구조화된 집단상담의 본 작업으로도 가능하다.

감정 쪽지

이 활동은 집단성원들이 최근의 감정을 서로 이해할 수 있도록 하는 방법으로 프로그램 초반에 혹은 프로그램을 회기별로 진행할 경우 회기를 시작할 때 실시하는 게 좋다. 집단 성원의 수는 15~20명 정도가 적절하다. (초 4~6/청소년/성인)

우선 집단성원들에게 '라벨지'를 1장씩 나누어 준 다음, 종이에 '지난 일주일 동안 나의 감정을 대표할 만한 단어' 혹은 '최근 나의 감정'을 한 가지 적도록 한다. 집단성원들은 이 쪽지를 가슴에 붙이고 돌아다니다가 부딪히는 사람과 약 2~3분 동안 자신의 감정을 서로 설명한다. 설명이 끝나면 헤어져서 또다시 다른 사람들을 만나 자신의 감정을 교환한다. 이런 식으로 감정 쪽지에 대해 몇 사람들과 서로 나누고 나면 다시 전체가 둥글게 모여 앉는다. 집단리더는 집단성원들이 다른 사람과 감정에 대해 서로 이야기를 하면서 알게 된 생각을 함께 나누도록 한다. 이후 심리극의 주인공을 선정할 수 있다.

변형

같은 방식으로 자신의 감정을 가슴에 붙이고 다니다가 자신의 감정과 비슷한 사람들끼리 모이도록 한다. 모인 사람들은 원으로 둘러앉아 최근 혹은 지난 한 주일 동안 그 감정과 관련된 이야기를 나눈다. 그런 다음, 각 집단에서 대표를 한 명을 선정해서 집단성원들의 이야기를 요약해서 발표하게 한다. 이렇게 하면 지난 1주일 동안 혹은 최근에 집단성원들이 어떻게 지냈는가를 이해할 수 있게 될 것이다. 이 방법은 프로그램을 매 회기별로 진행할 경우 구조화된 집단상담의 한 방법으로 활용할 수 있으며, 심리극의 주인공을 선정할 때도 적절한 방법이다.

2 난파선 1

이 활동은 삶의 의미와 가치를 생각하게 하는 구조화된 집단 프로그램으로, 이후 심리극의 주인공을 선발하는 데 매우 유용하다. 이 활동은 집단성원들이 30~40명일 경우에도 가능하나 10~20명 정도가 가장 적당하다. 준비물은 몇 개의 양초와 배를 표현할 수 있는 담요나 천이 필요하다. (청소년/성인)

이 프로그램은 어두운 밤에 하는 게 좋으며, 낮일 경우에는 빛을 차단한 상태에서 하는 게 좋다. 밤에 할 경우에는 무대 주변에 몇 개의 촛불을 켜서 분위기를 만들어 주는 게 매우 중요하다. 무대가 있는 경우에는 무대 위가 배라고 하고, 방일 경우에는 담요를 깔고 담요가 배라는 것을 설명해 준다. 그리고 집단성원들을 무대 가장자리에 혹은 담요 가장자리에 빙 둘러앉게 한다. 그리고 나누어 준 종이(A4)와 볼펜을 자리에 놓고 배에 오르도록 한다.

"자, 여러분이 타고 있는 이 배는 ○○항을 떠나 ○○를 향해 가고 있습니다. 그런데 이 배는 항해 도중 앞을 분간할 수 없는 안개로 인해 암초에 부딪히고 말았습니다. 이게 운명인지 배는 서서히 침몰하고 있습니다. 앞으로 20분 후, 이 배는 완전히 침몰하게 되고, 단 3명만 탈 수 있는 하나의 보트가 유일한 생존의 희망입니다. 침몰하고 있는 이 난파선에서 내가 끝까지 살아남아야 하는지? 아니면 여기서 삶을 마감할 것인지? 운명의 결정을 해야 할 시간이 단 20분밖에 남지 않았습니다. 만일 20분이 지나서도 이 배에 4명 이상이 남아 있을 경우에 이 배는 보트까지 완전히 침몰해서 생존자가 단 한 명도 없게 됩니다. 배 안에서 20분 동안 신중하게 생각해서 자신의 삶을 결정하시기 바랍니다. 여기서 삶을 마감할 사람들은 조용히 배 위에서 내려와 처음에 앉았던 자기 자리에 앉아 주시기 바랍니다. 자, 시작합니다."

집단리더는 10분 이후에는 1분에 한 번씩 시간을 알려 준다. 배에서 내려온 집단성원은 처음에 앉았던 자리에 돌아와 물에 빠져 세상을 마감하기 전, 자신과 주변 사람들에게 마지막 유서를 작성하게 한다. 그리고 끝까지 살아야 할 생존자(3명)가 있을 경우에는 그 역시 자신의 자리에 돌아와 '자신이 끝까지 살아남아야 하는 그 이유'와 함께 '자신들을 위하여 먼저 생을 마감한 사람들을 위한 조사'를 쓰게 한다.

집단성원들은 '난파선'을 통해 20분 동안 자신이 살아온 날들을 집중하도록 함으로써 자신의 삶을 직면하게 된다. 이 과정에서 죽음을 선택한 사람들은 삶을 정리하면서 주변 사람들에게 고마움과 미안함을, 그리고 자신의 삶이 얼마나 소중한지를 알게 될 것이다. 반면, 생존을 선택한 사람들은 자신이 생존해야만 하는 이유를 정리하면서 삶의 가치를 더욱 잘 이해하게 될 것이다. 이렇게 해서 쓴 글을 전원이 돌아가면서 읽도록 한다. 이때 잔잔한 음악은 분위기를 더욱 깊게 만든다.

집단성원이 너무 많아 시간이 걸릴 경우에는 5~6명 정도 한 조가 되게 하여 진행해도 좋다. 그런 다음 각 조별로 한 사람씩 대표를 선발하여 무대에 올라가 글을 읽고 소감을 발표하게 한다. 이 활동이 모두 끝난 다음 집단성원들에게 잠시 눈을 감게 하고 조명을 모두 끈 상태에서 다음과 같이 진행한다.

"지금 여러분은 암흑의 세상에서 아직 깨어나지 못하고 있는 상태입니다. 내가 다시 태어난다면 어떻게 살 것인지 잠시 생각하십시오. …… 잠시 후에 세상이 환해지면 여러분은 다시 새로운 사람으로 태어날 것입니다. 새롭게 태어날 때 어떤 모습인지 떠올려 보십시오. …… 자, 이제 불이 켜졌습니다. 여러분은 새로운 삶을 살 것입니다. 옆 사람과 서로 인사를 나누십시오."

이 과정을 마무리한 다음, 심리극의 주인공을 선발하는 것이 가능하다. 이어서 심리극까지 진행한다면 심리극을 모두 끝낸 이후, 자신들이 어떤 모습으로 변했는지 돌아가면서 소개를 하고 마무리한다.

3   난파선 2

이 활동은 삶의 의미와 가치를 생각하게 하는 난파선 1을 간략하게 진행할 수 있는 프로그램으로, 집단성원들이 서로의 가치를 함께 나눌 수 있는 기회를 갖게 한다. 이후 심리극의 주인공을 선발하는 데 매우 유용하다. 이 활동은 집단성원들이 10~20명 정도가 적당하다. 준비물은 집단성원들이 모두 앉을 수 있는 의자나 천이 필요하다. (청소년/성인)

진행과정을 보면, 집단성원들에게 A4 용지를 한 장씩 나눠 주고 16칸으로 접도록 한다.

"여러분이 접은 16개의 칸에 여러분이 생각하기에 삶에서 가장 소중하고 가치 있는 것 16가지를 적어 보세요. (적을 수 있는 시간을 줌) 다 적었으면 그것을 낱개로 잘라 주세요. …… 이제 우리는 여러분이 앉고 있는 의자를 붙여 큰 배를 만들겠습니다. (의자의 등받이가 밖으로 향하게 하고) 다들 의자 위로 올라가십시오. 지금부터 조명을 어둡게 하겠습니다. 자, 지금 우리는 폭풍우치는 밤에 배 위에 떠 있다고 상상하십시오. 불행하게도 이 배는 표류하고 있는 난파선입니다. …… 폭풍우가 몰아치고 파도는 거셉니다. 어쩌면 이 배는 오래 버티지 못할 것 같습니다. 여러분이 갖고 있는 16개의 소중한 것을 다 가지고 있으면 이 배는 침몰하게 되어 있습니다. 하나씩 버려야 배의 무게 가벼워져 우리가 생존할 수 있습니다."

이런 식으로 하나씩 버리게 한 다음, 배가 폭풍우를 이겨 내고 떠 있을 때 마지막에 가지고 있는 삶의 가치가 무엇인지를 알게 한다. 집단성원들을 현실로 돌아오게 한 다음, 각자가 마지막까지 남긴 삶의 가치를 서로 나누게 한다.

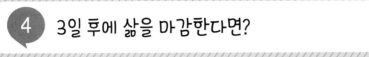

4 3일 후에 삶을 마감한다면?

이 활동은 집단성원들에게 자신의 지난 삶을 조명하도록 하고 지금까지 살면서 겪어 왔던 많은 일들을 떠오르게 한다. 이런 점에서 이 활동은 구조화된 집단 프로그램으로 활용할 수 있으며, 심리극의 주인공을 선정하기 위한 웜업으로도 활용할 수 있다. 집단성원의 수는 제한이 없다. (청소년/성인)

집단리더는 집단성원들에게 조용한 음악을 들려주면서, 눈을 감고 자신의 삶을 생각해 보는 기회를 갖게 한다.

"모두 눈을 감아 보시기 바랍니다. 깊게 숨을 들이마시고 천천히 숨을 내쉬면서…… 지금부터 우리는 가상적인 상황을 생각해 보고자 합니다. 아마 언젠가는 겪을 일이겠지만요. 앞으로 내가 '3일 후에 삶을 마감한다면, 남은 시간을 어떻게 보낼 것인지? 무엇을 제일 하고 싶은지? …… 지금까지 살아온 날들을 뒤돌아봅니다. 후회한 일도 있었고, 뿌듯한 일도 있었고…… 그렇지만 아직 끝내지 못한 일들도 있을 겁니다. 아주 많은 경험들을 하고 살아왔지요. …… 그런데 이제 내가 살 수 있는 시간은 단 3일뿐입니다. 여러분은 남은 3일을 어떻게 하겠습니까? 무엇을 하겠습니까? 앞으로 3~5분 동안 깊게 생각해 보시기 바랍니다."

이렇게 생각하게 한 다음, 눈을 뜨고 두 사람씩 짝을 만나거나 5~6명이 한 조가 되게 하여 각자의 생각과 소감을 나누도록 한다. 이때 각 조에서 조원들은 삶을 가장 진술하게 표현했거나 삶의 문제에서 공감이 가는 집단성원을 주인공으로 추천할 수 있다. 그러나 추천하기 전에 주인공이 자발적으로 나오도록 먼저 기회를 주어야 한다.

타인의 눈 속에 있는 나

이 활동은 상대의 눈 속에서 자신의 내면을 발견하는 방법이다. 집단이 좀 친밀할 때 서로 깊은 참만남을 하도록 안내하거나 심리극의 주인공을 선정할 수 있다. 집단성원의 수는 제한이 없다. (청소년/성인)

집단성원들은 무대공간을 자연스럽게 돌아다니면서 자신에게 편하게 느껴지는 사람을 만난다. 두 사람은 눈과 눈으로 서로 마주 보면서 상대의 눈에서 무엇이 느껴지는지를 경험해 본다. 그런 다음, 두 사람은 상대의 눈에서 느꼈던 감정을 서로 이야기한다.

"둘씩 서로 바라봅니다. 처음에는 어색할 수 있지만 상대의 눈을 보면서 상대의 눈에서 무엇

이 느껴지는지 온전히 집중해 보십시오. (시간을 2~3분 줌) 상대의 눈을 그대로 집중하면서 느낌을 포착해 봅니다. …… 이제 마무리하겠습니다."

이때 집단리더는 집단성원들에게 상대의 눈을 통해서 무엇을 느꼈는지 서로 나누도록 한다. 그리고 각자가 상대의 눈을 통해 느꼈던 그 감정이 바로 자신의 감정일 수 있다는 것을 알려 준다. 그 이유는 상대의 눈을 통해 자신의 내면을 투사하기 때문이다. 소감 나누기를 마친 후 이를 토대로 주인공을 선정한다.

6 심리극은 사랑을 싣고

이 활동은 오래전에 방영된 〈TV는 사랑을 싣고〉의 변형으로, 집단성원들에게 자신의 삶에서 중요한 인물이 누구인지를 파악하게 하여 대인관계와 관련된 문제를 이해할 수 있게 해 준다. 또한 새로운 만남의 장을 '지금-여기'에 마련해 줌으로써 기대와 설렘, 그리고 흥미를 갖게 하고, 중요한 인물을 떠올리도록 하여 심리극의 주인공을 선정하도록 한다. 집단성원의 수는 제한이 없다. 우선 집단성원들에게 TV 프로그램이었던 〈TV는 사랑을 싣고〉를 잠시 설명해 준다. (청소년/성인)

"잠시 눈을 감고(음악을 들려주면서) 자신의 삶에서 의미 있는 인물이 누구인지를 떠올려 봅니다. …… 그리고 그 인물이 왜 중요한지를 생각해 봅니다. …… 이 인물은 좋은 의미의 인물일 수 있지만 자신을 고통스럽게 한 인물일 수도 있습니다. 잠시 그 인물을 떠올려 보십시오. (시간을 2~3분 줌) …… 이제 인물을 떠올린 사람은 눈을 떠도 좋습니다."

집단리더는 이들 중 눈을 먼저 뜬 몇몇 집단성원들을 눈여겨봐 두는 게 좋다. 집단성원들 가운데 반수 이상이 눈을 떴을 때, 다시 10~20초 정도 시간을 더 주겠다고 이야기하고, 시간이 지나면 모두 눈을 뜨게 한다. 집단리더는 이들 중 눈을 먼저 뜬 몇몇 사람들에게 누구를 떠올렸는지 물어보고, 다른 집단성원들에게도 떠올린 인물에 대해 이야기하도록 한다. 그런 다음, 인물을 떠올린 사람들 중에서 먼저 그 인물을 만나고 싶은 사람을 무대로 초대한다. 무대에 올라온 사람들에게 떠올린 인물이 누구인지, 왜 그를 만나고 싶은지에 대해 간단히 물어본다. 그러나 무대에 올라온 사람들이 너무 많을 경우에는 그들 가운데 누가 먼저 만날 것인지 순서를 정하게 하고, 시간이 부족할 경우 다음 기회를 준다.

변형

개인적으로 무대에 나와 중요한 인물을 소개하도록 할 수도 있지만, 무대에 올라오지 않고 집단성원 전체가 자신에게 의미가 있고 중요한 인물의 이름을 동시에 부르게 할 수 있다. 이때 조명을 끄고 해도 좋다. 떠올린 사람이 아주 싫은 인물일 경우, 그 사람의 이름 대신에 욕(예: 나쁜 놈!)을 해도 좋다. 이렇게 하고 난 다음, 집단리더는 집단성원들에게 자신이 떠올린 인물이 누구인지를 물어보고, 그 사람이 어떤 면에서 자신의 삶에서 중요한지를 확인한다. 이렇게 하다 보면 집단성원들은 자신의 삶에서 중요한 어떤 인물을 알게 되고, 따라서 심리극의 과정을 통해 그 인물과의 관계를 새롭게 정리할 수 있는 기회를 갖게 될 것이다.

7 내면의 소리

이 활동은 집단성원들에게 주변의 소리를 알아차리도록 함으로써 집중력을 높이고, 자신에게 깊게 몰입해 봄으로써 자신의 내면을 성찰하게 하는 데 목적이 있다. 집단성원의 수는 20~30명 정도가 적절하지만 공간에 여유가 있다면 인원에 관계없이 할 수 있다. (청소년/성인)

집단리더는 불을 끄고 집단성원들을 무대에 모두 편안히 눕게 한다. 누울 수 없다면 의자에 편안하게 앉도록 한다.

"지금부터 여러분은 눈을 감고…… 조용히 숨을 들이마시고 내쉬고를 반복해 봅니다. …… 지금 이 순간 모든 것이 정지된 상태에서 귓가에 들려오는 소리에만 집중해 보십시오. 과연 어떤 소리가 들리는지…… 들려오는 모든 소리에 귀를 기울여 보십시오……. (3~4분 정도의 시간을 줌) 이제는 여러분 자신에게 집중해 보세요. 여러분 자신의 내면에서 들려오는 소리를 들어 보세요.…… 나는 누구인지? 나는 왜 여기에 있는지? 나는 지금 어디를 향해 가고 있는지? …… 힘든 삶의 과정에서도 견디고 있는 이유가 무엇인지? …… 자신의 내면에서 들려오는 소리에 집중해 보시기 바랍니다. (4~5분 정도의 시간을 준 다음) …… 이제 눈을 뜨십시오."

이런 다음, 집단성원들은 자신의 내면에서 들려오는 소리를 통해 무엇을 알게 되었는지 서로 나누기를 한다. '나는 누구? 삶의 의미는? 삶의 목표는?' 등에 대해 나누면서 집단성원들은 자신을 깊게 이해하는 기회를 갖게 된다. 이때 집단리더는 집단성원들의 나눔을 확인하면서 주인공을 선정할 수 있다.

8 무덤에서 삶으로

  이 활동은 집단성원들에게 현재 삶의 의미를 이해하도록 하고, 미래를 통해 자신의 삶을 재조명하게 하는 데 목적이 있다. 집단성원의 수는 20~30명 정도가 적절하다. 집단리더는 집단성원 모두를 무대에 눕거나 의자에 편히 앉도록 한다. 조용한 음악을 들려주고 다음과 같은 지시를 준다. (성인)

  "우리는 언젠가 삶을 떠나 새로운 세상을 경험하게 될 것입니다. 바로 죽음이라는 경험이겠죠. 앞으로 몇 십 년 후가 될지 모르겠지만 말입니다. 그러나 여러분은 그 몇 십 년 후의 일을 지금 경험하고 있다고 상상하십시오. 바로 죽음이라는 것입니다. 여러분은 죽음의 상징인 '무덤' 속에 누워 있습니다. 자, 상상을 통해 느껴 보십시오. 지금 이 순간 여러분은 무덤 속에 누워 있습니다. …… 그리고 무덤에 누워 있는 자신과 자신이 살아온 지난 시간들을 회고해 봅니다. …… 살아온 날들을 떠올려 보십시오. (잠시 4~5분 정도) 그런데 이것이 끝은 아닌 것 같습니다. 이제 곧 여러분에게 새로운 삶이 주어집니다. 다시 새로운 삶이 여러분 곁에 와 있습니다. 지금부터 이 무덤에서 빠져나오고 싶은 사람은 어느 때라도 빠져나올 수 있습니다. 자, 빠져나오시기 바랍니다."

  이렇게 한 다음, 무덤에서 빠져나온 사람, 빠져나오지 않은 사람, 먼저 혹은 늦게 나온 사람들에게 이 프로그램을 경험하면서 느꼈던 것을 나누게 한다. 이 경험을 토대로 심리극 주인공을 선발할 수 있다.

태아기의 나

이 활동은 집단성원들이 태아기의 시절로 돌아가 태아기 때에 있었던 경험과 출생 당시의 경험에 대해 느끼도록 하고, 이것이 현재의 삶과 어떤 관계가 있는지를 이해하도록 한다. 집단성원의 수는 무대의 크기에 따라 조정이 가능하나 20~30명 내외가 적당하다. 진행할 때 진지한 음악을 들려주고, 조명은 약간 어둡게 하는 것이 좋다. 집단리더는 집단성원 전체를 무대 혹은 담요에 올라가 어머니의 배 속에 있도록 유도한다. (청소년/성인)

"자, 깊게 이완해 봅니다……. 호흡을 천천히 들이마시고…… 천천히 내쉽니다……. 온몸에 힘을 빼고 아주 편안하게…… 깊게…… 깊게 이완을 하십시오. 지금부터 아주 오래전 세상에 나오기 전, 태아기로 거슬러 올라가겠습니다. …… 자, 지금부터 나는 엄마 배 속에 있는 겁니다. 어때요? 엄마 배 속에 있으니 편안한가요? 아니면 뭔가 불편함이 있나요? 엄마의 배 속에서 엄마의 상태를 느껴 보세요……. 지금 나의 엄마는 어떤 상태인가요? 혹시 엄마의 배 너머에 들려오는 소리가 있나요? 들어 보세요. (배 속에 있는 것처럼 느끼게 하면서) 벌써 9개월이 지났나 봅니다. 이제 나는 엄마의 배 속에서 곧 나갈 때가 다가옵니다. 드디어 엄마의 배 속에서 빠져나옵니다. …… 엄마가 힘을 주고 있고, 나도 힘껏 나가려고 애를 씁니다. …… 드디어 세상 밖으로 나왔습니다. 여러분은 이제 막 태어난 아가입니다. 진심으로 환영합니다. 지금 세상 밖으로 나와 보니 어때요? 뭐가 보이나요? 어떤 느낌이 들어요?…… 잠시 후에 우리는 다시 현실로 돌아올 겁니다. 숨을 크게 들이마시고 내쉬면서…… 하나에서 셋을 세면 눈을 뜨고 현재로 돌아옵니다. 하나, 둘, 셋, 눈을 뜨십시오."

집단리더는 눈을 뜨게 한 다음 몇몇 집단성원들에게 느낌이 어땠는지 묻는다. 이때 집단성원들은 자신이 태어난 계절, 집안 상황 등을 생각하면서 대답하도록 한다. 이렇게 해서 집단성원들은 자신이 태어난 당시의 상황들을 충분히 표현하게 될 것이다. 이 과정에서 집단성원들은 자신의 가족 혹은 가족 환경을 이해할 수 있고, 이것이 현재의 삶과 어떤 관계가 있는가를 깨닫게 될 것이다. 집단성원이 많을 경우에는 3~4명 정도 모여 경험을 나누게 한다. 이후 프로그램을 마치고 서로의 소감을 나누도록 한 다음, 주인공을 선정한다.

어린 시절의 추억

'어린 시절의 추억'은 집단성원들에게 어린 시절의 기억들을 떠올리도록 하고, 그 기억이 현재의 삶과 어떻게 연관되는지를 알게 한다. 집단성원의 수는 제한이 없다. (청소년/성인)

각자가 어릴 때 했던 일들 중에서 다음의 기억들을 떠올려 본다. 집단리더는 성원들에게 A4 용지를 한 장씩 주고, 어린 시절의 기억들 중에서 다음과 같은 기억들을 적도록 한다.

① 가장 자주 떠오르는 기억
② 가장 자랑스러운 기억
③ 가장 슬펐던 기억
④ 가장 무안했던 기억
⑤ 가장 놀랐던 기억
⑥ 가장 고치고 싶은 기억
⑦ 가장 잊히지 않는 기억
⑧ 가장 기뻤던 기억

다음은 둘씩 짝을 만나 다 쓴 기억들에 대해 서로 이야기를 나누도록 한다. 이 기억들을 짝과 이야기한 후, 그 장면 중의 하나를 뽑아 심리극에 옮기고 싶은 사람을 찾게 한다.

11   내 마음의 보물찾기

　이 활동은 '마술가게'의 변형으로 집단성원들로 하여금 자신의 인생에서 무엇이 중요한지, 원하는 것이 무엇인지를 알도록 한다. 또한 심리극의 주인공을 선정하는 데도 매우 효과적이며, 개인 혹은 집단으로 놀이를 실시할 수 있다. 개인별로 할 경우에는 집단성원 각자가 땅을 파서 보물을 찾게 한다. 그러나 집단으로 하는 것이 훨씬 즐겁고 집단의 응집력을 높일 수 있다. 집단으로 실시할 경우 집단성원의 수는 20~30명 정도가 적절하며, 가상적인 웜업을 한 후에 실시하는 것이 좋다. (초 4~6/청소년/성인)

　우선 집단성원들을 하나의 원으로 둥그렇게 서게 하고, "자- 여러분에게 땅을 팔 수 있는 삽이나 곡괭이를 줄 테니까 옆 사람에게 전달해 주세요." 이렇게 하는 행위과정에서 집단성원들은 가상적인 상황임을 이해하고 보물을 찾는 극적 행위를 이해할 수 있을 것이다.

　"지금 여러분이 땅을 파는 이곳에 보물상자가 들어 있습니다. 그런데 이 보물상자에는 우리가 그토록 원하는 것이 다 들어 있습니다. 그 안에는 우리가 손으로 만질 수 있는 것들이 아니라 '부모님의 사랑' '자신감' '행복' 등과 같은 손으로 만질 수 없는 것들이 들어 있습니다. 자, 열심히 팝시다. 열심히 파야 우리가 원하는 것을 찾을 수 있겠죠. (어느 정도 진행된 후) 드디어 보물상자가 보이기 시작합니다. 자, 조금만 더 파십시오. …… 와~ 드디어 보물상자가 나왔네요. 짜자잔~ 정말 수고했습니다. 몇 사람들이 나와서 보물상자를 위로 들어 올려 주세요. (몇 사람이 나와 들어 올리도록 하고) 이제 그토록 원했던 보물상자가 눈앞에 보입니다. 누가 이 보물상자의 뚜껑을 열겠습니까? 아, 그런데 뚜껑에 이런 글씨가 써 있네요. '당신이 원하는 것은 무엇이든 다 있습니다. 원하는 것 하나만 가져가시오.'라고요. (이때 두 사람이 문을 여는 연기를 하면) 와~ 여러분이 그토록 원했던 것이 다 들어 있네요. 한 사람씩 나와서 정말 갖고 싶은 것 하나만 고르세요."

이렇게 해서 전 집단성원이 하나씩 보물을 가지고 난 다음, 3명씩 혹은 5명씩 짝을 지어 자신이 보물상자에서 찾은 것이 무엇인지를 소개한다. 집단리더는 몇 사람들에게 어떤 보물을 찾았는지를 물어보고, 다음과 같이 이야기한다.

"여러분이 찾은 보물은 손으로 만질 수 없고, 눈으로 볼 수 없는 것들이기에 현실에서 쉽게 구할 수 없는 것들이죠. 이제 심리극 세계에서는 여러분이 그토록 원하고 있는 마음의 보물을 찾을 수 있을 것입니다. 누구든지 주인공이 되어서 마음의 보물을 찾아가시기 바랍니다."

12 5개의 인생의자

이 활동은 집단성원들에게 자신이 살아온 삶 가운데 의미 있는 핵심장면을 5개로 만들어 자신의 전 생애를 이해하고, 심리극 주인공의 기회를 갖게 하는 것이다. 집단성원의 수는 20명 내외가 적절하다. 집단리더는 무대 위에 5개의 의자를 횡렬로 놓고, 집단성원들에게 차례로 삶의 핵심이 들어 있는 5개의 장면을 만들어 이를 모노드라마로 연기해 보도록 한다. (청소년/성인)

"지금까지 살아오는 과정에서 아주 중요한 사건을 중심으로 다섯 개의 의미 있는 장면을 만들어 보세요. 이를 한 사람씩 나와서 5개의 의자 위에서 모노드라마로 표현해 볼 겁니다. 이 장면은 아마 여러분의 삶을 압축해서 전달해 주는 핵심장면이 될 거예요."

이 과정에서 집단성원 중에 결정적인 장면이 노출되면 이를 자연스럽게 심리극의 주인공으로 유도하는 방법이다.

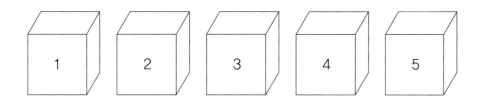

변형

집단리더는 몇 개의 의자를 무대 위에 놓고 자신과 중요한 관계에 있는 인물을 설정하게 한다. 그런 다음, 무대의 의자에 그 인물이 앉아 있다고 하고 모노드라마 식으로 혼자서 대화를 나누며 자신에 대한 평가를 내리도록 할 수 있다. 집단성원이 적을 때는 전원이 차례로 나와 할 수 있지만, 많을 경우에는 몇 개의 소집단으로 나누어 실시해도 좋다. 그렇지 않으면 자원자만 나오게 할 수도 있다.

13 마술가게

　심리극에서 주인공을 선정하기 위한 '마술가게'는 삶에서 주인공의 건강한 내적 자원을 탐구하고 인생의 목표와 가치를 분명히 하는 데 도움이 된다. 또한 마술가게를 집단상담에 활용할 때는 집단성원들이 삶에서 가장 중요하게 여기는 가치를 명료화하도록 하고, 삶에서 성장을 방해하는 요소들을 어떻게 극복하게 할 것인가를 다룰 수 있다. 집단성원의 수는 20~30명 내외가 적절하다. 준비물은 '포스트잇'과 필기구를 인원수대로 준비한다. (초 4~6/청소년/성인)

　"반갑습니다. 마술가게에 오신 여러분 환영합니다. 지금 이곳 마술가게에는 눈에 보이지 않은 진열대가 있습니다. 누구든 이곳에 오시면 원하는 물건을 다 구입하실 수 있습니다. 물론 만질 수 있고 눈으로 볼 수 있는 물건은 취급하지 않습니다. 눈에 보이지 않는 사랑, 우정, 믿음, 희망, 자유 등 온갖 것들을 다 취급하고 있습니다. 물론 이런 물건을 구입하시려면 여러분도 저에게 지불을 해야 할 것이 있습니다. 예컨대, 삶에서 불필요한 것, 가지고 있기에는 너무 부담스러운 것, 없어졌으면 하는 것들입니다. 이것들 역시 만질 수 없는 무형의 것들이지요. 자, 누구든지 오셔서 필요한 물건을 구입하시고 필요 없는 것들을 지불하시기 바랍니다. 모든 분들이 가게에 다 오실 수 없기 때문에 제가 나눠 드린 종이(포스트잇)에 구매할 물건과 지불할 물건을 하나씩 적어 주시기 바랍니다. (이때 잠시 생각할 시간과 적을 시간을 주고) …… 오늘 우리 마술가게에서는 몇 사람만 손님으로 초대하겠습니다. 얼른 오셔서 구입하시기 바랍니다."

　이런 식으로 집단리더(디렉터)는 집단성원들에게 무대 위에 있는 진열대 위에 무엇이든지 다 있다고 상상하도록 한 다음, 누구든지 원하면 마술가게에 들어와 물건을 살 수 있다고 설명한다. 고객이 무대 위로 올라오면 그가 원하는 물건을 들어 보고 버리고 싶은 물건에 대해 이야기를 해 가면서 마술가게를 진행한다.

마술가게를 통해 심리극의 주인공을 선정했다면, 심리극은 다음과 같은 흐름으로 진행할 수 있다. 집단리더(디렉터)는 주인공에게 원하는 것(물건)을 이야기할 때, "언제부터? 무엇 때문에? 얼마만큼? 그것으로 무엇을 하고자 하는지? 얼마나 절실하게 필요로 하는지? 또 그것을 갖게 되면 정말 만족할 수 있는지?" 등을 확인해 가면서 단서를 잡는다. 그리고 집단리더(디렉터)는 주인공에게 그것의 필요성을 일으켰던 과거의 구체적인 상황을 장면화한다. 그 외에 물건과 관련된 에피소드를 장면화할 수 있다. 이 장면은 생략될 수도 있고 정식 심리극으로 진행될 수도 있다.

또 지불해야 할 대가를 선정하는 경우 역시 물건선정과 마찬가지로 그것을 세분화하거나 그 대가를 내놓는 이유에 대해서도 구체적으로 알아본다. 중요한 것은 왜 그것이 문제가 되는지? 왜 그것이 자신의 성장을 저해하는지? 그리고 얼마만큼 버릴 것인지 등이다. 대가로 지불한 이후, 그것을 버린 이후의 상황을 장면화할 수도 있다. 변화된 자신의 모습, 그리고 그러한 자신이 타인에게 미치는 영향 등을 보조자 혹은 이중자아를 통해서 살펴본다. 이 장면 역시 생략될 수 있고, 정식 심리극으로 이끌어 갈 수 있다(최헌진, 1986).

변형

변형기법으로 '알라딘의 요술램프' 놀이가 있다. 이 놀이는 리더가 돌아다니면서 진행하는데, 가상의 요술램프를 만들어 집단성원들에게 요술램프를 문지르면서 원하는 소원을 말하도록 한다. 이때 리더는 모자를 쓰고 다음과 같이 진행한다.

"나는 당신이 원하는 것을 들어줄 수 있는 지니랍니다. 당신이 원하는 가장 소중한 한 가지 소원을 들어줄 수 있답니다. 마음과 관련된 것은 무엇이든 다 가능합니다. 단, 조건이 있습니다. 당신의 소원을 들어주는 대신에 저에게 어떤 대가를 지불해야 합니다. 뭐냐고요? 바로 당신이 이제까지 살아오면서 당신을 힘들게 하고 당신을 괴롭히는 것 등에 대해 이야기하는 것입니다."

빈 의자에 초대된 사람

이 활동은 주인공으로 하여금 상상력을 통해 자신의 삶에서 의미 있는 사람을 떠올려 그 사람에 대해 심도 있게 생각하도록 한다. 빈 의자를 통한 자유로운 상상은 저항을 약화시키는 효과가 있다. 집단성원의 수는 20~30명 내외가 적절하다. 무대에 빈 의자를 하나 갖다 놓고 다음과 같이 진행한다. (청소년/성인)

"사람은 누구나 상상력을 가졌죠. 저는 이제부터 여러분을 상상의 세계로 안내할까 합니다. 여기 빈 의자가 하나 있습니다. 이 빈 의자에는 여러분이 '만나고 싶어 하는 누군가'가 앉아 있습니다. …… 잠시 눈을 감고…… 생각해 봅니다. 이 의자에 앉아 있는 사람은 누구일까요? 여러분이 몹시 보고 싶어 하는 사람일 수도 있고, 꼭 만나야만 하는 사람일 수도 있습니다. 자, 그 사람이 이 의자에 어떻게 앉아 있나요? 표정은요? 여러분은 이 사람에게 뭐라고 첫마디를 하겠습니까? 그러면 그분은 뭐라고 대답할까요? 만약 그분을 만난다면 진정 하고 싶은 이야기가 뭘까요?"

눈을 뜨고 빈 의자에 있는 누군가를 만나고 싶은 사람이 있으면 무대 위로 올라오도록 한다. 무대에 올라온 주인공에게 그 상상의 인물과 대화를 하고 역할을 바꾸어 주인공이 그 인물이 되어 의자에 앉아서 대답을 하도록 한다. 이런 식으로 몇 사람의 주인공을 무대에 초대할 수 있다. 필요할 때는 의자 대신에 보조자를 등장시켜 그 인물의 역할을 맡게 할 수도 있다.

변형

'보고 싶은 사람' 외에도 '빈 의자를 보고 제일 먼저 떠오르는 사람' '부모' '애인' '존경하는 사람' '돌아가신 분' 등 구체적인 인물을 등장시킬 수 있고, '한 번도 되어 보지 못한 자신' '이상적인 자신' '미워하는 자신'을 형상화시켜 대화를 하게 할 수도 있다. 또 '울고 있는 아이' '슬픔에 잠긴 사람' '앉아서 떨고 있는 사람' 등 불특정한 인물을 상상하게 한 후, 왜 그렇게 하고 있는가? 자신의 내면을 투사시켜 보게 할 수 있다.

15 상상의 숲속 여행

　이 활동은 집단리더가 집단성원들을 이완시킨 후, 상상(환상)을 통해 리더가 지시하는 내용들을 그대로 경험하게 하는 것이다. 이 방법은 집단성원들을 의자에 편히 앉게 하여 실시할 수 있고, 누울 수 있는 방에서는 자유롭게 혹은 머리를 가운데로 둥글게 하여 실시할 수 있다. 이는 웜업뿐만 아니라, 마무리 기법에도 유용하다. 집단성원의 수는 20~30명 내외가 적절하다. (청소년/성인)

　주제는 신체 내부나 바닷속을 여행하게 할 수 있고, 기괴한 집이나 성을 탐험하게 할 수도 있다. 또한 어떤 미지의 세계로 혹은 산과 숲속 등을 여행하게 할 수 있다. 다음 내용은 숲속을 여행하는 지시문이다. 이때 잔잔한 클래식 음악, 가능하면 Sweet People의 〈Wonderful Day〉의 음악을 들려주는 것이 좋다.

　"자, 지금부터 여러분은 저와 함께 숲속을 여행할 것입니다. 우선 마음을 편안하게 하기 위해서 숨을 깊게 들이마시고 길게 내쉬는 복식호흡을 해 봅니다. 다시 한번 숨을 천천히 들이마시고 길게 내쉽니다. 배에 풍선이 있다고 상상하고 들이마실 때는 배의 풍선에 바람이 가득 차고 내쉴 때는 풍선의 바람이 쑤~욱 빠지는 식으로 복식호흡을 해 봅니다. 다시 한번 들이마시고…… 천천히 내쉽니다. …… 좋습니다. 여러분은 지금 아주 편안하게 몸과 마음이 이완되어 가고 있습니다. …… 이제는 아름다운 숲속을 떠올려 보십시오. 숲속에는 아름드리의 나무가 빽빽이 드러워져 있어 아주 울창합니다. 숲속에 있는 계곡에서는 맑은 시냇물이 흐르고 있고…… 나뭇가지에서는 새들이 노래를 부르고 있습니다. 맑은 시냇물 소리는 우리의 가슴을 시원하게 해 주고 있습니다. 여러분은 숲속에 나 있는 오솔길을 따라 천천히 거닐어 봅니다. 숲에서 나오는 맑은 산소는 내 마음을 더욱더 상큼하게 해 주고…… 온몸의 세포 하나하나를 더욱더 싱그럽게 해 줍니다.

…… 기분은 좋아지고, 머리는 맑아집니다. 숨을 크게 들이마시고 내쉬십시오. 숨을 들이마실 때마다 맑은 산소가 온몸 깊숙이 들어와 몸이 상쾌해지고 기분은 더욱 좋아집니다. …… 좀 더 숲속을 천천히 거닐어 봅니다. 한 발 한 발 내디딜 때마다 몸과 마음속에 있는 불편한 모든 에너지가 밖으로 빠져나가고…… 숲에서 나오는 맑은 에너지가 몸과 마음에 가득 들어옵니다. …… 잠시 시간을 드릴 테니 숲을 마음껏 즐겨 보십시오. …… (잠시 후) 아, 그런데 여러분 곁에 누군가가 와 있는 것 같군요. 이 사람은 아마 여러분의 인생에서 아주 의미 있고 중요한 인물인 것 같습니다. 그동안 꼭 만나고 싶었던 사람인 것 같기도 하고, 결코 만나서는 안 될 사람인 것 같기도 합니다. 그런데 자세히 보니 이 세상에 살아 있는 사람 같기도 하고, 이미 이 세상을 떠난 사람 같기도 합니다. …… 자, 누군지 고개를 돌려 천천히 바라보십시오. 누구인지 알 듯합니다. 그 사람과 말을 하지 말고 그냥 함께 걸어 보세요. 어떤 느낌인지…… 이제 숲속 여행을 마칠 때가 다 되었습니다. 모두 의미 있는 숲속 여행이 되었을 것입니다. 기지개를 켜시고…… 천천히 눈을 뜨십시오. …… 어때요? 의미 있었나요?"

집단리더는 집단성원들에게 숲속 여행을 통해서 느꼈던 감정들을 서로 나누게 하고, 곁에 와 있던 사람이 누군지를 묻는다. 그런 다음, 이 인물과 만나고 싶은 사람을 주인공으로 선정한다.

16 요술구슬

　이 활동은 집단성원들에게 요술구슬이 손바닥 위에 놓여 있다고 상상하도록 한 다음, 이 구슬을 통해 자신의 과거에서 가장 기뻤던 일과 가장 슬펐던 일을 떠올리게 한다. 삶에서 두 영역(긍정/부정)의 극단적인 측면이 현재의 삶과 어떻게 연결되는지를 아는 것은 삶을 통합할 수 있는 기회를 갖게 한다. 집단성원의 수는 제한이 없다. (청소년/성인)

　"제가 여러분에게 보이지 않는 요술구슬을 하나씩 드리겠습니다. 제가 던질 테니까 잘 받으세요. (집단리더가 집단성원들에게 던지는 행위를 함) …… 요술구슬을 하나씩 다 받았죠? 그것을 손바닥 위에 올려놓으세요. 이 요술구슬은 아주 맑고 투명한데, 이것은 여러분에게 의미 있는 과거를 보여 줄 것입니다. 자, 저처럼 주문을 외어 보세요. '구슬아 구슬아 내가 살아오면서 가장 기뻤

던 일이 뭐니?' 그런 다음, 바라보세요. 손바닥 위에 있는 이 요술구슬 속에 내 생에서 가장 기뻤던 일이 보일 겁니다. …… 마음으로 보세요. 다 보이죠?…… 그럼 이번에는 '구슬아 구슬아 내가 살아오면서 가장 슬프고 가슴 아팠던 일은 뭐니?' 이제 보세요. 이 요술구슬 속에 가장 슬프고 가슴 아픈 일이 보일 겁니다. …… 이제 눈을 감아 보세요. 지금 우리는 요술구슬을 통해 가장 기뻤던 일과 가장 슬펐던 일을 확인했습니다. 아마 기뻤던 기억은 나를 행복하게 하고 힘을 내게 하지만, 슬펐던 기억은 알게 모르게 내 삶에 부정적으로 영향을 주고 있을 겁니다. 심리극은 우리에게 슬픈 기억에서 벗어나도록 기회와 용기를 줍니다. 마음의 자유를 원하는 사람이 있다면, 그 사람을 무대로 초대하겠습니다. 이제 눈을 뜨십시오."

변형 1

요술구슬에 '슬픈 일'과 '기쁜 일' 대신에 '가장 걱정스러운 일' '가장 원하는 것' '미래의 내 모습' '나의 꿈' '10년 후의 내 모습' '가장 억울한 일' 등 다양한 주제로 바꿀 수 있다.

변형 2

집단리더는 두 개의 요술구슬이 있다고 상상하게 한 후, 양쪽 손바닥에 요술구슬이 각각 하나씩 놓여 있다고 안내한다. 오른손 손바닥의 요술구슬에는 행복했던 기억들을, 왼손 손바닥의 요술구슬에는 불행했던 기억들을 떠오르게 하여 다양한 과거의 기억들을 탐색하게 한다. 이를 바탕으로 심리극의 주인공을 선정하거나 구조화된 집단상담의 주제로 활용할 수 있다.

거울아 거울아!

　이 활동은 『백설공주』에 나오는 '거울'과 심리극의 '역할 바꾸기'를 응용한 것이다. 백설공주의 거울을 등장시켜, 집단성원들이 스스로 질문하고 스스로 답변하도록 한다. 이러한 질문은 집단성원들에게 자신의 과거를 떠올리게 하는 것으로, 막연한 질문보다 거울이라는 극적인 상황을 만들어 자연스럽게 자신의 생각을 표현하게 한다. 집단성원의 수는 제한이 없다. (청소년/성인)

　집단성원들을 2인 1조가 되게 한다. 두 사람 중 한 사람은 공주(혹은 왕자)가 되고 한 사람은 거울이 된다. 먼저 A는 공주(왕자)가 되고, B는 거울이 된다. 공주(왕자, A)가 거울(B)에게 "거울아 거울아! 이 세상에서 누가 제일 잘 생겼니? 혹은 예쁘니?"라고 묻는다. 그러면 거울(B)은 마음대로 답변한다. 이때 거울(B)이 임의대로 하면 다소 유머스러울 수 있다. 그러나 정식으로 A가 자기 자신이 되어 거울(B)에게 묻고, 역할을 바꾸어 A가 거울이 되어 자신에게 답을 한다.

> A: "거울아 거울아! 넌 내가 지금까지 살면서 제일 힘든 게 뭔지 아니?"

이때 역할을 바꾸도록 한다. 거울(B)은 A가 되고, A는 거울(B)이 된다.

> A(B): "거울아 거울아! 넌 내가 지금까지 살면서 제일 힘든 게 뭔지 아니?"
> 거울(A): "그건 말이지 _____."

B는 A가 되어 다양한 것을 질문할 수 있다. 예컨대, '제일 힘들어하는 것?' 대신에 '제일 잘 나가던 때?' '제일 기뻤던 것?' '제일 가슴 아픈 것?' '제일 재미있었던 일?' '제일 고통스러웠던 일?' 등으로 질문한다. 이때 A는 거울이 되어 답변을 한다. 이런 식으로 A가 한 다음, 이어서 B가 A처럼 같은 방식으로 참여한다.

이렇게 두 사람 모두 자신에 대한 기억을 표현하고 나면, 집단리더는 주인공을 선정할 수 있는 단서를 갖게 된다.

18 익명의 희망과 두려움

이 활동은 집단성원들 전체에게 각 개인이 가지고 있는 '희망'과 '두려움'을 익명으로 표현하게 한다. 이는 매우 주관적인 주제를 객관화시켜 문제를 좀 더 합리적으로 이해할 수 있도록 할 수 있다. 집단성원의 수는 10~20명 정도가 적절하다. 개인에게 A4 용지 한 장과 펜을 나눠 준다. (청소년/성인)

집단리더는 집단성원들에게 펜과 A4 용지 한 장씩 나누어 주고 종이를 반절로 자르도록 한다. 집단성원들에게 '희망'과 '두려움'의 감정을 생각해 보도록 한 후, 두 장의 종이에 자신이 겪었던 그와 관련된 내용을 자세히 적도록 한다.

"여러분은 두 장의 종이에 하나는 '희망'을, 다른 하나는 '두려움'을 적습니다. '희망'의 종이에는 어떤 희망을 원하는지? '두려움'의 종이에는 어떤 두려움을 갖고 있는지? 구체적으로 적어 주십시오."

다 쓰고 나면 접어서 종이상자에 담아 모은다. 그리고 집단성원들은 한 번에 한 명씩 나와 종이 한 장씩 집어서 거기에 기록된 내용을 마치 자기가 쓴 것처럼 발표한다. 전체가 다 발표하고 나면, 다른 사람의 희망과 두려움을 듣고 어떤 느낌이 들었는지 소감을 나눈다.

희망과 두려움을 표현한 이후, 집단성원들에게 가장 관심이 가는 주제를 역할극(사회극)의 주제로 삼아 진행할 수 있다. 또한 심리극으로 진행할 경우, '두려움을 어떻게 극복할 것인가?'에 대한 주제를 가지고 심리극의 주인공을 선발할 수 있다.

내 마음의 네 의자

이 활동은 4개의 의자에 집단성원들의 마음을 투사시켜 주인공을 선정하는 방법이다. 이는 의자가 놓인 형태에 따라 집단성원들의 마음과 연결시킬 수 있기 때문에 주인공을 선발하는 데 유용하다. 집단성원의 수는 제한이 없다. (청소년/성인)

의자를 무대에 네 가지 형태로 놓는다. ① 첫 번째 의자는 뒤로 눕혀 놓고, ② 두 번째 의자는 바르게 앞으로 세워 놓고, ③ 세 번째 의자는 뒤로 돌려 놓고, ④ 네 번째 의자는 거꾸로 뒤집어 놓는다. 그런 다음, 다음과 같이 안내한다.

"지금 무대에는 네 개의 의자가 놓여 있습니다. 이 의자는 우리들의 마음을 표현해 놓은 것입니다. 이 네 개의 의자 중에서 어떤 의자가 현재 내 마음과 가장 가까운 모습인지 잠시 생각해 보십시오. 잠시 눈을 감고 내 마음을 들여다보십시오. (1~2분 시간을 주고) …… 이제 눈을 뜨시고 무대에 놓여 있는 네 개의 의자 중에서 내 마음과 가장 가까운 의자를 선택해 보시기 바랍니다."

그런 다음 집단리더는 네 의자의 거리를 떼어 놓는다. 집단성원들에게 자신이 선택한 의자 앞에 모이도록 한 다음 둥글게 앉도록 한다. 둥글게 앉은 집단성원들은 왜 이 의자를 선택하게 되었는지 이야기를 나눈다. 만일 참여자가 너무 많을 경우에는 옆에 앉아 있는 두 사람씩, 혹은 가까이 앉아 있는 4~5명씩 모여 서로 선택한 이유를 나누게 한다. 이후에 주인공을 선정한다.

20 초기 기억

    유년 시절과 관련된 가장 초기의 기억들은 마술적인 속성을 가지고 있다. 그 기억들은 우리의 의식적 삶의 명백한 시작점이기 때문이다. 아들러(Adler)에 의하면, 인생의 첫 번째 기억들은 아주 특수하고 분명하며, 다른 어떤 심리적인 자료보다도 훨씬 명료하게 한 개인의 정신역동의 핵심을 보여 준다. 즉, 초기 기억들은 한 개인의 목표, 가치, 주의에 대한 매우 귀중한 단서를 제공함으로써 생활양식의 기원을 분명히 밝혀 준다. 이 활동은 초기기억을 통해 각자의 삶을 이해하는 기회가 될 것이다. 집단성원의 수는 제한이 없다. (청소년/성인)

    "잠시 눈을 감고 잠시 몸과 마음을 이완하시기 바랍니다. …… 편안하게 숨을 들이마시고…… 천천히 숨을 내쉬고…… 이제 우리는 지금부터 아주 먼 과거의 기억을 만날 것입니다. …… 아주 오래된…… 아주 희미하지만 잊을 수 없는…… 먼 과거의 기억을 말입니다. 수많은 기억들이 있겠지만, 그중에서 가장 어릴 때의 기억, 어쩌면 최초의 기억을 떠올려 봅니다. 그곳은 어디인지요? …… 누구랑 함께 있나요? …… 나는 어떤 모습인가요? …… 어떤 장면이 보이나요? …… 그곳에서 나는 어떤 기분을 느끼고 있을까요? …… 좋습니다. 이제 눈을 뜨시고…… 어릴 때의 기억을 떠올리니 지금 어떤 기분인가요? …… 그리고 이 초기 기억이 현재 내 삶에 어떻게 연결되는지를 함께 생각해 보시기 바랍니다."

    이렇게 마무리한 다음, 리더는 두 사람씩 만나서 초기 기억을 떠올린 기분이 어떠했는지? 이 초기기억이 현재 자신의 삶과 어떻게 연결이 되는지? 서로 나누도록 한다. 이어서 리더는 몇몇 집단성원에게 소감을 묻고 집단 프로그램을 진행하거나 심리극을 진행한다.

변형

어릴 때 아주 특별한 네 가지 기억과 만나기. ① 가장 슬펐던/외로웠던 기억, ② 가장 두려웠던 기억, ③ 가장 무가치했던 기억, ④ 가장 억울했던 기억 네 가지를 떠올리고, 그것을 서로 이야기 나눈다. 이 네 가지 기억은 핵심감정과 연결될 가능성이 높다.

21 꿈 작업

평소 사람들이 반복해서 자주 꾸는 꿈이나 아주 오랫동안 기억에 남는 인상적인 꿈은 무의식을 의식화하는 데 유용하다. 이 활동은 집단성원들에게 아주 인상적인 과거의 꿈이나 반복해서 자주 꾸는 꿈을 떠올려 꿈의 느낌이나 꿈의 이미지를 그림으로 그려 꿈의 의미를 탐색하도록 한다. 집단성원의 수는 20명 내외가 적절하다. 준비물은 A4 용지와 크레용이다. (청소년/성인)

"지금부터 꿈 작업을 하고자 합니다. 잠시 눈을 감으시고…… 평소에 자주 꾸는 꿈이나 과거에 꿨던 꿈 중에서 아주 인상적인 꿈을 떠올려 봅니다. 자주 꾸는 꿈…… 그리고 과거에 꿨던 꿈이지만 아직도 기억이 생생하게 떠오르는 꿈…… 이런 종류의 꿈이 떠오르지 않는다면 최근에 꾸었던 꿈을 떠올려도 좋습니다. …… 떠오른 분들은 눈을 뜨시고…… 앞에 놓여 있는 종이에 꿈의 한 장면을 그려도 좋고, 꿈의 느낌을 그려도 좋습니다."

이렇게 하여 그린 그림을 전부 모아 느낌이 유사한 것끼리 분류한다. 분류한 그림으로 소집단을 구성하여 서로 각자의 꿈을 소개한다. 리더는 집단성원들에게 꿈을 소개하는 과정에서, 자신의 꿈이 자신의 삶과 어떻게 연결되는지를 생각하도록 한다. 이를 기반으로 집단 프로그램을 운영할 수 있고, 삶의 의미를 더욱 깊게 이해하고자 하는 사람을 주인공으로 초대하여 심리극을 진행할 수 있다.

22 인사이드 아웃

〈인사이드 아웃〉 애니메이션 영화에서는 감정의 통제소에 다섯 가지 감정이 등장한다. 이 다섯 가지 감정은 분노(버럭이), 두려움(소심이), 혐오감(까칠이), 슬픔(슬픔이), 기쁨(기쁨이)이다. 다섯 가지 감정이 마음의 중심에 있는데, 어떤 감정이 메인 키를 잡느냐에 따라 우리의 행동이 다르게 나타난다는 원리다. 이 활동은 집단성원들에게 평소에 가장 예민한 감정이 무엇인지를 파악하여 심리극의 주인공을 선정할 수 있다. 집단성원의 수는 20명 내외가 적절하다. 집단성원들에게 〈인사이드 아웃〉 영화의 사진을 보여 주면서 다음과 같이 진행한다. (청소년/성인)

"혹시 여러분 〈인사이드 아웃〉 영화를 보신 적이 있나요? 이 영화는 인지과학과 심리학의 원리에 근거하여 만든 영화입니다. 이 영화에는 다섯 가지 감정이 등장합니다. 이 다섯 가지 감정은 우리 인간이 가지고 있는 가장 근원적인 감정으로, 태어날 때부터 생존을 위해 필요한 감정입니다. 분노, 슬픔, 두려움, 혐오감의 부정 감정과 기쁨이라는 긍정 감정입니다. 혐오감은 자기혐오와 타인혐오가 있는데, 자기혐오가 바로 수치심입니다. 여기에서는 혐오감 대신에 수치심으로 바꾸어, 분노, 슬픔, 두려움, 수치심, 기쁨의 다섯 가지 감정 중에서 살아오는 동안 가장 자주 경험한 감정이 무엇인지 떠올려 보시기 바랍니다."

이렇게 하여 가장 자주 경험한 감정을 확인한 다음, 2~4인씩 짝을 지어 그에 대해 구체적으로 이야기를 나누도록 한다. 이야기를 마치고 나면 그에 대해 집단상담으로 진행할 수 있고, 주인공을 선정해 심리극을 진행할 수 있다.

23　어린 시절 가족사진

　어린 시절의 기억은 일생 동안 우리의 삶에 영향을 미친다. 특히 가족과의 관계에서 경험되는 특정한 사건이나 가족 간의 관계구조는 가족 구성원들에게 많은 영향을 미친다. 어릴 때 가족사진은 보이지 않는 가족의 구조를 파악하고, 가족과의 관계에서 일어난 사건들을 회상하는 데 매우 중요한 소재가 된다. 이 활동은 어린 시절 가족사진을 통해 가족의 구조 및 가족의 영향에 대해 살펴보기 위한 것이다. 집단성원의 수는 제한이 없다. (청소년/성인)

　"이번에는 가족사진을 가지고 작업을 하려고 합니다. 지난번에 언급했듯이 어릴 때 찍은 가족사진을 가져오도록 했지요. 지금부터 세 명씩 만나 보세요. …… 서로 인사하시고…… 자신이 가져온 가족사진을 간단히 소개하시기 바랍니다. (서로 소개할 시간을 줌.) …… 이제 소개를 다 마쳤지요. 그럼 몇 가지 이야기 나눌 내용을 소개하겠습니다.

　첫째, 이 사진이 왜 당신에게 중요한가요?

　둘째, 어떻게 사진 속의 장소에 가게 되었나요?

　셋째, 사진 속 인물들의 각자 특성은 무엇인가요?

　넷째, 사진을 보면서 아쉬운 점은 무엇인가요?

　다섯째, 이 사진 속의 인물들이 자신의 삶에서 얼마나 중요한가요?

　여섯째, 사진을 찍었던 그 당시의 기분은 어떠했나요?

　일곱째, 사진을 보면서 가족의 관계는 어떠했나요? 부모님의 관계, 부모님과 나와의 관계, 형제자매의 관계 등에 대해 소개해 주세요."

이렇게 소개하고 난 이후 집단성원들은 가족에 대해 무엇을 알았고, 무엇을 느꼈는지에 대해 소감을 나누도록 하고 마친다. 이후 집단 프로그램으로 진행할 수 있고, 주인공을 선정하여 심리극을 진행할 수 있다.

변형

사진을 가지고 오지 않았을 때는 다음과 같은 심상을 이용할 수 있다.

"자, 눈을 감아 봅시다. …… 깊게 숨을 들이마시고 숨을 내쉬고…… 잠시 이완을 하도록 하겠습니다. 우리는 상상을 통해 우리의 과거를 만나는 시간을 갖고자 합니다. …… 잠시 몸을 편안히 이완하시고…… 이제 여러분의 집에 여러분의 추억이 담겨 있는 앨범이 어디에 있는지 떠올려 봅니다. 아마 책장…… 장롱…… 아니면 어느 책꽂이에 꽂혀 있는지 모르겠습니다. 요즘은 인화를 하지 않고 보관하는 경우가 많으니 어느 USB 장치에 있는지도 모르겠습니다. 여러분의 어린 시절 가족사진이 있는 앨범이나 파일을 찾아봅니다. …… 여러 가족사진 중에서 가장 낯익은 사진을 한 장 찾아보십시오. 그리고 그 사진을 천천히 들여다봅니다. 사진을 찍은 이곳이 어디인지, 누가 누구 옆에 있고, 가족의 얼굴표정은 어떤지 말입니다. 지금 상상으로 사진을 보고 있는

이 기분은 어떤지 알아차려 보십시오."

집단성원들에게 눈을 뜨도록 한 다음, 지금 경험했던 것을 세 사람씩 모여 서로 나누기를 하도록 한다. 즉, 사진을 떠올리면서 무엇을 알게 되었는지, 어린 시절이 현재의 삶에 어떻게 연결되는지 함께 이야기를 나누도록 한다.

24 다시 태어난다면?

사람들이 힘들 때는 마음속으로 내가 '다시 태어난다면?' 이런 생각을 할 때가 있다. 이 물음은 현재의 삶에 대해 점검해 볼 수 있는 주제다. 이 활동은 집단성원들에게 현재의 삶을 생각해 보도록 하고, 다시 태어난다면 어떤 삶을 살고 싶은지를 떠올려 그 차이를 생각해 보게 한다. 집단성원의 수는 관계없이 진행할 수 있다. 진행과정을 보면 다음과 같다. (청소년/성인)

"지금부터 잠시 눈을 감고 현재의 삶에 대해 생각해 봅시다. …… 지금 나는 행복한지? 내가 진정 원하는 삶을 살고 있는지 말입니다. …… 현재의 삶을 잠시 떠올렸습니다. 그럼 이제 다른 질문을 해 보려고 합니다. 내가 다시 태어난다면? …… 내가 다시 태어난다면 나는 과연 어떤 삶을 살고 싶은가요? 지금 이대로? 아니면 또 다른 삶? 스스로에게 물음을 가져 보십시오. …… 내가 다시 태어난다면 나는 어떤 삶을 살고 싶은지…… 충분히 생각하셨다면…… 잠시 후에 눈을 뜨면 옆에 있는 두 사람씩, 혹은 세 사람씩 짝이 되어 현재의 삶과 다시 태어났을 때의 삶이 어떤 차이가 있는지를 함께 이야기 나눌 겁니다. 자, 눈을 뜹니다."

이렇게 해서 두 사람, 혹은 세 사람이 각자 현재의 삶과 원하는 삶에 대해 함께 이야기를 나누도록 한다. 이후 자신의 삶에 대한 나눔으로 구조화된 집단 프로그램으로 진행할 수 있고 주인공을 선정하여 심리극을 진행할 수도 있다.

25 과거로의 여행

이 활동은 태어나서 지금까지 살아온 삶의 여정을 되돌아봄으로써 삶의 전반을 이해하고 삶을 새롭게 조망하는 데 유용하다. 집단성원의 수는 제한이 없으며, 가능하면 편안한 자세로 누울 수 있거나 앉을 수 있는 공간이 필요하다. 조용한 음악을 들려주는 것은 집중에 도움을 준다. (청소년/성인)

"지금부터 눈을 감으시고…… 가장 편안한 자세로…… 온몸에 힘을 빼시고…… 천천히 호흡을 합니다. 숨을 깊게 들이마시고 천천히 내쉬면서…… 몸과 마음을 깊게 이완합니다. 이제부터 우리는 과거로의 여행을 떠날까 합니다. …… 지금부터 아주 오래전…… 내가 세상에 태어났을 때, 그 당시를 떠올려 보십시오. 아주 오래전입니다. 이제 나는 어머니의 배 속에서 나와 세상의 빛을 처음 보는 순간입니다. 지금 우리 가족은 나를 어떻게 맞이하고 있는지요? 어린 나를 환영하고 있는지? 주위를 둘러봅니다. …… 조금씩 시간이 흘러갑니다. 기어 다니고, 아장아장 걸어 다닙니다. 영아기를 지나…… 엄마 곁을 조금씩 벗어나…… 이제는 유아기 시절을 떠올려 봅니다. …… 우리 가족은 나를 안전하게 보호하고 있는지요? 어린 나에게 아빠는…… 엄마는 어떤 분인가요? …… 시간은 흘러갑니다.

드디어 엄마와 아빠의 곁을 조금씩 벗어나 초등학생이 되었습니다. 또래관계가 중요한 시기에…… 나는 주변 친구들과 어떤 관계를 맺고 있나요? 초등학교 저학년 때의 시기에 나의 삶을 둘러보십시오……. 어떤 특별한 경험을 하고 있는지요? …… 이제는 초등학교 고학년 때의 삶을 둘러봅니다. 이 시기에 무슨 일이 일어나고 있는지 살펴보십시오. …… 초등학교 전반을 떠올려 보십시오. 이 시기에 나는 우리 가족과 친구들과 어떤 관계를 맺고 있는지? 집중해 보십시오.

이제는 중학교에 올라갑니다. 중학교 시절에 일어난 많은 일들을 떠올려 보십시오. …… 나는 가족과 친구들과 어떤 관계를 맺고 있는지…… 세월은 흘러 고등학교 시절로 올라갑니다. ……

10대 후반의 시절을 살펴보십시오. 10대 후반…… 이 시기에 나는 어떤 삶을 살고 있는지요? 여전히 나와 부모님과의 관계, 나와 친구들과의 관계를 살펴보십시오. …… 다시 시간은 흘러 20대 전반을 떠올려 봅니다. 그리고 그 이후 현재까지 삶의 전반을 떠올려 보십시오.

이렇게 살아오는 동안 우리는 수많은 경험을 하고 살아왔습니다. 그것이 기쁜 일이든, 슬픈 일이든, 두려운 일이든, 억울한 일이든 말입니다. …… 수많은 경험들 중에 지금은 '외롭고 슬픈 일' '두려운 일' '억울한 일' '무가치하게 느꼈던 일'을 떠올려 보십시오. 내가 가장 외롭고 슬픔을 느꼈던 일, 무섭고 두려웠던 일, 억울하고 화가 난 일, 무가치하게 느꼈던 일들을 떠올려 봅니다. …… 그중에서 현재 내 삶에 강하게 영향을 미치는 감정이 무엇인지 떠올려 보십시오."

이렇게 하여 4가지 감정을 떠올리도록 한 다음, 3~4명씩 소집단으로 나누어 서로의 경험을 나누도록 한다. 이 경험을 마치고 나면 주인공을 선정하여 심리극을 진행할 수 있다.

변형

집단성원의 수가 20명 내외일 때 현재의 삶에 가장 영향을 미치는 부정적인 감정을 하나 선정하도록 한다. 로코그램을 활용하여 공간을 외로움과 슬픔, 두려움, 분노, 수치심(무가치하게 느꼈던) 등으로 구분하여 현재의 삶에 영향을 미치는 감정의 영역에 모이도록 한다. 이후 유사감정을 느끼고 있는 사람들끼리 모여 자신들의 경험을 함께 나누도록 한다.

26 삶의 무게

이 활동은 몸의 무게를 통해 우리가 겪고 있는 삶의 무게, 즉 고통을 이해하도록 하기 위한 것이다. 집단성원의 수는 제한이 없으나 공간은 활동하기에 편안해야 한다. (청소년/성인)

집단리더는 집단성원들에게 돌아다니면서 자신과 마음이 잘 통할 것 같은 사람과 자연스럽게 짝이 되어 2인 1조가 되게 한다. 두 사람은 자기소개를 하고 서로 공통점을 찾아보도록 한다. 각 조는 서로의 공통점을 자연스럽게 몸 조각으로 표현하면, 다른 집단성원들이 그 공통점을 알아맞히게 한다. 이렇게 다른 조도 실시한다.

다시 짝이 된 두 사람이 '가위바위보'를 하고, 이긴 사람이 먼저 진 사람의 어깨를 누르게 한다. 진 사람은 끝까지 눌림을 당하지 않도록 버틴다. 어느 정도 시간이 지나면 집단리더는 역할을 바꾸어 진 사람이 이긴 사람의 어깨를 같은 방식으로 누르게 한다. 다 끝나고 나면 잠시 눈을 감도록 한다.

"잠시 눈을 감아 보세요. …… 조금 전에 여러분은 어깨에 눌림을 당하셨지요? 어깨에 눌림을 당했을 때 몸의 느낌을 한번 느껴 보세요. …… 우리는 누구나 삶의 무게를 갖고 있습니다. 즉, 사람들은 누구나 삶에서 무거운 주제가 있기 마련이지요. 잠시 내 삶에서 무거운 주제가 무엇인지 떠올려 봅니다. …… 무엇이 떠오르는지요?

이렇게 한 다음, 눈을 뜨게 하고 짝과 자신의 삶의 무게가 무엇인지 나누어 보도록 한다. 다 나누고 나면 2~3개 조로 다시 합쳐 자신의 삶의 주제를 소개하는 시간을 가져도 좋다. 이후 주인공을 선발해 심리극을 진행할 수 있다.

27 기억의 강

집단성원들이 자기개방의 기회를 갖는 것은 신뢰와 친밀감을 갖게 하는 데 매우 효율적이다. 본 활동은 집단성원들이 자기개방을 통해 내면을 탐색함으로써 자기를 새롭게 이해하는 기회를 갖게 될 것이다. 집단성원의 수는 20~30명 내외가 적당하나 공간을 고려할 필요가 있다. 앞의 '칭찬의 원'을 진행할 때처럼 집단놀이를 통해 상호신뢰가 향상되었을 때 이 기법을 적용하는 것이 좀 더 안전할 수 있다. (청소년/성인)

"지금 우리는 안쪽의 원과 바깥쪽의 원으로, 두 개의 원을 만들었습니다. 안쪽에 있는 사람들과 바깥쪽에 있는 사람들끼리 서로 마주 봅니다. 이제 제가 주제를 하나씩 주면 그 주제에 대해 서로 이야기를 나누십시오. 3~4분 정도 시간이 지난 다음, 제가 신호를 주면 그 주제에 대해 마무리하고 바깥쪽에 있는 사람들이 오른쪽으로 한 칸 옮겨 새로운 짝을 만납니다. 제가 다시 새로운 주제를 주면 그에 대해 서로 이야기를 나누고 같은 방식으로 진행하면 됩니다."

주제의 내용은 다음과 같다.
① 지금 생각나는 가장 어릴 때의 기억을 떠올려 서로 이야기하기. 그것이 현재의 자신의 삶과 어떤 관계가 있을까? 초기 기억이 현재의 감정과 연결되는가?
② 어린 시절의 가장 창피했던 기억은 무엇인가? 몇 살 때였는가?
③ 어릴 때 우리 집의 평면도는? 그때 그 집과 연결된 기억들을 떠올려 본다.
④ 어린 시절의 가장 기억에 남는 행복한 기억은?
⑤ 어린 시절의 가장 기억에 남는 슬픈 기억은?
⑥ 어릴 때 자신의 가족에 대한 특별한 기억은? 이 기억이 현재 가족과는 어떤 관계가 있는가?

⑦ 어릴 때 찍은 사진 중에서 가장 인상에 남는 것은?

⑧ 어렸을 때 나를 가장 예뻐 했던 가족은?

⑨ 과거에 나에게 가장 소중한 사람은?

⑩ 유아기, 아동기, 청소년기 등에서 내 마음에 가장 큰 상처가 된 기억은? 그 기억이 누구와 연결되는지?

이 과정을 마치고 나면 3~4명이 한 조가 되게 하고, 이러한 기억들이 현재의 삶과 어떤 관계가 있는지를 서로 나누도록 한다. 이 과정으로 집단 프로그램을 마칠 수 있고, 이후 주인공을 선정하여 심리극을 진행할 수 있다.

〈기억의 강〉

바다 저편 북쪽에 모든 것을 알고 있는가
잘 자거라 아가야 기억의 강을 건너라
아주 깊고 투명한 강물 속의 목소릴 따라
너무 멀리 가진 마 모든 걸 삼킬지 몰라

너의 닫혀 있는 맘속에 흐르는 마법의 노래
그 빛이 시작된 곳에 진실이 기다릴 거야
바다 저편 북쪽에 모든 것을 알고 있는가
어서 오렴 아가야 모든 답은 여기 있다

– 〈겨울왕국 2〉 –

28 고마운 사람들

이 활동은 우리들의 마음속에 있는 감사한 마음을 일깨워 작은 일에도 감사할 줄 아는 사람이 되도록 하는 효과가 있다. 또한 자기개방, 타인들의 작은 일에도 감사하는 모습을 보고 배우기, 긍정적 사고 기르기 등의 효과를 기대할 수 있다. 집단성원의 수는 제한이 없으나 2~3인씩 만나 진행할 수 있다. 준비물은 각자 A4 용지 1장과 필기구가 필요하다. (청소년/성인)

"잠시 둘러앉아 조용한 가운데 눈을 감아 보십시오. …… 그러고 나는 누구인가? 스스로 물음을 던져 봅니다. 나 혼자 살아온 것인지? 주변 사람들의 도움으로 살아온 것인지? …… 우리는 결코 혼자 살아갈 수 없습니다. 수없이 많은 사람들과 함께 도움을 주고받으면서 살아가고 있습니다. …… 지난 1년을 살아오면서 내 삶에 도움을 준 사람을 떠올려 보십시오. 가까운 1년 사이에도 내 삶에 도움을 준 사람이 있습니다. …… 이제 태어나서 나를 지금 여기 있게 해 준 수많은, 고마운 사람을 떠올려 봅니다. …… 한 분 한 분 얼굴을 떠올려 보십시오. …… 잠시 후에 눈을 뜨면 그분들을 종이에 적어 보시고, 그 분들이 어떤 의미에서 고마운지를 적어 보시기 바랍니다."

집단성원들에게 종이에 적은 고마운 분들 중에서 가장 고마운 세 사람을 떠올리도록 한다. 그리고 2~3인씩 모여 그 사람들이 왜 고마운지를 소개하도록 한다. 소개를 마치면 전체 소감을 나누고 심리극을 진행하는 것도 좋다.

29 삶의 5인 초대

인간은 관계 속에서 살아가는 사회적 동물이다. 출생, 성장, 사망 모든 것이 관계 속에서 이루어진다. 이런 관계 속에서 어떤 가치를 선택하고 보완하고 바꾸며, 또한 가치를 재설정하기도 한다. 이 활동에서는 집단성원들에게 의미 있는 사람을 통해 삶의 가치를 재점검하는 기회를 갖게 한다. 집단성원의 수는 10~20명 내외가 적당하며, 10명 이내의 소집단으로 나누어 시행할 때 전원이 참여할 수 있다. (청소년/성인)

"잠시 눈을 감아 보십시오. 여러분은 어떤 유형의 사람들을 좋아하는지 생각해 보십시오. 한 사람씩 떠올려 보면서 여러분이 좋아하는 유형을 찾아봅니다. …… 이제는 태어나서 이 자리에 있기까지 만난 사람들 중에 오랜 기간 만나지 않았는데도 생각나는 사람이 있다면 어떤 사람입니까? …… 나에게 배움을 준 사람, 이런저런 일로 고마운 사람, 내 삶에 의미 있는 사람, 옆에 있던 것만으로도 든든한 사람들 말입니다. 많은 사람들이 있겠지만 그중에서 5명만 떠올려 보십시오. …… 이제 눈을 뜨십시오."

한 사람의 주인공(내담자)을 무대에 초대한다. 그리고 집단성원들 가운데 그가 떠올린 다섯 사람의 역할을 해 줄 5명을 선택하여 앞으로 초대한다. 주인공은 5명 각자에게 아까 떠올린 인물을 설정해 준다. 그런 다음 집단성원들 앞에서 그 인물을 설명해 주고, 왜 그 사람이 자기 삶에 중요하고 고마운 사람인지를 설명한다. 이런 식으로 집단성원이 모두 경험하게 한다. 집단성원들이 많을 경우 10명 내외로 소집단을 몇개 만들어 진행할 수 있다. 이 활동은 구조화된 집단 프로그램으로 활용할 수 있다.

30 가족의 비밀

    가족은 하나로 묶여 있는 체계이기 때문에 가족은 우리의 생존에 절대적인 영향을 미친다. 우리는 어린 시절 부모의 관계, 부모 각자 원 가족과의 관계, 부모의 경제적 지위, 부모의 어린 시절 경험, 형제관계, 초기 양육경험 등 가족들에게 등장하는 수많은 변수들의 영향을 받는다. 본 활동에서 어린 시절 가족과의 관계를 살펴보는 일은 현재를 이해하는 중요한 기회가 된다. 집단성원의 수는 제한이 없으며, 소집단으로 나누어 진행할 수 있다. (청소년/성인)

    이전에 친밀감 촉진의 웜업을 한 다음, 친밀감이 높은 2~3인이 1조가 되게 한다. 그런 다음 몇 가지 내용에 대해 서로 이야기를 하도록 한다.

① 어린 시절 나의 아버지와 어머니는 어떤 사람? 두 분의 관계는? 내가 바라는 아버지와 어머니의 모습은?
② 가족 중에서 내가 우상으로 여겼던 사람은 누구? 나쁜 사람으로 인식했던 사람은 누구? 왜?
③ 어린 시절 가족에게 받은 가장 마음 아픈 상처는? 가장 행복했던 기억은?
④ 어린 시절 형제들과의 관계는?
⑤ 가족끼리도 말할 수 없었던 가족의 공공연한 비밀은?

31　내면 여행

　이 활동은 집단성원들이 무대라는 특별한 장소에서 어린 시절의 자기 자신을 만나도록 하여 심리극의 주인공을 선정하거나 집단상담으로 이끌 수 있는 단서가 될 수 있다. 집단성원의 수는 20~30명 내외가 적절하다. (청소년/성인)

　집단성원들은 팔짱을 낀 채로 서로 눈을 감고 무대에 아주 천천히 자연스럽게 돌아다닌다. 이런 가운데 서로 부딪치게 되면 가볍게 비껴 다시 자신이 가고 싶은 대로 움직여 본다. 이때 집단성원은 뭔가 두려움이 앞설 수 있지만 신체적 접촉이 많아질수록 걷는 것이 자연스럽게 느껴진다. 집단리더는 집단성원이 벽에 부딪히거나 다른 사람과 심하게 충돌

하지 않도록 주의해야 한다. 잔잔한 음악을 들려주면 몰입을 촉진시킬 수 있다.

"여러분은 지금 마음여행을 하고 있습니다. 이 무대 공간에서 가고 싶은 대로 아주 천천히 움직여 보세요. 그러면 가는 길에 여러분과 함께 여행을 즐기고 있는 그 누군가를 만나게 될 것입니다. 그럼에도 개의치 말고 계속 진행하십시오. 그런 다음 제가 '그만'이라고 하면, 여러분은 눈을 뜨고 여러분만의 공간을 정해 편안히 앉아 보십시오. …… 바로 그곳에 여러분이 만나야 할 어린 시절의 작은 아이가 있습니다. 그곳에 어떤 아이가 있는지 상상하십시오. 그 아이가 어떤 모습으로 앉아 있는지? 어떤 감정을 느끼고 있는지? 상상을 통해 만나 보십시오. …… 지금 그 아이에게 어떤 이야기를 들려주고 싶은지 떠올려 봅니다."

이 과정을 마치고 나면 2~3명씩 만나 어떤 아이를 만났는지, 그리고 어떤 이야기를 들려주고 싶었는지 서로 소개하도록 한다. 이후 심리극을 진행할 수 있다.

나를 표현하기

우리는 해결되지 않은 욕구나 감정을 갖고 있을 때 이를 표출하고자 하는 행위갈망(act hunger)을 갖게 된다. 눈에 보이지 않는 억압된 욕구나 감정은 마음속에서 사라지지 않고 현재의 삶에 영향을 미친다. 억압된 내면의 주제를 발견하여 이를 행위를 통해 표현하도록 하는 것은 문제를 해결하고, 무의식 속의 억압된 사건에 대한 감정을 이끌어 내는 데 도움이 된다.

심리극 여행은 잉여현실로의 순례여행이다. 그것은 마음속 깊은 곳의 공포, 굴욕감, 감추어진 수치심, 겨우 표현된 희망과 꿈 등을 통해 우리 자신에게 향하는 용감하고 용기 있는 여행이다. 잉여현실은 과거에 하지 못했지만 했어야만 했던 일이며, 미래에 일어날 가능성이 없지만 일어날 수 있는 일을 말한다(Dayton, 1994). 우리 삶에서 과거에 이루지 못했거나 미래에 이루지 못할 것 같은 일은 우리의 내면에 오랫동안 남아 있게 된다.

우리 내면의 심리적 주제를 다루기 위해서는 우선 나를 이해하는 과정이 필요하다. 제7장에서 나를 이해하는 다양한 방식을 다루었다면 이번 장에서는 내면의 주제를 발견하고 이를 표현하는 과정을 함께 다루고 있다. 내면의 주제를 표현하는 것만으로도 의미 있는 집단상담이 될 수 있다. 자기이해를 위한 내용들은 심리극이나 집단상담에서 좀 더 심층적으로 다룰 수 있는 웜업으로 활용할 수 있다. 그러나 여기에서 소개하는 내용들은 심리극의 주인공을 선발하거나 구조화된 집단상담의 본 작업으로 운영할 수 있는 활동들이다. 예컨대, 프로그램 중에서 '상처받은 내면아이'와 '상처받은 내면아이 치유'를 연결하여 진행할 때 매우 유익한 구조화된 집단상담이 될 수 있다.

영웅 되기

집단성원들에게 자기가 가장 좋아하는 영웅을 생각하게 한다. 그리고 그 사람의 인상적인 면을 떠올려 그 사람이 되어 보게 하는 이 활동은 역할 맡기(role taking)를 통해 자신의 욕구를 인식하도록 하기 위한 것이다. 집단성원들의 수는 20~30명 내외가 좋으나 수가 많을 때는 5~6명씩 소집단으로 진행하는 것도 가능하다. (초 4~6/청소년/성인)

"잠시 눈을 감고…… 여러분이 평소에 가장 좋아하는 영웅이나 스타를 떠올려 보시기 바랍니다. …… 자, 영웅을 떠올렸지요? …… 이제는 방금 떠올린 영웅이 되어 보십시오. 눈을 뜨시고……. 지금 여러분은 방금 소개한 대로 선택받은 영웅들입니다. 지금부터 우리는 영웅들의 모임을 가질 겁니다. 아주 대단한 사람들의 모임이겠죠? 이제 영웅이 되어 여러분을 소개하고, 하고 싶은 이야기를 '그만'하라고 할 때까지 마음껏 해보는 겁니다."

어떤 집단성원들은 자신이 좋아하는 영웅의 역할을 하는 것이 어색할 수 있다. 따라서 이 '영웅 되기'는 집단성원들이 다른 놀이를 통해 어느 정도 마음의 준비가 되었을 때 실시하는 것이 좋다. 영웅의 역할을 어느 정도 하고 나면, 집단리더는 다시 집단성원들에게 질문한다. 이렇게 선택한 영웅이 자신의 힘(power)의 욕구와는 어떤 관계가 있는지 서로 이야기하게 한 다음, 이를 토대로 심리극의 주인공을 선정한다.

"자, 이제는 여러분 자신으로 돌아오십시오. 여러분이 좋아하는 영웅의 역할을 해 보니까 어때요? 이제는 5~6명씩 짝을 지어 보세요. 그리고 자신이 왜 그 사람을 영웅처럼 좋아하는지 돌아가면서 이야기를 합니다."

변형

다음은 영웅이 아니라 자신이 싫어하는 악인(혹은 싫어하는 사람)을 생각하게 한다. 그리고 위와 같은 방식으로 그의 역할을 하도록 하여 악인들의 모임을 갖도록 한다. 그 악인의 역할을 한 다음, 서로의 느낌을 나누어 본다. 어떤 사람이 특별히 싫은 것은 그 사람이 자신에게 매우 의미있는 사람일 수 있다. 즉, 내면의 그림자와 연결될 수 있다. 따라서 집단리더는 싫어하는 사람을 대상으로 하여 주인공 선정 웜업을 할 때 매우 주의를 기울여야 한다.

2 우리는 화가!

이 활동은 집단의 분위기가 어느 정도 친밀해진 경우, 그림을 통해 집단성원들의 내면 세계를 이해하고, 심리극의 주인공을 선발할 수 있는 단서를 찾을 수 있도록 진행한다. 집단은 소집단(10~15명 내외)이 적절하며, 대집단(20~30명 이상)일 경우에는 몇 개의 소집단으로 나누어 실시하는 게 좋다. 우선 집단리더는 집단에 적절한 큰 도화지나 칠판, 사인펜, 색연필, 분필 등을 준비한다. (초 4~6/청소년/성인)

"자, 제가 지금 여기에 큰 도화지(혹은 칠판)를 준비했습니다. 여러분은 돌아가면서 자신이 그리고 싶은 그림을 마음대로 그리면 됩니다. 누구든지 나와서 순서에 관계없이 그리고 싶은 대로 그려 보세요. 전원이 다 그려야 하는 겁니다."

이렇게 하여 집단성원 전체가 그림을 다 그리고 나면 돌아가면서 자신의 그림을 간단히 설명한다. 이때 인원이 너무 많을 때는 몇 개의 소집단으로 나누어서 실시하는 것이 좋다. 인원이 많음에도 불구하고 소집단으로 나누지 않고 집단 전체가 그림을 그렸다면 그림에 대한 설명을 다 하기보다는 특이한 그림이나 집단성원이 꼭 의미를 알고 싶은 그림만 선정하여 그림을 그린 사람에게 간단한 설명을 듣도록 한다. 이 과정에서 집단성원들의 내면세계를 간단히 이해할 수 있고 주인공이 되고자 하는 자발성을 높일 수 있어 주인공을 자연스럽게 선정할 수 있게 된다.

3 허풍쟁이 놀이

이 활동은 집단성원들을 2인 1조가 되게 한 다음, 서로 상상도 못할 허풍을 떨게 한다. 즉, 자신의 이름, 직업, 능력, 성격, 취미 등 모든 면에서 자신과 관련지어 과장해서 이야기를 꾸며 본다. 이 허풍 속에는 그 사람의 욕구나 바람이 투사되어 나타날 수 있기 때문에 나중에 주인공을 선정하는 단서를 찾을 수 있다. 집단성원의 수는 제한이 없다. (청소년/성인)

"지금부터 5분의 시간을 드릴 테니 두 사람이 짝이 되어 마음껏 자신에 대해 허풍을 떨어 보는 겁니다. (5분이 지난 후) 여러분은 자신이 하고 싶은 대로 마음껏 허풍을 떨어 보셨을 겁니다. 이제 여러분은 짝과 함께 서로 허풍을 떨면서 짝이 진정으로 원하는 것이 무엇인지를 찾아 주세요. 여러분이 허풍을 떠는 과정에서 여러분의 욕구나 원하는 것이 투사되어 있기 때문에 그것이 무엇인지를 상대의 입장에서 찾아 주시면 됩니다."

이렇게 하는 과정에서 자신의 욕구나 원하는 것을 확인하게 되면 자연스럽게 심리극의 주인공이 될 가능성이 높아진다. 물론 이 놀이는 상상을 통해 자신을 마음껏 과장하는 것만으로도 즐거움을 주는 활동이 된다.

4 고통의 짐 묻기

이 활동은 이전의 '마음의 보물찾기'와 같은 맥락에서 이해할 수 있다. 일반적으로 사람들은 뭔가를 갖거나 하고 싶어 하는 '소망'이 있는 반면, 뭔가를 버리고 싶어 하는 '고통'의 주제가 있다. '고통의 짐 묻기'에서는 집단성원들에게 고통스럽고 괴로운 것을 확인시켜 주며, 그 고통에서 벗어나고자 하는 열망을 강화시켜 주인공을 선정하는 방법이다. 집단성원은 20~30명 내외가 적당하며, 많을 경우에는 10~20명 내외의 몇 개의 집단으로 나누어 실시해도 좋다. (청소년/성인)

우선 집단성원을 하나의 원으로 둥그렇게 서도록 하고, "자, 여러분에게 땅을 팔 삽이나 곡괭이를 줄 테니까 옆 사람에게 전달해 주세요." 이렇게 하는 과정에서 집단성원들은 가상적인 상황임을 이해하고 마음의 고통을 파묻는 행위를 이해할 수 있을 것이다. 그런 다음, 다음과 같이 진행한다.

"지금부터 우리들은 이 땅을 깊게 팔 것입니다. 그동안 나 자신을 괴롭혀 왔던 수많은 고통의 짐들…… 사는 동안 그토록 버리고 싶었던 나만의 고통을 이 깊은 땅속에 꽁꽁 묻어 버릴 겁니다. 그 고통의 짐들이 절대 빠져나오지 못하도록 아주 깊게 파세요. 열심히 힘을 내어 팝시다. …… 자, 다들 아주 깊게 잘 팠군요. 그럼 이제 잠시 눈을 감고…… 이 깊은 땅속에 영원히 묻어 버릴 고통의 짐을 마음속에서 꺼내세요. 아마 쉽게 나오려고 하지 않을 겁니다. 눈을 감은 상태에서 고통의 짐과 이야기를 하세요. 이제 더 이상 필요 없는 그 이유를 말입니다. …… 마지막으로 고통의 짐을 땅속에 던지기 전에 그간 애썼다고 안아 주세요. 이젠 그 고통의 짐을 저 깊은 땅속에 던져 버리세요. 이것은 여러분에게 아주 중요한 의식입니다. 아쉽고 미련이 남을 수 있겠지만, 기회가 그리 많지 않습니다. 과감히 던져 버리세요. …… 모두 던져 버렸으니 다 함께 팠던

흙으로 영원히 빠져나오지 못하도록 꽁꽁 덮어 버립시다. 이제는 삽으로 덮어 주세요."

이렇게 집단성원들 전체가 고통의 짐을 버리는 의식을 행하고 나면 리더는 조심스럽게 몇 사람을 지목하거나 혹은 돌아가면서 그들이 어떤 짐을 묻었는지, 또 어떤 고통에서 벗어나고 싶었는지를 물어본다.

"여러분은 이제 진정으로 여러분 자신을 괴롭혀 왔던 것들을 지금 이곳에 영원히 파묻어 버렸습니다. 어때요? 홀가분합니까? 그러나 많은 사람들은 그 고통의 짐이 아직도 마음속에서 사라지는 느낌이 안 들 겁니다. 물론 우리가 한 행동은 의식적인 데 의미가 있으니까요. 자, 여기 무대가 보이죠? 여기 심리극이라는 또 다른 형식을 통해서 정말 버리고 싶어 하는 것들을 아주 영원히 마음속에서 지워 버릴 수 있는 특별한 기회가 있습니다. 누구든 이곳에서 주인공이 될 수 있습니다. 여러분 가운데 고통의 짐에서 벗어나 자유의 날개를 달고 훨훨 날고 싶은 사람이 있다면 누구든지 나오십시오."

집단성원들은 답변하는 과정에서 마음속에 있는 고통의 짐이 무엇인지, 왜 그것 때문에 힘들었는지를 이해할 수 있기 때문에 이후 주인공을 선정하는 데 쉬울 수 있다.

5　인생의 파노라마

　이 활동은 집단성원들이 자신의 삶을 가장 잘 대표하는 핵심적인 장면을 만화, 그림, 시 등으로 구성하게 하여 자신의 삶을 조망하는 기회를 갖게 한다. 집단성원의 수는 20명 내외가 적절하지만, 참여자 수가 많을 경우에는 표를 작성한 후, 두 사람씩 짝을 지어 그 내용을 설명하도록 한다. 준비물은 A4 용지를 가로로 2등분하여 자른 다음, 길게 붙여 7개 칸으로 나누도록 한다. (청소년/성인)

　집단리더는 집단성원들에게 지금까지 살아온 인생을 7개의 장면으로 만들도록 한다. 즉, 인생의 핵심적인 장면을 만화, 그림(상징), 시 등으로 구성하도록 한다. 이때 7개 장면을 핵심적인 단어(예: 시련, 좌절, 새 출발 등)로 간단히 표현하도록 한다. 그런 다음 이 장면을 앞에서 언급한 것처럼 모노드라마화하는 것도 좋다.

　집단성원이 적을 경우에는 집단성원 전체가 돌아가면서 설명한다. 이것을 의자로 장면화시켜 볼 수도 있다. 이 과정에서 주인공을 선정하게 되는데, 핵심문제가 드러날 경우 심리극으로 연결하기가 쉽다.

인생의 파노라마

1	2	3	4	5	6	7

6 도깨비 방망이

이 활동은 집단성원들이 도깨비 방망이를 통해 자신이 되고 싶어 하는 것 혹은 소망하는 것들을 알도록 한다. 집단성원의 수는 10~20명 정도가 적절하다. (초 4~6/청소년/성인)

집단리더는 집단성원들에게 신문을 몇 장씩 나누어 준다. 집단성원들은 신문을 말아서 방망이를 하나씩 만든 다음, 원으로 둘러앉는다.

"오늘은 정월 보름달 밤입니다. 저기 보세요. 달이 하늘에 아주 둥그렇게 떠 있죠? 이곳은 사람이라고는 찾아 볼래야 찾아볼 수 없는 깊은 숲속의 외딴집입니다. 허름하고 낡은 집이죠. 저 지붕으로 보이는 하늘을 보세요. 새들도, 짐승들도 모두 잠이 든 이 시간에…… 오늘처럼 달이 밝은 날, 일 년에 한 번씩 이곳에서는 도깨비들의 모임이 열리죠. 그런데 이 도깨비들은 평소에는 사람들 속에서 마치 사람인 것처럼 살다가 일 년에 한 번씩 만나다 보니, 서로 누군지 잘 기억하지 못하죠. 소개를 한 사람씩 해 볼까요?"

이렇게 해서 한 사람씩 나와 "나는 ○○○ 도깨비다."라고 자기소개를 한다.

"자기소개를 다 마쳤으니, 오늘 해야 할 특별한 일에 대해서 이야기하겠어요. 오늘은 1년에 딱 한 번뿐인 도깨비 방망이를 쓸 수 있는 날이죠. 그런데 이 도깨비 방망이는 우리 모두의 방망이가 한데 모여 한마음으로 두드려야 효력을 발휘할 수 있답니다. 그동안 우리 도깨비들이 인간 세상 속에서 살다 보니까 답답하고 힘들 때가 아주 많았던 것 같아요. 그럴 때마다 우리는 '만약 내가 _____ 하다면' '나한테 _____만 있었으면' 하는 생각을 간절히 하기도 합니다. 자, 평소에 그렇게 바라던 것이 무엇인지 생각해 보세요. …… 누군가 한 사람이 자기가 원하는 것, 갖고 싶은 것, 되고 싶은 것을 말하면, 나머지 사람들은 함께 방망이를 두드려서 그 바람이 이루어지도록 하면 됩니다. 자, 누가 먼저 해 볼래요?"

　이렇게 하여 집단성원들은 돌아가면서 자신이 바라는 것들을 표현한다. 이런 과정을 통해 집단성원들은 자신이 되고 싶어 하는 것, 소망하는 것 등을 표현하게 되고, 결국 이를 바탕으로 주인공을 선정할 수 있다(마음의 극장, 제3권 2호).

7 릴레이 미니 심리극

이 활동은 집단성원들이 누군가를 떠올려 평소에 하지 못한 말을 마음껏 표출할 수 있는 미니 심리극이다. 집단 프로그램의 일환으로 많은 성원들이 마음의 응어리를 풀어, 감정을 정화시킬 수 있는 매우 효과적인 활동이다. 집단성원의 수는 20~30명 이내가 적절하다. 준비물은 무대에 두 개의 의자와 바타카(batakas: 분노조절을 위해 만든 배트)가 필요하다. (청소년/성인)

집단리더는 무대에 두 개의 의자를 놓고, 두 개의 빈 의자를 같은 방향으로 놓는다. 앞의 의자는 사람이 앉을 의자이고, 뒤의 의자는 바타카로 감정을 표출하기 위한 의자가 된다. 좀 더 강한 감정을 표출하고 싶어 하는 내담자에게는 바타카를 사용하도록 한다.

"반갑습니다. 이번 시간에는 무대에 두 개의 빈 의자가 있습니다. 앞쪽 의자에 누군가가 앉아 있다고 생각하십시오. 그 사람은 평소에 만나고 싶은 사람…… 어떤 말을 해 주고 싶은 사람…… 너무 억울해서 감정을 풀고 싶은 사람…… 그 사람이 누군지 떠올려 보십시오. 누군가가 떠오른 사람은 무대로 올라와서 빈 의자에 그 사람이 앉아 있다고 생각하고…… 하고 싶은 말을 하든 감정을 풀든 원하는 대로 하십시오. …… 그런데 앞사람이 뭔가를 표현하고 있을 때 앉아 있는 여러분도 누군가에게 표현하고 싶은 마음이 들면 무대로 즉각 올라오면 됩니다. 그러면 먼저 온 사람은 자동적으로 앞쪽의 의자에 앉게 됩니다. 나중에 올라온 사람은 앞 의자에 앉은 사람이 자신이 떠올린 사람이라고 생각하고 하고 싶은 대로 하면 됩니다. 물론 말로 표현할 수 있고, 분노의 감정을 표현하고 싶을 때는 여기 바타카로 앞의 의자를 치면서 표현할 수 있습니다. 다만 의자를 던지는 폭력적인 행위는 허용되지 않습니다. 가능하면 모든 사람들이 참여하는 릴레이 미니 심리극을 시작하겠습니다. …… 이제 주인공을 초대합니다."

이때 충분히 웜업되어 있는 집단성원이 있다면 주인공으로 선정하여 정식 심리극을 진행할 수 있다. 그러나 이 활동만으로도 의미 있는 구조화된 집단 프로그램이 될 수 있다.

8 가족에게 보내는 글

가족은 우리에게 그 누구보다 따뜻함을 주기도 하지만, 그 누구보다 아픈 상처를 주기도 한다. 특히 가족에게 상처를 받은 경우에는 마음속에 있는 생각들을 차마 표현하지 못하고 고통 속에서 살아가야 하는 경우가 많다. 이 활동에서는 가족을 생각하게 하고, 그중 자신에게 의미 있는 가족을 떠올리게 하여 평소에 하지 못한 이야기를 글로 표현하게 한다. 집단성원의 수는 제한이 없다. 준비물은 A4 용지와 필기구다. (청소년/성인)

집단리더는 집단성원들에게 A4 용지를 한 장씩 나눠 준다. 그런 다음, 자신의 가족 중에서 의미 있는 인물(예: 어머니, 아버지, 형제자매 등)을 선정하여 그 가족에게 평소에 하고 싶은 이야기를 마음껏 쓰도록 한다. 글을 작성하는 동안 잔잔한 음악을 들려주는 게 좋다. 그런 다음, 전체가 돌아가면서 소감을 이야기한다.

9　보고 싶은 사람 '이름 부르기'

사람들은 평소 마음속에 그리움을 두고 있는 경우가 많다. 이를테면 누군가와 오래전에 헤어졌음에도 마음속에서는 아직도 이별을 못하는 사람이 있다. 이 활동은 마음속에 아직도 묻어 두고 있는 사람과 마음을 정리할 기회를 준다. 집단성원의 수는 제한이 없다. (청소년/성인)

집단리더는 무대의 조명을 어둡게 하고 집단성원들에게 눈을 감게 한 다음, 조용한 음악을 들려준다.

"지금부터 여러분은 저와 함께 아주 편안한 시간을 가져 볼 것입니다. 눈을 감은 채 음악에 자신을 맡겨 보세요. 점점 더 편안해집니다. 이렇게 편안할 때는 누군가가 그리워지고 보고 싶은 얼굴이 떠오릅니다. …… 지금 내 머릿속에 누군가의 얼굴이 스쳐 지나가면서 마음 한구석에 작은 동요가 일어납니다. …… 조금씩 그 사람의 모습이 생생해질수록 마음에 전율이 느껴집니다. …… 이제 그 사람의 얼굴이 더욱 생생하게 떠오릅니다. …… 그런데 지금 이 순간, 그 사람의 얼굴이 떠오르는 이유는 뭘까요? 그 사람과 얽혔던 일이 아직도 다 정리가 안 된 걸까요? 혹은 그 사람이 내 마음속에 아직도 그리운 사람으로 자리 잡고 있는 걸까요? 잠시 후에 다 같이 그 사람의 이름을 불러 볼까 합니다. 그 사람의 이름을 떠올려 보십시오. 진짜 이름이 아니고 별명도 좋습니다. 그 사람을 떠올릴 수 있는 것이라면 뭐든 다 좋습니다. …… 자, 준비되었나요? 눈을 감은 채 하는 겁니다. 그럼 다 같이 제가 시작하면 그 사람의 이름을 크게 불러 보세요. 시-작-."

집단성원들은 이렇게 하면서 떠올린 인물과의 기억을 회상해 낼 수 있다. 이런 기억을 통해 심리극은 그 사람의 잉여현실(미해결과제)을 다룰 수 있다.

변형 보고 싶고, 보기 싫은 사람을 동물로!

보고 싶은 사람과 싫어하는 사람을 동물로 비유해서 그 동물의 이름을 불러 보게 할 수 있다.

"가장 보고 싶어 하는 사람을 동물로 비유해 봅니다. 가장 보고 싶은 사람을 떠올리면서 동물을 불러 보세요. 자, 시작! …… 이제는 가장 싫은 사람을 동물로 비유해 보세요. 그 사람을 떠올리면서 그 동물을 불러 보세요. 자, 시작!"

10 부모 되기

이 활동은 집단성원들이 자신의 부모가 되어 부모의 역할 속에서 자신을 객관화하고, 부모의 입장이 되어 보는 특별한 경험을 하게 한다. 집단성원의 수는 제한이 없다. (청소년/성인)

집단을 3인 1조가 되게 구성한다. 이들은 자신의 역할이 아닌, 어머니나 아버지 중 한 분을 정해 그분의 역할을 하도록 한다. 그런 다음 그 역할 속에서 자신을 조원들에게 소개한다. 이때 '내가 누구의 아버지 혹은 어머니라는 것' '부모의 나이' '놀이에 참여한 자녀(본인)에 대한 소개' '부모로서 걱정' 등 다양한 이야기를 함께 나누도록 한다.

예를 들면, "안녕하세요? 저는 여기에 참석한 지수 엄마예요. 제 나이는 50대 후반인데요. 우리 딸 지수는 정말 게을러요. 딸이 이번에 대학을 졸업하는데, 아직도 취업을 못해서 정말 걱정이에요. 댁은 누구세요?" 이런 식으로 서로 부모가 되어 부모 자신에 대해, 그리고 자녀에 대해 이야기를 하도록 한다.

이 '부모 되기'는 부모에게 감정이입을 하는 동안 부모를 새롭게 이해하게 되고, 자신을 객관화할 수 있는 특별한 경험을 하게 된다. 이 외에도 부모로서 자신의 형제들에 대해서도 부모의 눈으로 보게 될 것이다. 집단리더는 집단성원들에게 부모에게 감정이입을 하는 동안 어떤 경험을 했는지 소감 나누기를 하도록 한다. 이후 주인공을 선정하여 심리극을 진행할 수 있다.

내 삶의 주인공은 나

이 활동은 집단성원들에게 삶의 주인공을 경험하게 하여 자존감을 향상시키고 힘의 욕구를 충족시켜 자발성을 향상시키는 방법이다. 사람들은 자기가 삶의 중심이 되는 것을 원하면서도 타인들에게 주목을 받게 되면 두렵고 불편한 경우가 많다. 이 활동을 통해 집단성원들은 두려움을 극복하고 타인들로부터 주목을 받는 경험을 하여 자존감을 향상시키는 기회를 갖게 될 것이다. 소집단(20명 이내)일 경우에는 집단성원 전체가 돌아가면서 경험할 수 있고, 대집단(20명 이상)일 경우에는 자원자만 무대에 올라와 경험할 수 있다. 진행과정은 다음과 같다. (청소년/성인)

"지금부터 여러분은 삶의 주인공이 될 수 있습니다. 삶의 주인공이 되어 보고 싶은 사람들은 주저 말고 무대로 나오십시오. 무대 앞에 나온 사람은 바로 우리의 스타가 되는 겁니다. 요즘 잘 나가는 스타가 누구죠? (관객들에게 물어보고 답하면) 그렇죠. 그 스타가 여러분 앞에 있다면 여러분은 어떻게 하겠어요? 난리가 나겠죠. 고함을 지르고 아우성을 치겠죠? 지금 이 무대에 나온 사람들은 바로 우리들의 영웅, 우리들의 스타가 되는 겁니다. 누구든 이 무대에 올라와 삶의 주인공이 되어 자신의 이름을 '나는 ○○○다.'라고 아주 힘차게 외치면 됩니다. 그러면 관객 여러분은 우레와 같은 박수와 환호를 보내는 겁니다. 한 사람씩 나와 자신의 이름을 아주 당당하게 외치고, 이에 덧붙여 자신의 자랑거리도 같이 외쳐 보는 겁니다. 예컨대, '나는 ○○○다. 나는 춤을 끝내주게 잘 춘다!'라고 하면, 관객 여러분은 정말 그 사람이 여러분의 우상인 것처럼 환호를 보내는 겁니다. 그러면 우리의 스타는 여러분의 환호에 답하는 제스처를 보일 겁니다. 누구든 한 사람씩 나와서 삶의 주인공이 되어 보십시오. 자, 초대합니다."

    몇몇 집단성원들이 삶의 주인공을 경험하고 나면 집단리더는 심리극의 주인공을 선발한다. 집단리더는 "무대에 올라와 삶의 주인공을 경험한 사람들처럼, 심리극 무대에서 주인공경험을 하고 싶은 사람들이 있다면 누구든 올라와 주인공이 될 수 있습니다."라고 안내한다.

미운 짓, 예쁜 짓

이 활동은 평소 자신이 싫어하는 사람과 좋아하는 사람의 역할을 하게 함으로써 그 사람들을 왜 싫어하고, 왜 좋아하는지를 명확히 이해하게 한다. 또한 그 인물들의 속성과 자신의 속성이 어떤 관계가 있는가를 알 수 있게 한다. 집단은 10~20명 내외가 좋으며, 아주 많을 경우에는 10여 명 내외의 소집단을 만들어 실시하는 게 좋다. (청소년/성인)

집단성원들에게 자신이 알고 있는 사람들 중에서 가장 미운 짓을 하는 불편한 사람을 떠올리게 한다. 그리고 미운 짓을 하는 사람의 역할을 하면서 서로 어울리도록 한다.

"지금 여러분은 자신이 알고 있는 사람들 중에서 가장 미운 짓을 하는 불편한 사람을 떠올려 보십시오. 그리고 그 사람이 되어 보세요. 그 사람이 평소에 보이는 그대로 생각하고 행동하는 겁니다. 이제는 여러분 전체가 그 인물이 되어 서로 만나 어울려 보십시오. 어떤 일이 일어나는지 경험해 봅시다. 자, 시작하세요."

이렇게 어느 정도 시간이 흘러 충분히 경험을 하고 나면, 자신이 알고 있는 사람 중 가장 예쁜 짓을 하는 멋진 사람을 떠올리도록 하고 그 사람의 역할을 하면서 서로 어울린다.

"이번에는 여러분이 알고 있는 사람들 중에서 가장 예쁜 짓을 하는 멋진 사람을 떠올려 보세요. 그 사람이 되어 그 사람이 평소 생각하고 행동하는 대로 역할을 하면서 서로 만나 봅니다. 어떤 일이 일어날까요? 자, 느끼고 경험해 봅시다."

두 가지 상황을 다 경험하고 나면, 서로 소감을 나누고 주인공을 선정한다.

존경하는 인물과의 만남

　이 활동은 집단성원들에게 자신이 존경하는 사람을 만나게 함으로써 자신에 대한 이해를 도모하는 데 목적이 있다. 집단은 20~30명 정도 가능하며, 실시할 때에는 몇 개의 조 (5~6명)로 나누어 실시한다. (청소년/성인)

　각자가 존경하는 인물을 생각하고, 빈 의자를 놓은 후 그 의자에 존경하는 인물이 앉아 있다고 상상하게 한다.

　"무대에 있는 이 의자에 존경하는 인물이 앉아 있다고 상상하십시오. 한 사람씩 무대에 나와 다음과 같이 진행합니다. 첫 번째는 주인공이 존경하는 인물(빈 의자)에게 하고 싶은 이야기를 충분히 합니다. 두 번째는 역할을 바꾸어 그 인물이 되어 자신에게 들려주고 싶은 이야기를 합니다. 이런 식으로 몇 차례의 역할 바꾸기를 통해 두 사람이 대화를 할 수 있습니다."

　집단성원들 모두가 '존경하는 인물과의 만남'을 경험하고 나면, 서로 느낌을 나눈다. 집단성원들은 자신이 평소 존경하는 인물을 만남으로써 삶을 점검하고 자신을 이해하는 기회를 갖게 될 것이다. 집단리더는 이후에 자신을 이해하고자 하는 욕구가 많은 사람을 선정해 심리극 주인공의 기회를 갖게 한다.

14 즉흥연설

이 활동은 집단성원들에게 어떤 특정 주제를 제시하고 자신의 생각을 즉흥적으로 표현하게 한다. 사전에 실시하는 문장완성검사는 자신의 생각과 감정, 욕구를 자연스럽게 투사하는 검사로, 이를 토대로 즉흥연설을 하게 하여 자신의 내면을 잘 이해하도록 할 수 있다. 집단성원의 수는 20~30명 내외가 좋으나 수가 너무 많을 경우에는 10여 명씩 몇 개 조로 나누어 진행하는 것도 가능하다. (청소년/성인)

주제는 '나를 슬프게 하는 것은 _____' '내가 다시 태어난다면 _____' '내가 가장 사랑하는 것은 _____' '내가 동물이 된다면 _____' 등으로 구성할 수 있다. 이 주제들 중 하나의 주제를 정해 주고, 집단성원들 전체가 돌아가면서 즉흥적으로 연설을 하게 한다.

"지금부터 즉흥연설을 시작하겠습니다. 주제는 '나를 슬프게 하는 것은?'으로 하겠습니다. 나 자신을 슬프게 하는 것이 무엇인가를 생각나는 대로 즉흥적으로 표현해 보시기 바랍니다. 전원이 돌아가면서 다 하겠습니다. 주제를 바꾸고 싶으면 '내가 가장 사랑하는 것은?'으로 정해도 좋습니다."

이렇게 해서 전원이 자신을 슬프게 하는 것을 이야기하고 나면, 이어서 '내가 다시 태어난다면?' 등에 대해 즉흥연설을 할 수 있다. 이런 경험을 하고 나면 심리극의 주인공을 경험하고자 하는 자발성이 높아질 수 있다.

변형 **모노드라마**

앞의 즉흥연설('나를 슬프게 하는 것은 _____')을 모노드라마 형식으로 유도할 수 있다. 이 모노드라마는 집단리더나 숙련된 보조자가 시범을 보이는 게 좋다. 예컨대, '계속 지각하는 자신이 너무 슬프다.'라고 했을 때, 리더는 이를 모노드라마로 보여 준다. 이렇게 시범을 본 집단성원들은 돌아가면서 말로 표현하지 않고 팬터마임식 모노드라마로 자신을 슬프게 하는 것들을 표현한다. 그러면 집단성원들은 그것이 무엇을 의미하는지 알아맞힌다. 이는 집단성원들에게 흥미를 줄 수 있을 뿐만 아니라, 내면의 의미 있는 주제를 찾는 데도 효과적이다.

15 내가 살던 고향은?

이 활동은 학령기 혹은 학령기 이전에 살던 어린 시절의 삶의 경험이 현재의 삶에 어떤 영향을 미치고 있는지를 점검하는 의미 있는 프로그램이다. 집단성원의 수는 20~30명 이내가 적절하다. 집단리더는 집단성원들에게 두 사람씩 만나도록 한 다음, 다음과 같이 진행한다. (청소년/성인)

"이번 시간에는 과거의 기억을 회상하는 시간을 가지려고 합니다. 현재의 삶은 과거의 삶과 의식적으로나 무의식적으로 연결되어 있습니다. 특히 많은 심리학 이론에서는 우리 어린 시절의 경험이 현재의 삶에 많은 영향을 미친다는 것을 입증해 왔습니다. 따라서 어린 시절의 삶을 잠시 떠올려 보도록 하겠습니다. 제가 몇 가지 사항을 제시하면 두 사람은 서로 이야기를 나눠 보시기 바랍니다. 첫 번째는 가장 어릴 때 살았던 집의 구조를 설명해 봅니다. 두 번째는 그때 함께 살았던 가족들을 설명하고 가족의 성격과 특성을 소개해 봅니다. 세 번째는 어릴 때 가장 기억에 남는 사건은 무엇인가요? 가장 기뻤거나 가장 두려웠던 혹은 가장 슬펐던 기억들 말입니다. 네 번째는 자신에게 긍정이든 부정이든 가장 영향을 미쳤던 가족은 누구였나요? …… 이야기를 다 마치고 나면 이런 기억들이 현재의 삶과 어떻게 연결되는지 이야기를 나눠 봅니다."

두 사람이 이야기를 마치고 나면 집단상담으로 진행하거나 주인공을 선정하여 심리극을 진행할 수 있다.

변형

학령기(초, 중, 고)에 겪었던 많은 기억들 중에서 '가장 상처를 받았던 기억' '가장 모욕을 당했던 기억' '자신감을 잃었던 기억' '좋았던 기억'을 나눈다.

빈 의자로 나를 소개하기

이 활동은 우리가 제3자가 되어 자기를 객관화해 보는 매우 의미 있는 놀이다. 집단성원들은 의자 뒤에 서서 빈 의자에 자신이 있다고 가정하고 몇 가지 주제를 가지고 자신을 소개하도록 한다. 집단성원의 수는 20~30명 이내가 좋다. (청소년/성인)

"지금 여러분 앞에는 여러분 자신이 앉아 있습니다. 서로가 돌아가면서 앞의 의자에 앉아 있는 자신을 소개하도록 하겠습니다. 소개할 내용은 ① 집단에 참여하게 된 계기? ② 지금 가지고 있는 고민이나 어려움? ③ 집단에 참여하고 난 이후의 변화? 등에 대해 소개하시기 바랍니다.

이런 식으로 돌아가면서 소개하고 나면 주인공을 선정하여 심리극을 진행하거나 집단 프로그램으로 진행할 수 있다.

변형

빈 의자로 자신을 소개하되, 다음 내용을 집중해서 소개하도록 한다. ① 자신의 삶에서 가장 행복했던 순간은? ② 자신의 인생에서 가장 힘들었던 시기는? ③ 인생에서 가장 중요한 터닝 포인트는? ④ 자신의 가장 큰 자원(강점)은? 이런 내용을 통해 자신의 인생을 돌아볼 기회를 가진 다음 집단상담을 진행할 수 있다.

내 안의 또 다른 자아

사람들은 혼란스러울 때 복잡한 생각과 감정을 가지고 있는 경우가 많다. 사람들이 복잡한 생각과 감정이 있을 때 생각과 감정을 잘 정리하도록 돕는 것은 상담에서 중요한 일이다. 이 활동에서 두 사람씩 짝을 지어 서로가 자신의 또 다른 자아가 되어 내면을 탐색하고 격려하는 일은 매우 특별하다. 집단성원의 수는 제한이 없으며, 두 사람이 짝이 되어 진행한다. (청소년/성인)

"두 사람이 짝이 되어 보세요. 서로 A와 B로 나눠 봅니다. 우선 A부터 시작하겠습니다. A가 평소 자신에 대해 무엇이든 떠올려 봅니다. 예컨대, A가 '사는 것이 참 힘들다. 난 왜 이렇게 힘들게 살지? 나는 참 바보다.' 등의 독백을 하면, B는 A의 내면에 있는 또 다른 자아(Double)가 됩니다. 이때 B가 해야 할 첫 번째 과업은 A의 또 다른 자아가 되어 그 내면을 읽어, 지지하고 격려하는 반응을 하는 겁니다. '그래도 열심히 살려고 노력하고 있잖아. 힘든 것도 있지만 그래도 괜찮은 것도 있잖아. 조금 더 견뎌 보자.' 등등 지지하고 격려합니다. 다시 정리하자면, A가 자신의 내면에서 떠오르는 대로 독백을 하면, A의 내면(또 다른 자아)이 된 B는 응원과 격려의 말을 해 주는 겁니다. 그런 다음, B의 두 번째 과업은 탐색적인 질문을 하는 겁니다. A의 내면이 된 B는 자연스럽게 스스로에게 질문을 합니다. 예를 들면, '그럼 나는 어떻게 해야 좋았을까?' '힘들다는 것이 구체적으로 무엇이지?' '내가 원하는 것은 뭘까?' 등등 A가 자신을 더 구체적으로 탐색해 갈 수 있도록 유도합니다. …… 이 과정을 마치고 나면 역할을 바꾸어 진행합니다."

이 과정을 다 마치고 나면, 다음은 B가 독백을 하고, A가 B의 또 다른 자아가 되어 같은 방식으로 진행한다. 이 과정은 심리극에서 이중자아 훈련에 매우 유용한 방법이다. 이 과정을 마치고 소감을 함께 나누도록 한다.

18 상처받은 내면아이

어린 시절에 '미처 해결하지(표현하지) 못한 감정'을 표현할 수 있도록 돕는 것은 의미 있는 치료적 경험이다. 이 감정들은 누군가에게 버림받은 기억으로부터 비롯되었거나 다른 종류의 온갖 학대들(신체적, 정서적, 성적, 영적 학대 등)이 원인일 수 있다. 즉, 어린 시절에 각각의 발달단계에서 자신들의 성장과 성숙을 위하여 당연히 충족되어야 했던 욕구들이 충족되지 못했거나 역기능적인 가족체계로부터 야기된 혼란이 그 원인일 수 있다. 내면아이 치유과정에서 많은 시간을 쏟아 가장 중요하게 다뤄야 할 핵심적인 일은 '어린 시절의 발전적이며 의존적인 욕구들이 거절된 것을 슬퍼하는 일'이다. 이 활동의 단계적 접근방법은 우리의 감정적 상처들을 치료하는 데 매우 효과적인 방법이다. (청소년/성인)

집단성원들에게 다음 몇 가지 사항을 기록지에 만들어 작성하도록 한다. 기록지에 작성하고 나면 5~6명으로 구성된 소집단을 만들어 어린 시절 상처받은 내면아이의 경험에 대해 서로 소개한다. 이후에 심리극 주인공을 선정할 수 있다.

---

① 내 마음속에 치유되지 않은 어린 시절의 상처로 인해 남아 있는 부정적인 감정은?

② 어린 시절에 내 마음을 아프게 했던 사람/사건은?

③ 양육자(부모님)와의 관계 속에서 당신 자신이 비참하고 수치스럽고 사랑할 수 없는 존재로 느껴진 경험(구체적인 사건)을 떠올려 보고 그것을 아래에 적어 보세요.

④ 다른 사람과의 부정적인 관계들을 적어 보세요. 현재에도 다른 사람과의 관계를 가로막고 반복되고 있는 상처들은 무엇입니까?

⑤ 내가 성장하고 치유되기 위해서 반드시 없어져야 할 방해요소와 장애물은 무엇입니까? (예: 좌절감, 수치심, 나약함, 무기력, 질병 등)

19 상처받은 내면아이 치유

앞의 '상처받은 내면아이'를 간단히 치료적으로 이끌어 갈 때 다음과 같은 과정으로 진행할 수 있다. 인원수는 제한이 없으나 가능하면 두 사람이 서로 마주 보고 앉아서 할 수 있는 넉넉한 공간이 필요하다. 이것만으로도 효과적인 내면아이 치유 프로그램이 될 수 있다. (청소년/성인)

서로 친밀한 사람을 2인씩 짝으로 하는 것이 좋다. 사전에 서로 친밀감을 갖도록 거울 놀이나 진돗개 박수 등의 놀이를 하면 더 자연스럽다. 가능하면 동성이 만나는 게 좋으며, 조명은 약간 어둡게 한다. 진행과정은 다음과 같다.

① 2인 1조가 되어 서로 어린 시절의 상처받은 자신을 떠올리고, 그때의 어린아이로 돌아가 서로 자신을 소개한다. 예를 들어, A는 7세 때, B는 10세 때의 상처가 떠올랐다고 하자. 이때 두 사람은 마치 7세와 10세의 나이가 되어 자신을 소개해야 웜업이 된다.

② 소개를 마친 다음, 서로 A와 B로 나누고 먼저 A부터 내면아이를 만난다. 정성을 다해 3~5분 동안 마음을 충분히 표현하고 나면 마무리한다.

"여러분은 어린 시절의 상처받은 아이가 되어 서로 소개를 마쳤습니다. 이제 본 작업을 시작하겠습니다. A는 B와 자리를 바꾸게 되면 A는 어른 A로 돌아오고, B는 A의 어린아이, 즉 내면아이가 됩니다. 그런 다음 어른 A는 자신의 내면아이(B의 역)를 만나 두 손을 잡고…… 아이에게 위로의 말을 시작합니다. …… 그동안 얼마나 힘들고 슬펐니…… (잠시 시간) …… 이제 어른 A는 내면아이(B)를 안아 주시고, 그동안 해 주고 싶은 말을 충분히 해 주시기 바랍니다. …… 내면아이를 만나는 동안, 각자 내면아이에게 해 줄 수 있는 치유적이고 사랑스런 말들을 해 주십시오. 어떤 방법이든 나의 내면아이가 가장 듣기 원하는 말들을 어른인 내가 들려주는 것이 중요합니다. 이것이 치유 메시지입니다."

③ A가 마무리하면, B도 똑같은 방식으로 진행한다.

"A가 마쳤고, 이제는 B가 내면아이 치유 작업을 할 차례입니다. 여전히 눈을 감고…… B는 조금 전에 떠올린 상처받은 어린아이가 되십시오. 그리고 A와 자리를 바꾸면 B는 어른이 되고 A는 B의 내면아이가 됩니다. 서로 자리를 바꿉니다……. 이제 어른 B가 앞에 있는 자신의 내면아이(A)의 두 손을 잡아 줍니다."

이렇게 B도 A가 했던 방식으로 내면아이의 치유 작업을 진행한다.

④ 다 끝나고 나면 서로 소감을 나눈다.

이 과정을 마치고 나면 주인공을 선정하여 심리극으로 이어서 진행할 수 있다.

20 종이 찢기

이 활동은 집단 초기에 집단 프로그램의 한 방법으로도 활용할 수 있다. 집단 초기에 활용되는 경우, 집단의 응집력과 역동을 유도하는 데 매우 효과적이다. 프로그램의 일환으로 활용될 경우에는 집단성원들이 감정을 발산하고 정화를 경험할 수 있도록 돕는다. 집단성원들의 수는 20~30명 내외가 적절하다. 준비물로 적당량의 신문지가 필요하다. (초 4~6/청소년/성인)

"여러분에게 신문지를 3~4장씩 나눠 줄 겁니다. 제가 몇 분 동안 시간을 줄 테니까 이 신문지를 마음껏 찢으면 됩니다. 여러분은 살아오는 동안 억울했던 일, 억울하게 했던 사람을 떠올리면서…… 올라오는 분노나 불편한 감정을 마음껏 표현해 보시기 바랍니다. 종이를 찢을 때 감정이 올라오면 어떤 소리를 질러도 됩니다. 아~ 짜증 나~ 정말 싫다~."

이 과정을 마치고 나면 잠시 눈을 감고 자신에게 올라오는 감정에 주의를 기울여 지켜 보도록 안내한다. 끝난 후 집단성원들에게 서로 소감을 나누고 이어서 심리극을 진행할 수 있다.

변형 1

종이 찢기를 마치고 나면 집단 가운데에 쓰레기통이나 쓰레기통을 상징하는 소품을 놓는다. 집단리더는 집단성원들에게 다음과 같이 진행한다.

"이 쓰레기통에는 여러분이 종이를 찢으면서 표현했던 모든 감정을 다 버릴 수 있습니다. 종이를 찢으면서 여러분 마음속에 올라온 분노, 미움, 원망, 짜증, 괴로움, 슬픔 등 모든 감정을 이 안에 다 버립니다. 지금부터 여러분 앞에 놓여 있는 모든 감정의 찌꺼기들을 이 안에 다 버려 주십시오."

변형 2

종이 찢기를 마치고 나면 '종이 눈싸움'을 이어서 할 수 있다. 집단성원들을 두 팀으로 나누고, 찢어 놓은 종이를 눈으로 만들도록 한다. 두 집단 사이에 일정한 거리를 두게 하고 눈싸움을 하는 것은 놀이를 통해 감정을 자연스럽게 해소하고 마무리하는 효과가 있다. 이어서 찢어진 종이를 모아 특별한 글자를 만들게 할 수 있다. 예컨대, '우리는 하나' '소중한 나' '나를 사랑해' 등으로 표현하면서 집단의 목표를 유도할 수 있다.

21 헐크의 눈싸움

무엇인가를 찢는다는 것은 사람들에게 후련한 감정을 느끼게 할 수 있다. 이 활동은 분노를 심하게 억압한 사람들에게 분노를 분출할 수 있는 기회를 제공한다. 집단성원의 수는 30명 내외가 좋다. 준비물은 3인에 한 개 정도 점보롤 화장지가 필요하다. (초 4~6/청소년/성인)

집단성원들을 3명이 한 조가 되도록 한다. 이들에게 중간에 끊어지지 않은 점보롤 화장지를 하나씩 나누어 준다. 이들이 서로 온몸을 화장지로 똘똘 감도록 한다. 한 사람이 두 사람을 만들어 주고, 마지막 한 사람은 다른 조원이 만들어 준다. 마지막 사람은 집단리더가 만들어 준다. 전체 집단성원들은 화장지로 똘똘 감겨 마치 미라가 된 것처럼 보인다. 이때 집단리더는 집단성원들에게 다음과 같이 안내한다.

"여러분은 지금 헐크가 되십시오. 내면에 거대한 힘이 있는 헐크인데, 지금 무언가에 묶여 있습니다. 삶에서 여러분을 묶고 있는 것이 다양하겠지만…… 여러분을 묶고 있는 두려움이 무엇인지 잠시 생각해 보십시오. (잠시 삶의 두려움이 무엇인지 떠올리게 하고)……. 오늘은 그 두려움에 당당하게 맞서십시오. 헐크가 되어 더 이상 두려움에 숨지 말고 당당하게 빠져나오십시오. 자, 이제 제가 북을 치면 여러분은 묶여 있는 두려움에서 당당히 소리치고 빠져나옵니다. 다 같이 '싫어! 더 이상 이렇게 살지 않을 거야! 싫어! 싫다고!' (화장지를 뜯고 빠져나오면) …… 잘했습니다. 여러분은 당당한 헐크입니다. 이제는 여러분의 몸에서 떨어진 화장지로 눈을 만들어 주세요. …… 화장지 눈을 다 만들었으면 여러분을 두 팀으로 나누겠습니다. (이때 집단성원들을 두 팀으로 만들어 거리를 두게 함) …… 지금부터 마음껏 화장지 눈싸움을 시작하겠습니다. 화장지 눈으로 맞은 사람은 무대 밖으로 빠져나오고 마지막까지 남은 팀이 이긴 것으로 하겠습니다.

　놀이를 끝낸 다음 다시 원래 조로 돌아와 서로 소감을 나누고, 특히 삶에서 두려움이 무엇인지 이야기하도록 한다. 이 과정 이후에 주인공을 선정하여 심리극을 진행할 수 있다.

22 분광기법

분광기법(spectrogram)은 집단에게 토론의 주제가 되는 어떤 문제나 특성을 다룰 때 유용하다. 일종의 척도질문과 유사하다. 집단리더는 무대나 방에 보이지 않은 선이 있다고 안내한다. 집단성원들이 어떤 특정한 주제를 스스로 평가하여 선 위에 서 있도록 하는데, 문제를 객관화하고 수치화하기 때문에 토론의 여지를 만든다. 집단성원의 수는 20~30명 이내가 적절하다. 방법은 다음과 같다. (초 4~6/청소년/성인)

"방(무대)에 가상의 선을 그리도록 하겠습니다. (방의 양쪽에 의자를 놓든, 양쪽 벽이나 기둥을 사용하든) 이쪽 의자와 저쪽 의자에 보이지 않는 선이 있습니다. 그리고 이 가운데에 중간 지점이 있고요. 예를 들면, 여기는 뜨겁고 저기는 차갑고, 여기는 편안하고 저기는 불편합니다. 여기는 아주 적고 저기는 아주 많고, 여기는 좋고 저기는 나쁩니다. 이것을 수치로 바꾸면 1에서 10까지로 표현할 수 있지요. 예를 들면, 여러분은 자신의 직장생활에 대해 어떻게 느끼나요? 아주 만족하면 저쪽이 10이고, 아주 불만족하면 여기가 1입니다."

이 외에 집단리더는 평가하고 싶은 내용을 다양하게 질문할 수 있다. 집단성원들이 1에서 10까지 보이지 않는 선의 점수에 서게 되면 점수가 비슷한 사람들끼리 혹은 점수를 다양하게 구성하여 소집단으로 나눈다. 이런 식으로 집단의 이슈나 특정한 주제에 대해 점검하면 집단성원들을 이해하는 데 큰 도움이 된다.

변형

집단성원들에게 도움이 될 수 있는 어떤 질문도 가능하다. 예컨대, 이 집단에서 당신은 어떤 느낌이 드세요? 당신의 신체에 대한 느낌은 어떤가요? 당신의 회복에 대해 어떤 느낌이

드나요? 당신의 직업생활, 개인생활, 가족관계에 대한 느낌은요? 등이 있다. 이러한 질문들
은 프로세싱을 위한 정보를 제공해 주며 사람들에게 공유된 감정을 발견하도록 해 준다.

23 대립 다이아몬드 도해

1차원의 분광기법과 다르게 대립 다이아몬드(opposite diamond) 도해는 2차원의 평면이다. 1차원의 직선에서 한 차원의 척도를 평가하는 것이 분광기법이라면 대립 다이아몬드는 평면도에 두 차원의 척도를 평가하는 것이다. 예를 들면, 행복의 정도를 0에서 10까지 한 차원에서 평가하는 것이 분광기법이라면, 행복의 정도를 긍정(0~+10)과 부정(0~-10)의 두 차원에서 평가하는 것이 대립 다이아몬드 도해다. 집단성원의 수는 10~20명 내외가 적절하다. (청소년/성인)

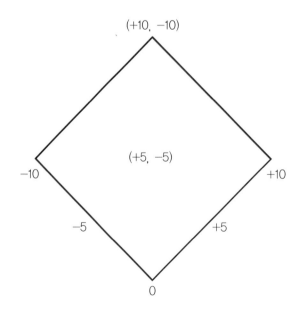

"여기에 다이아몬드가 있습니다. 오른쪽에는 0에서 +10까지, 왼쪽에는 0에서 -10까지입니다. 만일 여러분이 자신의 삶을 행복과 불행의 차원에서 평가한다면, 행복의 정도는 오른쪽 차원에서, 불행의 정도는 왼쪽의 차원에서 평가를 하면 됩니다. 여러분 중의 어떤 분이 나는 행복이 5고, 불행이 5라면, 오른쪽의 +5와 왼쪽의 -5가 만나는 지점입니다. 이제 여러분을 상징하는 물건을 하나씩 골라 주세요. 여러분을 잘 표현할 수 있는 물건이면 됩니다. 지금부터 행복과 불행의 정도를 점검해 보세요. 행복과 불행이 어느 정도인지? 점수를 점검했으면 해당되는 지점에 물건을 놓아 주세요. …… 다 놓으셨지요? 이제는 돌아가면서 자신의 점수를 소개해 주고, 왜 이 점수를 줬는지 이야기를 함께 나눌 겁니다."

이런 식으로 다양한 심리적 주제(예: 자존감, 삶의 만족도, 주인공이 되고자 하는 욕구, 사람들에 대한 신뢰, 공부에 대한 욕구, 학교에 다니고 싶은 정도 등)를 두 차원으로 구분하여 소개할 수 있다. 분광기법은 두 가지 차원을 하나의 차원으로 연결하여 1은 아주 부정적이고, 5는 중간, 10은 아주 긍정적인 수준으로 안내하고 있다. 반면에 대립 다이아몬드 도해는 두 가지 차원을 연결하지 않고 따로 구분하여 점검하고 있는 점이 다르다. 따라서 두 차원을 좀 더 구체적으로 확인하고자 할 경우에는 대립 다이아몬드 도해가 효과적이다.

24 행위 사회 도해

분광기법이 1차원의 직선, 대립 다이아몬드 도해가 2차원의 평면을 활용한다면, 행위 사회 도해(action sociogram)는 3차원의 공간을 활용한다. 가장 대표적인 행위 사회 도해가 가족조각(family sculpture)이다. 분광기법, 대립 다이아몬드 도해, 행위 사회 도해는 사회 측정학(sociometry)의 영역이다. 사회측정학이란 집단 내에 숨겨져 있는 관계들의 구조를 탐색하는 비교적 특정한 방법이다. 이는 한 집단 내의 인간관계를 측정하기 위한 방법으로서 인간의 심리적 상호작용이나 집단구조를 분석하고 측정하는 하나의 이론이다. 이 방법은 모호한 인간관계의 본질을 밝혀 주고, 인간행동을 고찰하는 새로운 관점을 제공함으로써 사회적, 대인관계 이론 발전에 지대한 공헌을 해 왔다. 또한 사회측정학은 대인관계 선호라고 하는 집단적 양식에 대해 집단 내 사람들에게 피드백을 제공하고, 집단성원들이 그들의 역동을 직접 다루고, 갈등을 해결하며, 집단의 규준이나 구조를 변경시키고, 역할들을 재협상시켜서 소속감과 집단응집력을 최대화시킬 수 있는 방법을 찾는다. 집단성원의 수는 20~30명 내외가 적당하다. (청소년/성인)

우선 집단성원들을 모두 무대에 서 있도록 하고, 몇 가지 질문을 통해 집단의 역동을 파악할 수 있다. 직접적인 질문보다는 우회적인 간접적인 질문이 집단을 안전하게 이끌 수 있다.

"자, 여러분 천천히 무대에 돌아다니면서, 만나는 사람들에게 눈인사를 하면서 돌아다녀 보세요. …… 좋습니다. 이제는 조금 빨리 걸으면서 서로 하이파이브를 하면서 인사합니다. …… 처음보다 조금 더 가까워진 느낌이 드나요? 지금부터 돌아다니면서 '내가 만일 바닷가 여행(혹은 등산, 사우나, 놀이공원, 해외여행 등)을 간다면 함께 가고 싶은 사람'의 어깨 위에 손을 올려 주세요. …… 손은 한 사람에게만 올릴 수 있답니다. (어깨에 손을 올릴 시간을 충분히 주고) …… 이제 선택을 받은 사람이 있고, 선택을 한 사람이 있지요. …… 잘하셨습니다. 다시 천천히 걸어 봅니다. …… 이번에는 '내가 고민이 있을 때 내 고민을 가장 잘 들어줄 것 같은 사람'의 어깨 위에 손을 올려 주세요. …… 이번에는 나의 어머니(혹은 아버지)의 느낌을 주는 사람을 찾아 그 사람의 어깨 위에 손을 올려 주세요. …… 잘 하셨어요. 서로 누가 누구의 어깨 위에 손을 올려놓았는지를 살펴봅니다. 이제는 여러분이 손을 올린 분의 어떤 점이 어머니를 떠올리게 했는지를 함께 이야기를 나눠 보도록 할게요."

이런 식으로 서로 누가 누구를 선택했고, 선택한 이유가 무엇인지 함께 나누기를 하는 과정에서 집단성원들이 자신의 경험을 교류할 수 있다. 이렇게 할 때 서로를 개방하고 신뢰하는 기회가 될 수 있다. 이어서 다양한 경험들을 함께 공유하면서 집단상담으로 연결할 수 있다. 집단성원들에게 가족과 의미 있는 사람들을 떠올리도록 했을 때 심리극을 진행하는 것도 원활하다.

25 가족조각

가족조각(family sculpture)은 앞의 행위 사회 도해의 가장 대표적인 기법이다. 가족조각은 특정한 시기에 정서적인 가족관계에 대해 언어를 사용하지 않고 신체적으로 상징화하기 위하여 사람이나 대상물들을 배열하는 것이다. 이것은 가족구조 내에서 개인이 가지고 있는 위치를 배열하는 것으로, 주어진 공간에서 가족관계의 구조를 구체적으로 확인할 수 있는 진단적이고 치료적인 기술이다. 집단성원의 수는 10~20명 내외가 적절하며, 수가 많을 경우에는 소집단으로 나누어 실시할 수 있다. (청소년/성인)

심리극에서 활용하는 가족조각은 주인공의 심리적 갈등과 감정의 상처가 가족구조나 가족체계에 의한 것인지를 확인함으로써 가족의 영향력을 좀 더 구체화할 수 있다. 이때 현재의 가족조각이나 과거 어린 시절의 가족조각을 만들 수 있다. 현재의 가족조각은 현 상황을 알 수 있지만 과거의 어린 시절 가족조각은 주인공의 근원적인 주제를 추정하는 데 유용하다. 가족조각을 진행하는 과정은 다음과 같다.

① 주인공(내담자)을 선정한다.
② 주인공에게 가족을 대신할 보조자(대역)를 선정하도록 한다.
③ 주인공을 대신하는 보조자를 가운데 두고(보조자가 없으면 빈 의자) 각각의 가족에 대해 심리적 관계를 고려하여 거리와 방향으로 배치한다.
④ 배치가 완료되면, 주인공이 각각의 가족과 역할을 바꾸도록 하여 집단리더(디렉터)가 인터뷰를 하고 한 문장으로 주인공에게 말을 하도록 한다. 예컨대, 아버지로서, 어머니로서, 형/동생으로서 주인공에게 함축적인 말을 한 문장으로 표현하게 한다.
⑤ 주인공이 가운데 자리로 들어온다.

⑥ 각각의 가족들이 차례로 한 문장씩 그대로 표현한다. 그리고 가족들이 동시에 강하게 표현한다.

⑦ 집단리더(디렉터)는 주인공에게 그 말을 듣고 누구의 말이 가장 마음에 와닿는지? 누구의 말이 가장 불편한지? 가족의 말을 듣고 있을 때 마음이 어떤지? 등을 묻는다.

⑧ 주인공의 마음에 가장 와닿는 사람, 혹은 이 자리에서 가장 만나고 싶은 가족을 찾는다.

⑨ 주인공은 그 가족과 대면하여 평소 하지 못 했던 말을 주고받는다. 이때 심리극으로 바로 진행할 수 있다.

물론 사람으로 가족을 세울 수 없을 때는 다음 그림처럼 인형으로 대신하는 것도 가능하다.

26 너 엄청 잘해~

사람들에게 자신의 장점을 극대화하는 일은 자기 가치를 높이는 데 일조할 수 있다. 이 활동은 의도적으로 자신의 장점을 극대화하도록 하기 때문에 자신감을 향상시킬 수 있다. 집단성원의 수는 20명 이내가 좋다. (청소년/성인)

"두 사람씩 짝이 되어 보세요. 서로 친한 두 사람이 만나면 좋겠네요. 그런 다음 두 사람을 A와 B로 구분하겠습니다. A 손 들어 주시고, B 손 들어 주세요. 좋습니다. 두 사람이 서로 자신의 장점을 5개씩 설명해 주세요. 다 설명했나요? 그중에서 가장 대표할 만한 장점 한 개만 선정합니다. 이제 전체가 둥그렇게 앉아 주세요. 지금 우리 집단에 두 사람씩 10개 조가 있는데, 각 조별로 원 안으로 들어와 게임처럼 진행하겠습니다. 1조 나와 주세요. …… 1조에서 A와 B가 서로 마주 보고…… A가 먼저 자신의 장점을 이야기하면서 행위(동작과 소리를 이용)로 표현하면, B는 '너 엄청 잘해~.'라고 칭찬합니다. 제가 북을 한 번 치면 이어서 B가 '근데 너 이거 더 크게 할 수 있어?'라고 묻습니다. 그러면 A는 '그럼~.'이라고 하고, 이어서 더 크게 말과 행위로 표현하면 됩니다. 이때 변형도 할 수 있습니다. 리더가 다시 북을 치면 B가 '근데 너 그거 변형도 할 수 있어?' 혹은 '잘하는 거 또 있어?' 등을 물어볼 수 있습니다. 이렇게 하고 나면 같은 방식으로 B와 A가 역할을 바꾸어 합니다. 이렇게 하여 1조가 끝나면 다음엔 2조가 합니다."

이렇게 각 조별 대항으로 자신의 장점을 강화하는 게임을 마치고 나면 소감을 간단히 나눈다. 가장 잘 한 조에게 가벼운 선물을 줄 수 있다. 집단성원들에게 자신을 새롭게 이해할 기회를 가진 것으로도 의미 있는 집단 프로그램이 될 수 있다. 그러나 이 놀이가 불편하거나 어색한 집단성원을 주인공으로 초대해 심리극을 진행할 수 있다.

27 지금 내 마음은?

이 활동은 집단성원들이 최근에 경험했던 감정을 안전하게 나누도록 하여 서로의 감정을 공감하고 이해할 수 있도록 한다. 인원은 10~15명 내외가 적당하며, 준비물은 종이(A4 용지 반절), 볼펜, 상자 등이다. (청소년/성인)

집단리더는 집단성원들에게 종이쪽지를 한 장씩 나누어 준다. 집단성원들은 자신이 최근에 가장 두드러지게 경험했던 불편한 상황과 감정을 종이에 적도록 한 후 접어서 이를 상자에 넣는다. 그런 다음 한 사람씩 술래가 되어 종이를 한 장씩 뽑는다. 술래는 뽑은 쪽지의 내용을 파악한 후, 쪽지에 적혀 있는 상황과 감정을 마치 자신이 겪은 것처럼 행위로 표현한다. 이때 다른 집단성원들은 술래가 표현한 상황과 감정이 무엇인지를 알아맞힌다. 이렇게 되면 집단성원들은 그들이 주로 겪는 상황과 감정들을 이해할 수 있고, 보이지 않는 집단의 역동도 어느 정도 파악할 수 있다.

이때 집단성원들이 드러낸 감정적 경험을 심리극으로 이어 갈 수도 있고, 가장 이슈가 되는 상황과 감정적 주제가 있을 때는 역할극(사회극)으로 진행해도 좋다.

28 고민 쪽지: "이것은 저의 문제예요."

이 활동은 집단성원들이 쉽게 노출하지 못하고 있는 고민을 익명으로 노출하게 하여, 집단성원들에게 문제해결방안을 탐색할 수 있도록 한다. 이런 점에서 역할극(사회극)의 주제를 선정하는 데 매우 유익하다. 또한 집단성원들이 고민을 공유하면서 상호친밀감을 향상시킬 수 있다. 집단성원의 수는 20~30명 내외가 적절하다. (청소년/성인)

집단성원들에게 종이쪽지를 하나씩 나누어 준다. 각자가 자신이 겪고 있는 걱정이나 고민을 하나씩 적도록 한다. 가능하면 자세히 적도록 하는 게 좋다. 다 적은 종이를 모은 후, 한 번에 한 명씩 나와 종이쪽지 하나를 뽑는다. 이때 종이를 뽑은 사람은 종이에 적힌 내용을 마음속으로 읽은 다음, 이 고민이 마치 자신의 고민인 것처럼 집단성원들에게 발표하면서 감정적으로 연기를 한다. 발표를 하는 사람은 약간의 첨삭을 통해 생동감 있게 각색을 해도 무방하다. 그러나 너무 다르게 변형하는 것은 적절하지 않다.

이렇게 집단성원 전체가 돌아가면서 고민을 발표하고 나면, 집단리더는 그중에서 집단성원들이 관심을 갖는 몇 개의 고민을 선정하여 이를 좀 더 구체적으로 나누는 기회를 갖는다. 그리고 집단리더는 그 고민들에 대해 집단성원들이 자신의 의견이나 해결방안 등을 자유롭게 표현하도록 한다.

29 마음껏 소리 지르기 "아~."

이 활동은 프로그램을 시작하기 전 혹은 끝난 후, 자신의 내면에 있는 답답한 마음을 분출하게 한다. 또한 집단성원들에게 집중력을 갖게 함으로써 시작과 끝의 의미를 분명히 제시해 줄 수 있다. 집단성원의 수는 제한이 없다. (청소년/성인)

"자, 먼저 여러분 각자가 자신을 답답하게 하고 있는 것이 무엇인지를 생각해 보십시오. …… 그리고 그 답답함이 '아~~~.' 하고 큰 소리를 지를 때 자신의 내부에서 후련하게 빠져나간다는 것을 상상하시기 바랍니다. 자, 다 같이 후련할 때까지 함성! 시~작!"

이것은 집단성원들에게 삶에서 답답한 주제를 떠올리게 하여 심리극의 주인공을 선정할 때도 적절하다. 그러나 집단 프로그램이나 심리극이 끝날 때 뭔가 끝의 의미를 분명히 할 때도 활용할 수 있다. 집단리더는 집단 프로그램에서 결론적으로 나왔던 어떤 중요한 '의미'를 생각하고 소리를 지르게 할 수도 있는데, 이때는 '아~.' 대신에 그 의미를 표현하게 한다. 예컨대, 집단 프로그램이 끝났을 때 '자신감'의 의미를 도출해 냈다면, 집단리더는 집단성원 전체에게 '나는 할 수 있다.'라고 외치게 한다.

변형

① 프로그램을 끝낼 때 자신에게 의미 있는 사람의 이름을 떠올리면서 그 이름을 부르게 해도 좋다. 예를 들면, "민지야~."라고 할 수 있다.
② 리더는 '아~' 함성을 약간 변형시킬 수 있는데, 예컨대, 손짓(높낮이)으로 '아~' 소리를 고저, 혹은 강약으로 조절하게 할 수 있다.
③ '아~' 소리 이외에 '야~호~' '야~' 등 다른 소리를 선택하도록 유도할 수 있다. 또한 미운 누군가를 생각하면서 "야~ 너 싫어!" 하고 소리를 지르도록 할 수 있다.

30 사회적 관계망

이 활동은 각 개인이 살아오는 동안 의미 있는 관계를 맺고 있는 사람들을 떠올려 보게한다. 그리고 자신이 이들과 어떤 관계를 맺고 있는지, 사회적 관계망을 점검할 기회를 갖게 한다. 개별적으로 진행되기 때문에 집단성원의 수는 제한이 없다. 준비물은 A4 용지1장과 색연필이나 크레파스가 필요하다. 진행과정은 다음과 같다. (청소년/성인)

"지금부터 A4 용지와 크레파스(색연필)를 준비했습니다. …… 잠시 눈을 감고…… 태어나서지금까지 살아오는 동안 여러분이 만난 수많은 사람들을 떠올려 보십시오. 가장 가깝게는 가족들이 있고…… 친척들…… 친구들…… 선생님…… 선배와 후배…… 아주 많은 사람들을 만나 왔을 것입니다. 그중에서 가장 의미 있는 관계를 맺어 온 사람들을 떠올리십시오. 돌아가신 분도가능합니다. …… 이제 눈을 뜨고 A4 용지에 이들을 그림으로 표현할 겁니다. 자신의 삶에서중요한 인물들을 떠올리면서 남자는 네모, 여자는 동그라미로 그리면 됩니다. 그 인물의 영향력에 따라 크게 혹은 작게 그릴 수 있고, 나와 얼마나 심리적으로 가까운지의 여부에 따라 가깝게혹은 멀게 그릴 수 있습니다. 그리고 그 인물을 위아래 혹은 나란히 겹쳐 그려도 됩니다. 먼저 자신을 종이 가운데에 그리고, 의미 있는 사람을 떠올리면서 천천히 그려 보십시오. 물론 색깔을고려해서 그려도 됩니다. 자, 그리십시오."

집단성원들이 사회적 관계망을 다 그린 다음, 4~5인의 소집단으로 나누어 자기 그림을설명하면서 활동소감도 나누도록 한다. 이때 설명할 내용은 다음과 같다. '어디에 누가 있고 그것의 의미는?' '겹쳐진 것, 붙어있는 것, 떨어져 있는 것의 의미는?' '위, 아래, 나란히있는 것의 의미는?' '색깔의 의미는?' '크기의 의미는?' 등에 대해 설명하게 한다.

변형 1

　사회적 관계망을 그린 후, 다음과 같이 질문의 형태를 다양하게 할 수 있다. '제일 나중에 그린 사람은?' '돌아가신 분은?' '지워 버리고 싶은 사람은?' '나와의 간격이 먼 사람은?' '벗어나고 싶은 사람은?' '몇 년 전하고 그림이 다르다고 생각하는 사람은?' '그 이유는?' '1년 후 다를 것이라고 생각하는 사람은?'

변형 2

　집단성원들에게 2인 1조가 되게 하고, 사회적 관계망에서 가장 영향을 미치는 사람을 확인하여 그 사람과 참만남을 갖도록 한다. 예를 들면, 상담에서 어떤 내담자가 자신의 삶에서 어머니를 가장 영향력 있는 사람으로 선정했다면, 빈 의자에 어머니가 있다고 상상하도록 한다. 이때 내담자를 어머니의 자리에 앉도록 하여 어머니가 되도록 한 다음, 상담자가 인터뷰를 하는 것은 특별하다. 이런 형식으로 2인 1조가 되어 서로 영향력이 있는 사람과 참만남을 갖도록 할 수 있다. 즉, A가 내담자로서 영향력이 있는 사람을 아버지라고 한다면 빈 의자에 아버지가 있다고 상상하도록 한 다음, 내담자를 아버지의 자리에 앉도록 한다. 이때 B는 상담자로서 아버지(A가 역할)에게 다양한 내용으로 인터뷰를 한다. 이런 식으로 B도 진행한다. 이 놀이가 끝나면 곧바로 심리극을 진행할 수 있다.

김춘경, 정여주(2001). 상호작용놀이를 통한 집단상담. 서울: 학지사.

김현미(1999). '99 전국청소년종합상담실 상담원 세미나. 전국청소년종합상담실협의회.

박희석(1998). 워밍업. 마음의 극장, 제4권 11호. 한국사이코드라마소시오드라마학회.

전국재(1995). 레크리에이션 핸드북 게임 200. 서울: 평화출판사.

최해림, 장성숙 역(I. D. Yalom 저)(1993). 집단정신치료의 이론과 실제. 서울: 하나의학사.

최헌진(1986). 정신치료극 기법의 임상적 응용. 임상예술, 제2권.

최헌진(2003). 사이코드라마의 이론과 실제. 서울: 학지사.

한국사이코드라마. 소시오드라마학회(1997). 새로운 워밍업 기법: 도깨비 방망이. 마음의 극장, 제3권 2호. 한국사이코드라마소시오드라마학회.

Blatner, A. (2000). *Foundations of Psychodrama(Forth Edition)*. New York: Springer. (심리극으로의 초대. 박희석, 김광운, 이정희 공역. 서울: 시그마프레스, 2007).

Blatner, A., & Blatner, A. (1988). *Foundations of Psychodrama: History, theory and practice.* New York: Springer. (싸이코드라마의 토대. 한국사이코드라마학회 역. 서울: 중앙문화사, 1997).

Dayton, T. (1994). *The Drama Within: Psychodrama and Experiential Therapy.* Deerfield Beach, FL: Health Communications, Inc. (심리극과 경험치료를 활용한 집단상담. 김광운, 박희석, 이숙자 공역. 서울: 학지사, 2008).

Goldman, E. E., & Morrison, D. S. (1984). Psychodrama: Experience and Process. Dubuque. IA: Kendall Hunt.

Karp, M., Holmes, P., & Tauvon, K. B. (1998). *The Handbook of Psychodrama.* London: Routledge. (심리극의 세계. 김광운, 박희석 외 공역. 서울: 학지사, 2005).

Kellermann, P. F. (1992). *Focus on Psychodrama: Therapeutic aspects of Psychodrama.* London: Cromwell Press.

Moreno, J. L. (1946). *Psychodrama, First Volume.* Beacon. NY: Beacon House.

Nathan, A. A., & Mirviss, S. (1998). *Therapy Techniques Using the Creative Arts.* Idyll Arbor, Ins. (창조적 예술 치료기법. 박희석, 류정미, 윤명희 공역. 서울: 학지사. 2011).

Schaefer, C. E. (1993). *Game Play Therapeutic Use of Childhood Games.* Jon Wiley & Sons.

브리태니커 백과사전: http://100.daum.net/encyclopedia/view/b04n0359a.

박희석(Park Hee Seok)

심리학박사(Ph.D.)
전문상담사 1급(S)(한국상담학회)
심리극역할극전문상담사 S급(한국심리극역할극상담
　학회)
가족상담전문가 S급(한국가족상담학회)
예술치료전문가 S급(한국예술치료학회)
정신건강임상심리사 2급(보건복지부)

현　마음숲심리상담센터 소장
　　한울심리극연극치료연구소 소장
　　심리극단 '엔카운터' 대표
　　한국심리극역할극상담학회 고문

전　조선대학교 상담심리학과 겸임교수
　　원광대학교 동서보완의학대학원 예술치료학과
　　　초빙교수
　　동방문화대학원대학교 자연치유학과 초빙교수
　　한국심리극역할극상담학회 초대회장
　　(사)한국상담학회 초월영성상담학회 회장
　　(사)한국상담학회 광주전남상담학회장

〈저서〉
아동·청소년을 위한 예술치료의 이론과 실제(공저,
　학지사, 2017)
마음의 감옥에서 벗어나기(공저, 도서출판 마음숲,
　2016)
평화로운 학교 만들기(공저, 도서출판 마음숲, 2016)
청소년교육론: 희망세대와 함께 하기(공저, 공동체,
　2013)
평생교육방법론(공저, 공동체, 2013)

〈역서〉
창조적 예술치료기법(공역, 학지사, 2011)
심리극과 경험치료를 활용한 집단상담(공역, 학지사,
　2008)
심리극의 세계(공역, 학지사, 2005)
심리극으로의 초대(공역, 시그마프레스, 2007)
싸이코드라마의 토대(공역, 중앙문화사, 1997)

〈기타〉
SBS 〈우리 아이가 달라졌어요〉 〈긴급출동 SOS〉
〈터닝 포인트〉 / MBC 〈생방송아침〉 〈사주후애〉 /
KBS 〈수요기획〉 〈병원 24시〉 〈위기의 아이들〉 / EBS
〈부부가 달라졌어요〉 〈부모가 달라졌어요〉 〈가족이
달라졌어요〉 / KTV 〈소통 20대 50대〉 / TV조선
〈시그널〉 〈끝까지 간다〉 / MBN 〈회초리〉 출연
skyTV 트라우마 치유프로젝트 〈화이트 홀〉 패널 및
　심리극 진행
KBS 광주 1TV 〈열린마당〉 패널 출연 및 심리극 진행
월요심리극장 〈굿판〉 심리극 공연(매월 1, 3주 월요일)
　(2008.5. ~ 2019.12. 220회)
광주국제평화연극제 심리극 6회 공연(사람을 외치다,
　꽃자리, 내면아이, 잉여현실, Normosis, 가짜감정)
심리극콘서트 〈동백꽃 피다〉 고흥, 여수 등 전남에서
　진행 중

집단상담과 심리극을 위한 웜업 북

자발성 극장
Theater of Spontaneity

2021년 1월 20일 1판 1쇄 인쇄
2021년 1월 25일 1판 1쇄 발행

지은이 • 박희석
펴낸이 • 김진환
펴낸곳 • (주) **학지사**

　　　　　04031 서울특별시 마포구 양화로 15길 20 마인드월드빌딩
대표전화 • 02)330-5114　　　팩스 • 02)324-2345
등록번호 • 제313-2006-000265호

홈페이지 • http://www.hakjisa.co.kr
페이스북 • https://www.facebook.com/hakjisabook

ISBN 978-89-997-2296-7 93180

정가 27,000원

저자와의 협약으로 인지는 생략합니다.
파본은 구입처에서 교환해 드립니다.

이 책을 무단으로 전재하거나 복제할 경우 저작권법에 따라 처벌을 받게 됩니다.

출판 · 교육 · 미디어기업 **학지사**

간호보건의학출판 **학지사메디컬** www.hakjisamd.co.kr
심리검사연구소 **인싸이트** www.inpsyt.co.kr
학술논문서비스 **뉴논문** www.newnonmun.com
원격교육연수원 **카운피아** www.counpia.com